D0681395

Pipá

Letras Hispánicas

Serie «Novelistas del XIX», dirigida
por Joaquín Casalduero

Leopoldo Alas, «Clarín»

Pipá

Edición
de
Antonio Ramos-Gascón

EDICIONES CÁTEDRA, S. A. Madrid

Cid, 4. Madrid-1
Depósito legal: M. 14.253-1976
I S B N : 84 - 376 - 0066 - 9
Printed in Spain
Impreso en AGRESA
General Oraa, 9 - Madrid-6
Papel: Torras Hostench, S. A.

Indice

A mi maestro, J. C.

Nota preliminar

Cuando se escriba la sociología de la historia literaria española *, será de interés que quienes en ella trabajen procuren explicarnos «el caso Clarín» —ayer postergado a la segunda o tercera fila, hoy promovido por editores, críticos y leyentes a un rango de excelencia artística que voz y pluma de algunos no han dudado en aproximar, con precipitado entusiasmo, a la categoría del mismísimo Cervantes.

No voy a proponer en esta ocasión la cautela del ni-tanto-ni-tan-poco. Quiero sólo indicar que tal vez sería de mayor provecho rendir tributo a la figura y escritos de Alas en forma de lectura, mejor estudio y más amplia proyección editorial, conteniendo en lo posible este empeño por engarzar superlativos a una obra que empezamos ahora —y parcialmente— a conocer. Porque conviene recordar que aunque proclamamos con orgullo de

* No me refiero a la «sociología de la literatura», tan de moda en los últimos diez años y con frutos, hasta el presente, muy cuestionables —salvo las excepciones que todos conocemos—. Al hablar de «sociología de la historia literaria» estoy aludiendo a un campo de estudio, casi inexplorado, cuyo objeto de análisis serían los presupuestos ideológicos —entre ellos y ocupando un lugar importante, los presupuestos estéticos— implícitos en las evaluaciones, criterios de selectividad, principios de ordenación jerárquica, con los que se opera en un mundo social determinado a la hora de sentar las bases de qué constituye *literatura* y cuáles son los límites de su contenido a efectos de ser historiada.

descubridores la modernidad de Clarín, su lucidez como testigo histórico o sus arrestos y honestidad como crítico de letras, lo cierto es que aún desconocemos la mayoría de sus ensayos, muchos de los cuentos, sus incursiones por el género dramático y centenares de artículos de su copiosa producción periodística. No se trata, pues, de manifestar mis reservas —que no las tengo— sobre la capacidad creadora de Alas. Pretendo señalar únicamente que, puestos a *rei-vindicar,* convendría dotar de máximo contenido las *cosas* que se *vindican.* Con el propósito de contribuir de algún modo a esta tarea he dispuesto la presente edición de *Pipá,* colección de cuentos que Clarín publicó reunidos en volumen, allá por 1886, y que después de su muerte, como tantos escritos suyos, no ha tenido la fortuna de reimprimirse.

En estas páginas introductorias intento trazar una breve semblanza del autor, entresacando aquellos momentos, circunstancias o datos biográficos que puedan arrojar alguna luz sobre el sentido y composición de su labor literaria, a la que también paso revista con obligada rapidez, pero tratando de desvelar la coherencia interna de su desarrollo estético.

Conocer la configuración de la sociedad en donde el escritor trabaja, con frecuencia no basta para explicarnos el significado y forma de su creación verbal —lo cual no quiere decir, en manera alguna, que la literatura pueda ser entendida al margen de su contexto histórico. Convencido de esto y aquello, me ha parecido oportuno inscribir la vida y obra de Alas en el entorno social e ideológico de su época, sin por ello dejar de subrayar los condicionamientos y coordenadas estéticas que presidieron su formación de artista.

Al final de la introducción añado un escueto análisis de las narraciones incluidas bajo el título del primer cuento, guiado por el afán de aportar orientación a los que se acercan a su lectura por vez primera, señalando asimismo algunos problemas a quienes adquieran este libro con voluntad de estudio. Y teniendo en cuenta la posible formación e intereses de estos dos tipos de lector virtual he compuesto las notas que acompañan al texto. La inocencia de unas, el detalle de otras, quedan explicados por la preocupación de dirigirme a niveles de curiosidad y preparación que pudieran no ser homogéneos. Espero, en cualquier caso, haber reflejado mi preocupación por la efectividad didáctica y mi espontánea antipatía por todo lo que pueda resultar o parecer narcisista erudición.

Introducción

I

Vida y obra de Clarín: Entorno social y mundo estético

Primeros años y adolescencia

Gran parte de la niñez de Leopoldo García-Alas y Ureña [1] transcurre apartada de Asturias. Primero en Zamora, en donde nace el 25 de abril de 1852; más tarde en León y en Guadalajara. De familia asturiana, Clarín siempre consideró accidental su nacimiento fuera de Oviedo. «Me nacieron en Zamora», acostumbraba a decir parafraseando las líneas genealógicas de *El Lazarillo* y queriendo resaltar el carácter «involuntario» de su llegada a ese trozo de mundo que se encuentra al sur de la frontera de Pajares.

La política, que todo lo infiltra en el siglo XIX, es la determinante de que Clarín fuera a nacer por tierras del Duero. Su padre era un modesto terrateniente, asentado en su finca de Guimarán siempre que sus compromisos de militante liberal no le obligaban a andar de la Ceca a la Meca ocupando cargos públicos. Tan pronto accedía al poder su amigo y jefe político José Posada Herrera, don Jenaro era enviado fuera de Asturias para ocupar

[1] Con frecuencia se olvida la composición del primer apellido de *Clarín*. Quienes deseen investigar su biografía y obra deberán tener presente este dato. He advertido que más de una vez su nombre figura en catálogos y ficheros entre la siempre abundante lista de los García.

el gobierno de alguna provincia y servir los intereses del partido y de su líder, el que pasaría a la historia con el sobrenombre del *Gran Elector*. En diciembre de 1851 el señor García-Alas es nombrado gobernador civil de Zamora y pocas semanas después se traslada allí con su esposa, no obstante el avanzado estado de gestación en que se encontraba doña Leocadia Ureña: voluntad de servicio político, ferviente adhesión a una Idea, que desde principios de siglo no es extraño encontrar situadas por encima de conveniencias individuales o de familia. También, trasiego y movimiento —de un tinte históricamente nuevo— con frecuencia unido al culto de una causa que aun siendo política es sentida en términos éticos.

En el curso de dos años, del 52 al 54, pasa don Jenaro del gobierno civil de Zamora a los de Vizcaya, Teruel y León. Y por fin, en esta última capital, logra establecerse la familia Alas durante un período que durará casi ocho años, hasta que un nuevo destino, esta vez en Guadalajara, les obligue una vez más a cargar los baúles hacia otro domicilio y paisaje.

En León aprende Leopoldo las primeras letras al tiempo que es iniciado en el mágico espacio de la ficción y de lo fantástico-narrativo. Su «preceptor» será un portero del Gobierno Civil cuya imagen y simpatía quedarán para siempre muy grabadas en la memoria de Clarín: «Mi buen Pascual contaba inesperados sucesos, tan extraños a la realidad como lo era, por entonces, la idea que yo me formaba del mundo. A veces, antes que el cuento terminase, quedábame dormido; pero la semilla de lo maravilloso hacíase fecunda en mis sueños, y el encantamiento continuaba después de dormido, más libre entonces de las miserables leyes terrenas» [2]. De la portería del gobierno, nido de ensueños, iría a dar al rígido ambiente del colegio de San Marcos, bajo la tutela de los jesuitas. Junto a Pascual fueron las abultadas letras del abecé y los pri-

---

2 Véase Juan Antonio Cabezas, *«Clarín», el provinciano universal*, Madrid, Espasa-Calpe, 1962, pág. 26. Esta biografía apareció impresa por vez primera en 1936.

meros guarismos con su estrafalaria compostura, salpicados en aquel espacio fascinante en que todo lo llenaban las historias legendarias, las gestas del romancero y los episodios de la guerra civil. En San Marcos, la áspera grafía del catón, las libretas de cálculo y la disciplina de aquellos padres que «daban recetas para ganar el cielo, guindas con aguardiante y muchos pellizcos en las rosadas y mofletudas mejillas»[3].

Casi nada sabemos de su breve estancia en Guadalajara que, parece ser, nos llegó al año de duración. Sin duda, por falta de datos, los biógrafos apenas nos hablan de este momento, pero el lector de Clarín puede hacerse una idea bastante aproximada de la imagen que el propio Alas tenía en 1890 de su última infancia en Castilla la Nueva. Me refiero a las páginas de su novela corta *Superchería,* en donde el protagonista Serrano, recordando su niñez al regresar a la ciudad del Henares, nos deja entrever lo que el narrador evoca de autobiográfico:

> Allí, a diez o doce leguas de Madrid, estaba aquella Guadalajara donde él había tenido doce años y apenas había vuelto a pensar en ella: y ella le guardaba, como guarda el fósil, el molde de tantas cosas muertas, sus recuerdos petrificados. Se puso a pensar en el alma que él había tenido a los doce años. Recordó de pronto unos versos sáficos, imitación de los famosos de Villegas «al huésped eterno del abril florido», que había escrito a orillas del Henares que estaba helado. Él hacía sáficos y sus amigos resbalaban sobre el río. ¡Qué universo el de sus ensueños de entonces! Y recordaba que sus poesías eran tristes y hablaban de desengaños de ilusiones perdidas. Guadalajara no era su patria: en Guadalajara sólo había vivido seis meses. No le había pasado allí nada de particular...

El regreso definitivo a Asturias, que tendrá lugar en 1863, iba a suponer dos cosas importantes en la vida

---

[3] Así recordaba Clarín el ambiente del colegio de León en las cartas que dirigió a su amigo Tomás Fuero, en 1878, desde el periódico republicano *La Unión.* Para más datos sobre la infancia de Alas, véase la biografía de Adolfo Posada, *Leopoldo Alas, «Clarín»*, Oviedo, 1946, págs. 43 y ss.

de Alas: el encuentro con la naturaleza, con un paisaje que siempre ocuparía un lugar central en el ámbito de sus emociones y el descubrimiento de la biblioteca familiar, repartida entre la casa de Oviedo y la pequeña finca de Guimarán. Fue Clarín de una receptividad precoz para la literatura y el arte. Cuando en 1864 inicia el bachillerato en el Instituto de la capital, compagina la preparación de las lecciones para clase con la ávida lectura de los libros que ha ido encontrando en casa de sus mayores. Primero, las vidas de santos, novelas de caballería, colecciones de romances —el mundo de lo maravilloso en el que el viejo Pascual había depositado la primera simiente—. Poco después, los grandes hallazgos: dos tomos de *El Quijote, Las Confesiones* de San Agustín, las poesías de Fray Luis y el *Cantar de los Cantares.* Si releemos el final del capítulo cuarto de *La Regenta,* podremos hallar la emoción estética y espiritual que estas lecturas produjeron en el ánimo de Leopoldo, proyectadas ahora, artísticamente, en el estudio de la inquieta sensibilidad de Ana Ozores en los años de adolescencia.

Durante los primeros cursos en el Instituto comienza Clarín a dar muestras de su capacidad para la creación literaria. Juan Antonio Cabezas, el biógrafo que con más pormenores ha reconstruido la vida del autor, nos habla de los ensayos dramáticos en verso que el colegial compuso a los trece años; algunos fueron puestos en escena por el mismo Leopoldo en el salón de representaciones que unos amigos de alta posición económica tenían en su residencia [4]. Por estos años, también, escribe versos y composiciones epigramáticas que el semanario *Gil Blas* de Madrid, una de las publicaciones festivas de mayor tirada, acoge en sus columnas junto a las firmas más cotizadas del periodismo satírico de entonces.

Nada tiene de extraño que quien empezara a escribir en los últimos años de la España isabelina hiciese sus primeros intentos acudiendo al discurso dramático, la forma de expresión por excelencia del código poético esta-

---

[4] J. A. Cabezas, *op. cit.,* págs. 37-39.

blecido en el romanticismo. Pensemos que a mediados de la década de los sesenta la narrativa moderna española todavía no existe. Cierto es que hacía más de quince años que la Fernán Caballero había lanzado la proclama de sobreponer la observación a la inventiva pero, de hecho, orientándose ideológica y estéticamente hacia el pasado. Pereda es entonces simple escritor de costumbres; Alarcón, después de su *Diario* sobre la guerra de África (1860) se encuentra totalmente dedicado a las actividades políticas; tendrán que pasar dos lustros para que Valera nos entregue su *Pepita Jiménez;* y, sobre todo, faltaban unos meses para que el clima revolucionario, que culminaría en la Gloriosa, despertase la conciencia y encendiera el genio creador de un joven canario que cursa estudios de Derecho en la Universidad Central. Porque Galdós, con la escritura de *La Fontana de Oro* «no iba a reformar un género sino a crearlo» —nos lo ha dicho Joaquín Casalduero; lo encontraremos explicado en *Vida y Obra de Galdós* [5].

De todas las aventuras literarias de Alas, estudiante de bachillerato, ninguna tan interesante y significativa como la fundación del periódico manuscrito *Juan Ruyz* (dirigido, «impreso» y redactado por él mismo), cuyo primer número aparece en marzo de 1868. El semanario deja de escribirse en la primera quincena del 69 pero tenemos noticia de que hubo una «segunda época», creo que de corta duración, a partir de agosto de 1871, cuando Leopoldo ya se había graduado en la Universidad de Oviedo [6]. Es lástima que de los cincuenta números que salieron del *Juan Ruyz* sólo sean accesibles al investigador de hoy muy breves y escasos fragmentos. Sabemos que el periódico

---

[5] Joaquín Casalduero, *Vida y obra de Galdós,* Madrid, Gredos, 1951.

[6] Adolfo Posada, en la biografía que ya cité, nos informa de que tanto la viuda de Alas como el mismo Clarín en vida jamás mencionaron la existencia de una segunda época del *Juan Ruyz* (página 75). Sin embargo, J. A. Cabezas reproduce la portada y última página del número 1 que lleva fecha del 13 de agosto de 1871; *op. cit.,* págs. 53-55.

circulaba por amplios sectores de la ciudad levantando ronchas, produciendo controversias y polarizando opiniones en el mundillo estudiantil, al que en particular se dirigía. Su contenido: poesías, apuntes narrativos, crítica de libros y, en especial, reflexiones sobre el acontecer político y cultural de la provincia, de la península, en las que no faltaba ese ingrediente satírico tan singular que después caracterizaría a sus famosos *paliques*.

Como ya he señalado alguna vez, no sería arriesgado considerar el *Juan Ruyz* como precedente de los folletos literarios que Alas comenzó a editar hacia 1886 y en donde el autor nos confesaba que «si en algunas publicaciones puedo escribir, y suelo hacerlo, con libertad segura, es claro que en ninguna parte he de ser más independiente que en mi propia casa» [7]. Este deseo de autonomía, vivo en él desde temprana edad, podrá explicarnos la relativamente prolongada publicación del semanario —no suelen ser tan duraderas estas empresas de adolescencia—, fenómeno aún más curioso si tenemos en cuenta que ya por esas fechas el futuro Clarín tenía franqueadas las puertas de más de un periódico, de los impresos *de verdad*.

No había terminado sus estudios de bachiller cuando esa revolución de los sentidos y de la conciencia que llamamos pubertad vendría a coincidir con el momento de efervescencia social y política que antecede y sigue a la caída de Isabel II. Dado el ambiente ideológico que se respiraba en casa de García-Alas y el temperamento, formación y sensibilidad de nuestro precoz poeta y periodista, necesariamente Leopoldo no iba a dejar pasar en silencio ni permanecer al margen de los acontecimientos que se desarrollaron en las calles de Oviedo durante aquel histórico otoño de 1868. El 30 de septiembre, desde el balcón del Ayuntamiento, don Manuel Pedregal proclama el destronamiento de la reina y la constitución de la milicia nacional. La capital asturiana vive días de desbordante

[7] Leopoldo Alas, «Clarín», *Un viaje a Madrid,* Madrid, Librería de Fernando Fe, 1886, pág. 7.

euforia revolucionaria. Al grito de «¡Mueran los Borbones!» los estudiantes, que tienen todos los centros docentes clausurados por el último ministro de Isabel, se manifiestan incansables por los empedrados de la ciudad. Una mañana de octubre, un grupo que se distingue por su temeridad y pasión antimonárquica, penetra en el claustro de la universidad, derriba el busto de bronce de la reina y lo arrastra por plazas y calles con una soga amarrada al cuello. ¿Estaba Clarín entre ellos? Inútil polémica entre biógrafos y apologistas que convendría zanjar de una vez por todas; no por otra razón que su falta de interés [8]. Importa, sin embargo, puntualizar: que Alas se encontraba entonces en Oviedo, aunque en más de una ocasión se haya intentado sugerir lo contrario; esto es, que fue testigo de los movimientos de masas que tuvieron lugar al iniciarse octubre. Que los acontecimientos de la revolución de septiembre produjeron en él muy viva impresión, provocando su primera toma de conciencia del problema político y social español; así nos lo demuestran las páginas del *Juan Ruyz* escritas por aquellos días [9]. Por último, que a partir de esos momentos y a resultas de esta «toma de conciencia», Clarín se preocupa *activamente* por esos problemas, ingresando en una agrupación re-

---

[8] J. A. Cabezas parece convencido de la intervención del joven Leopoldo en este incidente, al que quita importancia calificándolo de «travesura». Adolfo Posada (*op. cit.,* págs. 95 y ss.) subraya con insistencia que Alas se encontraba fuera de la ciudad cuando ocurrieron esos sucesos, pero sin explicar a qué se debe entonces que el *Juan Ruyz* del 4 de octubre aparezca fechado en Oviedo y no en Carreño, como números anteriores durante ese verano. Más sorprendente todavía es que uno de los artículos de ese número, titulado «Soliloquio de un neo», sea interpretado por Posada ignorando su obvia connotación satírica, al parafrasear Clarín en tono de chirigota las lamentaciones de un reaccionario ante el espectáculo del busto de la reina dando tumbos por los suelos de la capital asturiana. Por su parte, Marino Gómez Santos en su libro *Leopoldo Alas, «Clarín». Ensayo bio-bibliográfico,* Oviedo, 1952, aduce también el mismo artículo como prueba del disgusto que Alas sintió al saber de semejantes manifestaciones callejeras.

[9] A. Posada, *Leopoldo Alas, «Clarín»*, págs. 96-99.

publicana. Pocos meses antes de su muerte, refiriéndose a las impresiones que el ambiente de la Extensión Universitaria [10] le producía, confesaba desde las columnas de un periódico: «Se me ofreció un escenario que evocó en mí, con emoción poderosa, los recuerdos de mi juventud republicana, allá poco después de la *Gloriosa*. Yo era entonces un niño, pero ya peroraba en aquellas asambleas, con la misma fe que hoy tengo en la causa popular, pero con mayores ilusiones» [11]. Procuremos entender lo que estas palabras significan. Fe en la causa popular, lucha *por* y *para* el pueblo, lo que no implica, necesariamente, lucha *con* él [12].

Hemos visto al pequeño Alas entrar en el mundo de lo fantástico-infantil de la mano de Pascual. Someterse a la disciplina moral del niño-candidato-al-cielo en la monotonía del aula con el jesuita al frente. El nacimiento a la emoción artística y al gozo de la creación en compañía de Cervantes y Fray Luis. Su despertar a la Historia arropado por los cantos de la milicia nacional entonando el *Himno de Riego*. En el verano de 1869, graduado ya en el

---

[10] La idea central que informaba las actividades de la Extensión Universitaria de Oviedo, fundada a finales de los 90, fue poner al pueblo, especialmente al mundo obrero, en contacto con la universidad y la cultura universitaria. Dadas las dificultades para incorporar el proletariado a las aulas, se decidió buscar a los trabajadores en sus mismos círculos sociales, organizando cursillos y ciclos de conferencias en los ateneos y casinos obreros o en las Escuelas de Artes y Oficios.

De gran interés sobre este tema son los artículos olvidados de Rafael Altamira, «Lo que debe ser la Extensión Universitaria» y «Cómo debe ser la Extensión», publicados en *Vida Nueva,* números 80 y 83, respectivamente, años 1899 y 1900.

[11] *La Publicidad,* Barcelona, 25 de noviembre de 1900. Citado por Sergio Beser en su libro *Leopoldo Alas, crítico literario,* Madrid, Gredos, 1968, pág. 19. En páginas posteriores se repetirán las referencias a este utilísimo trabajo de Beser, indispensable para el estudio de Clarín.

[12] Otra vez Casalduero nos sirve de guía, ahora en este juego de preposiciones con el que de forma tan escueta y precisa nos ha explicado el comportamiento político del último Galdós y que *mutatis mutandis* podría aplicarse a la conducta y sentir del primer Alas. *Vida y obra de Galdós,* pág. 27.

Instituto, el joven Clarín va a iniciarse en el amor. Marco: el suave paisaje del valle de Guimarán que ahora, de repente, semeja haber cobrado «toda la carga sensual del jardín adámico». Compañera: una rubia campesina de Avilés que trabaja en una aldea a pocos kilómetros de la casa solariega de los García-Alas. Romántica situación en la que un adolescente Macías salta por encima de barreras sociales para acudir en las noches de julio a la cita con *ella*. Alarmas familiares, complicidad de criados, furtivas escapadas de la finca en las horas de oscuridad. No obstante, cuando este primer amor es sometido a la trasposición artística, en forma de versos, el lápiz de Clarín se orientará hacia el equilibrio y mesura del realismo, apuntando a la entonación de Bécquer más que al agitado timbre de Espronceda [13]. Veintiséis años más tarde, un casual encuentro con esta rubia avilesina, quizá ya casada y esposa de un trabajador en las minas, impulsará la inspiración dramática de Alas y hará posible la escritura de *Teresa,* el olvidado intento de Clarín por contribuir al teatro de su tiempo [14].

Juventud universitaria. Clarín en Madrid

El paso de Clarín por la Universidad de Oviedo fue de una sorprendente rapidez. El 8 de mayo de 1869 había recibido el grado de bachiller en letras con la calificación de sobresaliente; en octubre se matriculó en la Facultad de Derecho, y al amparo de un decreto del Gobierno provisional que declaraba la enseñanza libre, se hace abogado en menos de veinticuatro meses, licenciándose en Derecho civil y canónico a primeros de julio de 1871.

---

[13] Ver las pocas muestras poéticas inspiradas en esta situación que Cabezas nos ha transcrito en su biografía *Clarín, el provinciano universal,* págs. 49 y 50.

[14] Más adelante tendremos ocasión de hablar de *Teresa,* ensayo dramático en un acto y en prosa, estrenado en Madrid en la primavera de 1895. Por lo que se refiere al papel inspirador que la aldeana de Avilés pudo desempeñar en la escritura de *Teresa,* véase Cabezas, *op. cit.,* págs. 195 y 196.

Faltan todavía unos años para que la universidad asturiana se convierta en uno de los focos intelectuales de mayor importancia de la España de la Restauración. Alas acude a sus aulas con pocas ilusiones, que se tornarán en abierta desilusión al comprobar la escasa competencia de los que imparten la enseñanza en esos días. «En nuestra Universidad —escribiría más tarde— me había hecho licenciado en Derecho, casi sin darme cuenta de ello. Sabía lo que muchos de mis compañeros y, valga la verdad, lo que muchos de mis profesores. Esto no es inmodestia, porque hablando en puridad ni los profesores ni yo sabíamos gran cosa.»

El afán por acabar la licenciatura cuanto antes no debe interpretarse como manifestación de su falta de interés por las materias del programa. A diferencia de tantos escritores del XIX y XX, que cursarán abogacía sin el menor entusiasmo por el contenido de la carrera, Alas se sintió atraído por la ciencia jurídica y, cuando tuvo la oportunidad de acercarse a verdaderos maestros, disfrutó con su estudio. La urgencia en terminar nos está revelando su impaciencia por salir fuera de Asturias, emprender los estudios de Filosofía y proseguir hacia el doctorado en Derecho. El Madrid de 1871, con sus manifestaciones de vida cultural (Universidad, tertulias, Ateneo), tenía por necesidad que ejercer atracción en un joven espiritualmente inquieto como Leopoldo. No se trata, pues, de la «gran ciudad» deslumbrando engañosamente los ojos del provinciano.

En la Universidad de Madrid estaban ocurriendo cosas nuevas e importantes: en sus clases se podía aprender. Julián Sanz del Río había muerto breve tiempo después de haber sido incorporado a su cátedra por el gobierno que sucede a la caída de la reina, pero deja un puñado de discípulos que heredan su dedicación pedagógica, su honestidad científica y su integridad moral. Este fue el valioso legado de Sanz del Río a las aulas y claustros españoles, por si hubiera sido poco el de la importación del pensamiento alemán a la paramera cultural de la península. En la desgraciada historia de la universidad española no es frecuente encontrar reunidos un grupo de educadores con la categoría y vocación de los que se juntaron en las filas docentes de la Central durante esos años. Ellos serán los maestros de Clarín: Canalejas, Camus, González Serrano —entonces joven profesor ayudante—, Salmerón, Francisco Giner, Azcárate... Entre los alumnos, un muchacho aplicadísimo que se llama Marcelino Menéndez y que acostumbra sentarse al lado de Alas en la clase de griego. Principiaba una larga amistad, acompañada siempre de admiración mutua [15].

Alas no estaba solo en Madrid, aunque en los primeros meses abundaran las horas de melancolía y retraimiento. Desde el primer día estuvo en compañía de sus tres íntimos amigos, Pío Rubín, Tomás Tuero y Armando Palacio Valdés, con quienes había establecido estrechísimos lazos en los corredores del Instituto de Oviedo. Juntos se instalaron en una pensión de la calle de Silva y, según nos cuenta Posada, al día siguiente de haber conseguido hospedaje, se hicieron socios del Ateneo, situado en el destartalado edificio de la calle Montera. En sus salas pasaría Clarín muchas horas diariamente, leyendo en la biblioteca, participando en las diversas «secciones» en que la institución se dividía para especializar sus tareas, entrando en contacto con las personalidades más sobresalientes del mundo de la cultura y de la política. Difícil imaginar hoy el papel formativo y educador que desempeñó el Ateneo madrileño a lo largo de más de medio siglo. Supuso a veces prolongación y complemento de las actividades culturales y educativas de la universidad; en los períodos menos afortunados para ésta, llegó a ser, junto con otras instituciones privadas, único refugio de cultura y tolerancia. Allí hizo Clarín sus primeras armas como orador, enseñando y discutiendo sobre temas relacionados con lo que sería *cuestión palpitante* a finales de los setenta, es decir, positivismo jurídico, positivismo filosófico, positi-

[15] Para las relaciones entre Alas y Menéndez Pelayo, consultar el *Epistolario,* prólogo de G. Marañón y notas de A. Alas, Madrid, Ediciones Escorial, 1943.

vismo literario. Desde la misma tribuna, en los últimos años de su vida, disertará sobre el movimiento espiritualista y sus manifestaciones en el arte. Las intervenciones de Alas en el Ateneo nos podrían mostrar de manera bastante completa el desarrollo ideológico y estético del último tercio del XIX.

Algunas tertulias literarias de café desempeñaron también una modesta función en la vida cultural de la España moderna. No todas fueron focos de trivialización y nido de perezosos, aunque la mayoría de ellas empezaran o acabaran por serlo. Los jóvenes de Oviedo tuvieron la suya, primero en el «Fornos», luego en la «Cervecería Inglesa», atrayendo la presencia y amistad de renombrados periodistas, políticos y actores, y llegó a ser una de las tertulias más conocidas de la ciudad. Ortega y Munilla fue quien la bautizó con el nombre de «Bilis Club», inspirándose en la cáustica ironía con que el núcleo protagonista de los asturianos solían pasar revista al acontecer político y literario del momento. Este mundillo del café debió proporcionarles relaciones sociales que serían de utilidad para cumplir las aspiraciones periodísticas que los cuatro estudiantes tenían.

En el otoño de 1872, segundo año escolar en Madrid, nuestro estudiante de Filosofía y Derecho y sus tres compañeros de Oviedo fundan una publicación, el *Rabagás (periódico audaz),* que por dificultades económicas únicamente logra salir a la calle en tres ocasiones. Artículos políticos de tono republicano, sátira social, crítica literaria, continúan la orientación y estilo periodístico del manuscrito *Juan Ruyz.* La atracción de Alas —viva ya en la adolescencia— por la plataforma de comunicación que ofrecen las columnas de semanarios y diarios, se intensificará cada vez más y la escritura para el periódico acabará por ser ocupación central entre sus actividades literarias. Antes de poner término a esta introducción, me gustaría dedicar unas líneas a lo que significa y representa el rotativo como medio de difusión literaria en el largo período de la Restauración; señalemos ahora, tan sólo, que la crítica de la sociedad y de la cultura —a la que

Clarín dedicó tantas horas y páginas— siempre fue concebida por él como una misión fundamentalmente periodística.

El año en que regresan los Borbones sale a la luz en Madrid un diario republicano llamado *El Solfeo,* cuya portada aparece presidida por el conminatorio lema «Oposición constante e imparcialidad absoluta. Justicia seca y caiga el que caiga». En el cuadro de redacción figura Leopoldo Alas, pero al imprimirse el número correspondiente al 11 de abril de 1875, los lectores encuentran un poema satírico firmado con un seudónimo desconocido que dice «Clarín» [16]. Dos años después, la firma apócrifa se convertirá en conocido apellido literario, llegando a desplazar al verdadero nombre de familia. La sátira política y el correctivo de la crítica higiénica que Alas aplica a la numerosa pléyade de nulidades que chapotea en las removidas aguas de la tipografía nacional, pronto le convierten en una de las plumas más temidas del periodismo de su tiempo. Ganará el respeto de unos pocos, provocará el resentimiento de los más. De *El Solfeo* pasa a *La Unión;* más tarde, a las redacciones de *El Progreso, La Correspondencia, El Día, El Imparcial* y de una larguísima lista de periódicos. Tarea nada fácil la de intentar reconstruir la evolución ideológica de Clarín en base a su continuo ir y venir de una publicación a otra. En muchas oportunidades el traslado se debe a razones exclusivamente económicas o personales; otras, a incompatibilidades de principios y de pensamiento. En la época de universitario en Madrid la intransigencia con la fórmula del canovismo parece más radical; deriva después hacia los planteamien-

---

[16] La elección de este seudónimo hay que relacionarla, claro es, con el título del periódico. Sergio Beser apunta otra posibilidad: «quizá influyese también el recuerdo del gracioso de *La vida es sueño,* al menos Alas se refiere a él en un artículo publicado el 5 de marzo de 1876. Las palabras del Clarín calderoniano, en la tercera jornada de la obra —«pues para mí este silencio / no conforma con el nombre / Clarín, y callar no puedo»—, podrían presentarse como lema de la actividad crítica de Alas frente al quietismo de la sociedad de la Restauración borbónica». *Leopoldo Alas, crítico literario,* pág. 83.

tos posibilistas de Castelar y sus seguidores. En ningún caso transigía con que se amenazara su independencia crítica y cuando vio que en algún periódico se atentaba contra su libertad de escritor, retiró con firmeza y rapidez sus colaboraciones.

Se doctora Clarín en julio de 1878. La tesis versó sobre *El derecho y la moralidad* y salió de la imprenta encabezada con una dedicatoria a don Francisco Giner de los Ríos [17], uno de sus más queridos maestros, «padre de algo de lo que más vale dentro de mi alma», como afirmaría más tarde en el volumen *Ensayos y Revistas* (1892). Esta dedicatoria debemos entenderla también como homenaje y acto de adhesión al profesor que arbitrariamente había sido separado de su cátedra por la intolerancia del ministro de Cánovas, marqués de Orovio. En su tesis revela Alas la profunda influencia que el pensamiento krausista ejerció sobre él en las clases de la Central. Aunque a veces se haya dado a entender otra cosa, Alas nunca renegó del krausismo. Pero dada su curiosidad intelectual y espíritu abierto, no es extraño tuviera palabras de recriminación para los que durante tiempo y tiempo cerraban los ojos al progreso científico y, amparándose en la fidelidad a la «doctrina», intentaban ocultar su pereza mental. Creo que éste es el sentido de su conocida declaración de 1880, «no está mal haber sido krausista a los veinte años; lo temible es ser un *attaché* toda la vida». Conviene advertir, además, algo con frecuencia olvidado: si bien es cierto que Alas se separa del idealismo estético al interesarse por el movimiento naturalista, la influencia de Krause será duradera y bastante acusada, por lo que se refiere a su pensamiento jurídico de madurez [18].

---

[17] La tesis doctoral de Alas fue publicada en la *Revista Europea,* en los números del 236 al 244, año 1878.

[18] En 1888 escribía Clarín a Menéndez y Pelayo:

«Del Krause de que yo me atrevo a responder es del Krause filósofo del derecho, y en este punto creo que se equivoca usted, Menéndez y Pelayo, al negarle toda influencia actual.

Esta influencia, pero grandísima, existe, confirmada por este mismo Ihering, cuya última obra *El Fin del Derecho* y la otra clásica *El Espíritu del Derecho romano* prueban cómo del con-

Con el título académico bajo el brazo, lleno de dudas sobre cómo orientar su vida profesional y con señales de agotamiento por el intenso trabajo de los últimos meses en Madrid, vuelve el joven doctor a su tierra de Asturias el verano del 78. Más que nunca desea y necesita disfrutar de una temporada de descanso; pasear por los prados de Carreño, restablecer el equilibrio nervioso, ordenar las ideas en la mente. Los maestros de la universidad le habían contagiado el entusiasmo por la enseñanza. Las sesiones del Ateneo, las tertulias del café y el agitado ambiente de la redacción de los periódicos avivaron su antigua ilusión de entregarse al ejercicio exclusivo de la pluma. Lo que entonces pareció dolorosa alternativa, acabará por resolverse en armónica solución: la universidad española ganará un dedicadísimo catedrático; la literatura, un excelente escritor.

Cátedras: las ternas y el turno pacífico. Clarín busca consuelo en la creación

Aquel verano de 1878, cuando Clarín todavía no ha resuelto por qué camino aventurarse profesionalmente, le comunican la convocatoria de una oposición a cátedra para cubrir una vacante en la Universidad de Salamanca. Parece tratarse de una buena oportunidad, según le avisan maestros y compañeros, y Alas decide encerrarse de nuevo entre papelotes y libros para preparar el programa. Los ejercicios empiezan en noviembre, faltan muy pocos meses y el esfuerzo a realizar tendrá que ser necesariamente grande. Pero una vez enfrente de sus contrincantes, Clarín sobresale, obteniendo el primer lugar entre los tres candidatos que al final de la oposición deberían quedar seleccionados. El tribunal eleva la terna por orden de calificación al conde de Toreno, Ministro de Fomento, y

---

cepto kantiano le van trayendo sus reflexiones y estudios históricos al concepto krausista... Y en cuanto a mí, creo firmemente que si hay, como no dudo, Dios y orden divino, etc., el Derecho es lo que dice Krause.» *Epistolario,* Madrid, 1943, pág. 46.

a él corresponderá en última instancia decidir quién será el nuevo catedrático de Economía política de la antigua institución donde profesó Fray Luis, ...cuando la inquisición de turno le dejaba profesar. Tampoco estaba en el ánimo de Cánovas ni de Toreno que Clarín ejerciera la docencia en esos momentos, e ignorando el orden de selección propuesto por el tribunal, el nombramiento recae sobre el opositor que ocupaba el último puesto en la terna, aquel candidato que, según contaba Alas, «creía que el Katheder-Socialismus era un autor de Economía».

Desde el comienzo de su carrera periodística —que vino a coincidir con el principio de la Restauración— la pluma de Clarín y su afilada sátira habían sido dirigidas con frecuencia contra la política y gramática de don Antonio Cánovas, que además de estadista y orador, tenía sus aspiraciones literarias [19]. Quiero decir: al privarle injustamente de su cátedra, es posible que no sólo se combatiera al disidente ideológico, sino también al enemigo personal.

Grave y lamentable fue este incidente. Pero Alas tiene la relativa fortuna de vivir en un período histórico en el que *a pesar de los pesares* cabía la resignación esperanzada del «todo llega y todo pasa... / ni gobierno que perdure / ni mal que cien años dure», como todavía pudo decir Machado, que no conoció otros tiempos más próximos a nosotros. En 1882 le corresponde el turno al gobierno liberal de Sagasta, y el ministro Albareda, además

[19] Las páginas satíricas de Clarín contra Cánovas son abundantísimas. De todas ellas, las más accesibles al lector son las reunidas en el folleto *Cánovas y su tiempo* (1887), incluidas por J. A. Cabezas en la edición de Obras Selectas, publicadas en Madrid, Biblioteca Nueva. Con igual saña satirizaba al Cánovas político que al autor de ensayos históricos y novelas. Refiriéndose a su estilo literario, escribía Alas en el folleto mencionado: «La prosa de Cánovas es una Valpurgis de palabras abstractas, un aquelarre de ripios en prosa, algo como la fiebre del hambre debe ser en el delirio de un maestro de escuela: ensueños como el de un amigo mío, abogado y jurisconsulto, que soñó una vez, con gran remordimiento, ser autor del delito de estupro, consumado en una virginal raíz cuadrada.» *Obras Selectas,* pág. 1298; citado por S. Beser en *L. Alas, crítico literario.*

de nombrar a Clarín catedrático de Derecho romano, reincorpora a la Universidad a los profesores separados por Orovio y sustituye las ternas por las propuestas unipersonales.

Los años que median entre el contratiempo sufrido a raíz de las oposiciones y la publicación del texto en la *Gaceta Oficial,* anunciándole la adjudicación de la cátedra de Zaragoza, será una de las épocas de mayor apuro económico en la vida de Clarín. Durante los primeros meses, una de las temporadas de mayor desánimo. Dolido en su amor propio y con el natural desengaño, regresa al hogar de Asturias. Incómodo y avergonzado por continuar dependiendo materialmente de la familia —tiene ya veintisiete años—, vuelve al quehacer periodístico que, ya se sabe, da poco y de manera irregular. Sin embargo, aprietos económicos y disgustos de opositor no reconocido irán pasando a segundo plano cuando decide aventurarse por el difícil camino de la escritura narrativa. A mediados del 79 encontramos a Clarín absorbido en la composición de una novela corta. Junto al desvelo y fatiga del artista por dar forma a emociones e ideas, el gozo del creador que contempla cómo una verdadera obra de arte va creciendo ante sus ojos.

Ya no servirá de guía la inspiración fantástica que encendió Pascual en la mítica portería del Gobierno Civil de León. Ahora se trata de dirigir la mirada hacia la calle, al medio social, y de *copiarlo artísticamente,* es decir, copia hecha con reflexión, «no de pedazos inconexos, sino de relaciones que abarcan una finalidad, sin la cual no habría belleza». Galdós ha escrito ya *Marianela* (1878); el protagonista Pablo, al despertar de su ceguera, grita emocionadamente «¡Viva la realidad!»; la vista se la debe a la habilidad quirúrgica (al proceder científico) del doctor Golfín. Cuando Clarín escribe *Pipá* (1879) estamos ya al borde de una manera distinta de mirar al mundo y de reproducirlo estéticamente. El positivismo está empezando a trascender el marco de las discusiones en el Ateneo y de las tertulias literarias para iniciar su proyección en el dominio del género narrativo. Falta muy poco para que los nuevos principios encuentren su forma adecuada de expresión en el arte.

Pipá no es el primer cuento que Clarín escribe y publica [20], pero es probablemente el primer trabajo de creación que se aproxima a las metas que su ambición artística le fija y que todavía tardará cinco años en alcanzar. Debió sentirse orgulloso de esta primera obrita casi maestra. En 1886, después de haber culminado la escritura de su voluminosa y excelente *Regenta,* no duda en reimprimir *Pipá,* en forma de volumen y sin correcciones, presidiendo y dando nombre a la colección de cuentos que hoy ofrece Ediciones Cátedra al lector.

Después de *Pipá* compone otras narraciones, alternando los ejercicios puramente creativos con los críticos; muestras de ambos aparecerán reunidos en el primer libro que Alas publica con el título de *Solos de Clarín* (1881). Sergio Beser, en su estudio sobre *Leopoldo Alas, crítico literario* (pág. 87) resume con bastante exactitud las características sobresalientes de *Solos:* «La aplicación del libre examen —el pensamiento liberado de los dogmas— a la literatura y al arte, la aparición de las primeras referencias al naturalismo y el continuo relacionar literatura y sociedad, viendo el arte como educación, como utilidad, casi como propaganda de ideas».

La cuestión del libre examen es uno de los problemas que Clarín estudia con mayor detenimiento, porque es precisamente asunto central en las polémicas y enfrentamientos que tienen lugar en el mundo intelectual del período revolucionario y de comienzos de la Restauración. En cierta manera, la narrativa moderna surge al calor de estos debates y por eso señala Clarín la relación existente entre la conmoción de la Gloriosa y la nueva novela; y, naturalmente, piensa en seguida en la figura y obra de

[20] Alas había publicado con anterioridad, en los últimos años de estudiante en Madrid, más de una docena de narraciones cortas. Puede encontrarse una detallada relación cronológica de estos relatos en el útil apéndice que Laura de los Ríos añadió a su estudio sobre *Los cuentos de Clarín,* Madrid. Revista de Occidente, 1965.

Galdós. No nos debe parecer contradictorio que junto al inicial interés por el positivismo estético sobreviva la concepción del arte como educación: el afán didáctico del realismo anterior a los 80 *(Doña Perfecta)* perdurará en el naturalismo de la década siguiente *(La Desheredada, Lo Prohibido)*. Por otra parte, preocupación didáctica no implica de necesidad concepción del arte como «propaganda» —en esto discrepo con las últimas palabras que transcribo de Beser—. Clarín se identifica con la preocupación educadora que guía la labor creativa de Galdós, pero como advierte en las páginas de *Solos,* al tratar de *La familia de León Roch,* «el arte que fuese a este fin útil por otros caminos, con disertaciones abstractas, de forma didáctica *puramente,* no merece el nombre de arte».

Solos de Clarín fue un libro afortunado por lo que se refiere a ventas y difusión. A los doce meses de publicarse ya habían salido dos ediciones y todavía en 1891 conservaba actualidad, porque se llevó a cabo una cuarta impresión. Como comenta Beser, el hecho extraordinario —tanto ayer como hoy— de que un libro de crítica se reimprima cuatro veces en el espacio de diez años, nos está señalando la autoridad que Alas ejerció desde el principio de su carrera sobre el ambiente literario español.

Hasta que llega el momento de incorporarse a su cátedra de Zaragoza, Clarín no permanece de forma continuada en Asturias. Son frecuentes las estancias en Madrid para solucionar asuntos editoriales o establecer relación con nuevas redacciones de periódicos [21]. Alas sigue teniendo interés por los pequeños núcleos madrileños receptores de nuevas ideas, abiertos a lo que ocurre en el exterior, es-

---

21 Merece destacarse su incorporación al grupo de colaboradores permanentes de *Madrid Cómico.* Clarín publicó asiduamente en este semanario hasta el final de su vida, y son numerosísimos los paliques, cuentos y artículos políticos —muchos de ellos olvidados— que el investigador podrá encontrar en las páginas de este periódico. Marino Gómez Santos, en su ensayo bio-bibliográfico, *op. cit.,* incluye una relación de las publicaciones de Alas en *Madrid Cómico,* pero parece ignorar que el semanario tuvo una segunda época, a partir de octubre de 1899, continuando Clarín como colaborador.

3

pecialmente en Francia, ahora centro de atención. «A Madrid me vuelvo —escribía a su amigo Tuero, anunciando un nuevo desplazamiento—. Allá voy. No se puede vivir en provincias, por muy autonomista que se sea.» Además, este estar y no estar, el establecer periódicamente una distancia física con Oviedo, es muy probable que le fuese de utilidad para lograr una mayor objetivación crítica de un mundo social en el que ya tiene echadas firmes raíces pero que al mismo tiempo le irrita y oprime —estoy pensando en cómo irá surgiendo en la mente del creador la trasposición Oviedo-*Vetusta.*

El magisterio de Galdós. La defensa del naturalismo

Mucho se ha insistido, con razón, en la influencia que la novela y ensayos de Zola ejercieron sobre la formación estética de Clarín. Desde finales de los 70, Alas y sus compañeros de letras mostraron gran interés por el pensamiento positivista, que empieza por esas fechas a ser uno de los temas centrales de las discusiones en el Ateneo y materia de disertación en algunas cátedras de la universidad. Si al calor del 68 se origina la preocupación estética por estudiar artísticamente la realidad social (por «copiarla y explicarla artísticamente», según palabras del primer Clarín) diez años después, el desarrollo metodológico de las ciencias proporcionará modelos instrumentales para «tomar posesión» de ella. Berthelot, Comte y Littré con el positivismo científico y filosófico, Taine con su aportación sobre la teoría del medio, la filosofía experimental de Bernard, sentarán las bases de una nueva manera de comprender al hombre y al mundo que le rodea. En más de un sentido existe, pues, una coherencia y continuidad en el desenvolvimiento de la novela española desde el primer realismo, pensemos en *Doña Perfecta,* al período naturalista de *La Desheredada* o de *La Tribuna.* En los años 70 se opera por vía de abstracción. En la década siguiente se procede por vía de individualización: no se estudian tipos o personajes-idea sino temperamentos; no se abarca una geografía abstracta sino un medio social; la observación ya no basta, tendrá que ir acompañada de la experimentación. A sabiendas de que simplificamos, podría afirmarse que la aparente sensación de ruptura entre un momento y otro no se debe tanto a que la narrativa se orienta hacia propósitos estéticos esencialmente dispares, sino a que estos últimos fines son perseguidos con procedimientos y métodos diferentes.

Zola es el primero en intentar la adaptación del método científico a la creación narrativa, convirtiéndose en maestro y guía de toda una generación de novelistas europeos, entre los que tenemos que incluir el nombre de Alas. Galdós, que es el primer español en escribir novelas —en el sentido moderno de la palabra— será también el que a nivel nacional se anticipe en la asimilación del pensamiento positivista, incorporando, con originalidad selectiva, principios y procedimientos de éste a sus particulares propósitos artísticos. Por mucho que nos repitan cosa diferente los manuales de historia literaria, no debemos aceptarlo: ni la Pardo Bazán ni Clarín son los introductores del naturalismo en la península. El pionero es Galdós, que ya en 1878, al escribir *Marianela* (que no es una novela naturalista) nos ofrece el primer manifiesto del naturalismo en España [22]. Y recordemos también que *La Desheredada* (1881), que sí gravita decididamente dentro de la nueva estética, precede en un año a los ensayos sobre *La cuestión palpitante* y al estudio que con el título *Del naturalismo* publica Alas en *La Diana*. Al hacer estas puntualizaciones no me mueve el pueril afán de esclarecer quién llegó primero a dónde, para adjudicarle a continuación los correspondientes laureles. Me interesa subrayar algo de importancia que no se ha destacado lo suficiente, y es el papel de maestro que Galdós desempeña respecto a Clarín. Para comprender cómo funciona y se hace posible este magisterio, los detalles cronológicos pueden servir de clarificación.

---

[22] Ver J. Casalduero, *Vida y obra de Galdós,* págs. 72-75. También los dos primeros apéndices del libro, págs. 221-246.

En muy pocas palabras, la relación literaria entre los dos autores es la siguiente: durante más de veinte años muchos de los planteamientos críticos y estéticos de Alas siguen de cerca, en líneas generales, los presupuestos artísticos implicados en la labor creadora de Galdós. Comentando la colección de ensayos que Clarín escribió sobre la narrativa de Galdós, señalaba Beser la estrecha coincidencia entre los principios literarios que informan las diferentes obras del novelista y los que el crítico defiende como más oportunos. Y ampliando estas observaciones concluía el profesor catalán, en mi opinión, acertadamente: «Leopoldo Alas será no sólo el primer crítico que tratará de esas distintas tendencias de la novela de Pérez Galdós, sino que movido por su concepción historicista del hecho literario, las acogerá siempre como sustrato de sus artículos. Galdós será el guía que conduce al crítico asturiano por los caminos de nuestra novela realista de finales del XIX» [23]. Las afirmaciones que acabo de hacer y citar merecen aclaración. No es que Clarín dependiera del proceso formativo de la novela galdosiana para enterarse de la existencia o comprender el sentido del realismo abstracto, del naturalismo y del movimiento espiritualista. Alas, muy atento y sensible siempre al acontecer ideológico y estético de Europa —en ocasiones, más que los propios colegas que ejercían la crítica allende los Pirineos [24]— habría asimilado el pensamiento y desarrollo artístico de su época sin necesidad de verlo proyectado en el mundo narrativo de Galdós. Pero es en esta proyección, precisamente, donde residirá el magisterio de don Benito. Galdós es el primero que logra dar

---

[23] Sergio Beser, *Leopoldo Alas: teoría y crítica de la novela española,* Barcelona, Laia, 1972, pág. 221.

[24] Alas supo captar lo que el naturalismo francés tenía de renovador, con espíritu más penetrante y abierto que muchos de los afamados colegas de París, como Brunetiere, Bigot y Sarcey. Igualmente, fue uno de los primeros críticos en acercarse con ánimo de comprensión a *Fleurs du mal,* de Baudelaire. El mismo Zola le consideraba como uno de los críticos que mejor le habían estudiado en Europa. Véase Enrique Gómez Carrillo, *Almas y Cerebros,* París, 1905, pág. 194.

expresión, en términos de cultura y tradición literaria española, a las preocupaciones y descubrimientos estéticos que conmueven el mundo europeo durante dos tercios del siglo XIX; es quien consigue incorporar al marco nacional la dinámica creadora comprendida entre Dickens-Balzac y los albores del impresionismo. Y como sucede que Galdós no es simplemente un traductor de estéticas sino un verdadero artista, Clarín verá en él, no sólo al maestro que orienta la narrativa española por los derroteros de la universal, sino también al escritor que complementa a esta última con la aportación de su inteligencia y genio creativo. Recordemos en este sentido las expresivas líneas de Alas en su comunicación epistolar con Galdós: «Los dos únicos novelistas vivos que me gustan en absoluto son usted y Zola. ¿Qué le falta a usted? Muchas cosas que tiene Zola. ¿Y a Zola? Muchas que tiene usted. ¿Y a los dos? Algunas que tenía Flaubert. ¿Y a los tres? Algunas que tenía Balzac. ¿Y a Balzac? Otras que tienen ustedes tres» [25].

Clarín, que había seguido muy de cerca la formación de la obra galdosiana a partir de *Doña Perfecta,* a los pocos meses de aparecer el primer tomo de *La Desheredada* publicó en *El Imparcial* [26] una detallada reseña, explicando el nuevo giro estético que emprendía su autor y celebrando el tratamiento naturalista de personajes, discursos y situaciones: «...bendito y alabado el cambio que ha sufrido Galdós en su última novela!» Como sabemos, no es la primera vez que Alas habla del naturalismo, pero sí, quizá, la primera en adoptar una decidida defensa

---

[25] Carta del 15 de marzo de 1884 incluida en la cuidada edición *Cartas a Galdós,* Madrid, Revista de Occidente, 1964, página 214. La consulta de este epistolario, preparado por Soledad Ortega, es indispensable para estudiar las relaciones literarias entre los dos novelistas.

[26] El estudio sobre la primera parte de *La Desheredada* apareció en *El Imparcial* el 9 de mayo del 81. La reseña del segundo volumen en el número del 24 de octubre. El artículo completo fue incluido después en *La literatura en 1881,* Madrid, Alfredo de Carlo Herrero, editor, 1882, libro publicado en colaboración con A. Palacio Valdés.

de la «oportunidad» de su instauración en la narrativa española [27]. Un año más tarde Clarín utilizaría la tribuna del Ateneo para intervenir en la famosa polémica en torno al naturalismo, destacándose como su más encendido abogado, y a las pocas semanas el periódico *La Diana* iniciaba la publicación de uno de los trabajos más extensos y penetrantes que sobre el problema del positivismo en literatura se escribieron en la España de entonces [28].

El naturalismo que Alas preconizaba, aunque fue tachado de extremoso y dogmático por varios de sus contemporáneos, lo cierto es que se caracteriza por su moderación. Clarín niega la solidaridad de la nueva estética con ningún sistema de pensamiento exclusivo (positivismo); rechaza el determinismo radical; no cree —en contra de lo que se afirma en *Le roman experimental*— que el estudio del carácter deba ser el principal objeto de la novela, sino «el espectáculo completo de la vida» reflejado en la relación del personaje con el mundo en que vive [29]; le parece impertinente la consideración del arte como

[27] Señala Beser que el escritor uruguayo José Enrique Rodó afirmaba que «dentro de la crítica, los artículos sobre *La Desheredada* tenían la misma significación, como iniciación de nuevos rumbos, que la obra de Pérez Galdós dentro de la novela». *Leopoldo Alas, crítico literario, op. cit.*, pág. 315.

[28] El resumen de la intervención de Alas en el Ateneo puede verse en el diario *El Progreso,* 20 de enero de 1882.

El ensayo de Clarín titulado *Del Naturalismo* se insertó en *La Diana,* en los números correspondientes al 1 y 16 de febrero; 1 y 16 de marzo; 16 de abril, 1 de mayo y 16 de junio de 1882. Este trabajo, olvidado hasta hace muy poco tiempo no obstante su interés, ha sido recogido por Beser en su antología *Leopoldo Alas: Teoría y crítica, op. cit.*, págs. 109-149. Casi simultáneamente, Emilia Pardo Bazán emprendía la publicación en *La Época* de sus ensayos sobre *La cuestión palpitante,* reunidos después en volumen con prólogo de Clarín, Madrid, 1883, Imprenta Central.

[29] A este respecto decía Clarín que «es preferible ver el estudio del hombre en la acción exterior, en la lucha con la sociedad, a verlo sólo por dentro, en que se prescinde de todo lo que esté por fuera del carácter estudiado». Se trata probablemente de algo muy similar a esa tendencia a la exteriorización de conflictos psicológicos, a proyectarlos plásticamente hacia el exterior, observada por Casalduero a propósito de Galdós.

ciencia: «el naturalismo no es responsable de la exageración sistemática de Zola», declaraba en el prólogo a *La cuestión palpitante* de Pardo Bazán.

Clarín, como nos ha dicho Beser, tuvo siempre una concepción historicista del fenómeno literario. Por eso manifestó en numerosas ocasiones que más que «naturalista» él se consideraba un «oportunista del naturalismo». Se aplicó a su estudio, protagonizó su defensa en España, por considerarlo la manifestación literaria «más oportuna» de su tiempo, la que mejor servía en aquellos momentos a la finalidad última del arte: «formar conocimiento y conciencia total del mundo bajo un aspecto especial de totalidad y de sustantividad que no puede darnos el estudio científico».

La hora del amor santificado. Un viaje de novios por la Andalucía del hambre

Muy poco, casi nada conocemos de la vida de Alas en lo tocante al amor. En la misma situación nos encontramos frente a otras muchas figuras de nuestra historia del arte. Me refiero tanto al amor legitimado por usos sociales y religiosos como al que se desarrolla a su margen; pero, claro, es este último el que más ha sufrido de autocensuras o del silencio impuesto por terceros. A veces unos datos triviales, una lista de amantes más o menos nutrida, a veces sus nombres, unas inexpresivas fechas delimitando relaciones inexpresivas... A fin de cuentas, salvo algunas excepciones, en la biografía de hombres y mujeres de nuestro parnaso, domina la escasez informativa en este sentido o, en el mejor de los casos, la documentación anecdótica y de tono impersonal. Nuestros artistas son poco dados a hablar de «esas cosas» en memorias y epistolarios. Nuestros biógrafos, con frecuencia decididos partidarios de no hurgar en estos asuntos —si es que hay ocasión (material) para ello— pensando, tal vez, que no conviene empañar el lustre y buen nombre de los asexuados ingenios objeto de sus apologías.

De la adolescencia de Clarín sabemos que *algo* hubo con la rubia campesina de Avilés y que ese *algo,* parece ser, supuso «el primer pecado de amor verdadero. No de esos que suelen confesar los chicos y que consiste *en amar uno por dos»* [30]. Las relaciones con esta muchacha dejaron su huella sentimental y, como hemos mencionado antes, incluso llegan a trascender artísticamente en la obra creativa de Alas. Este «incidente» ocurre cuando el joven estudiante de derecho había cumplido los diecisiete años. Luego se abre un paréntesis de presunta continencia hasta que el recién nombrado catedrático contrae matrimonio en agosto del 82.

Ya que datos no existen sobre la vida amorosa de Alas, más de un estudioso de su obra, cultivando la imaginación, ha dado en suponer que «las cosas» no le fueron demasiado bien a nuestro autor, antes y después de su enlace matrimonial. Surge así la peregrina teoría de la «frustración» de Alas, que proyectándose en la creación de *La Regenta,* nos «explica» el que la represión sexual se enseñoree de tantos personajes de su novela, con la protagonista al frente. Pero, créame el lector, nada hay en los datos biográficos que nos han sido transmitidos que permita especulaciones de este orden y, lo que es aún más importante, poco hay de válido en este tipo de planteamientos «psicocríticos».

Alas no era especialmente agraciado en su configuración física aunque, según él, tampoco tan feo como los caricaturistas de la época se empeñaban en dibujarle. Bajo de estatura, delgado, el tamaño de la cabeza algo desproporcionado en relación a la parvedad del cuerpo, el pelo y barba de color rubio, los ojos muy azules, Clarín compensaba su falta de atractivo fisonómico con la expresividad de sus gestos y el calor de su palabra. «Más dulce

---

[30] Retórica contorsión utilizada por Juan Antonio Cabezas para aludir a las primeras relaciones sexuales del joven Leopoldo, *«Clarín», el provinciano universal, op. cit.,* pág. 52.

que salada en el mirar, rubia, pálida, delgada, de belleza recatada y escondida, una de esas bellezas que no deslumbran pero que pueden ir entrándose alma adelante» —este es el retrato que nos ha dejado el esposo de doña Onofre García Argüelles—. Todo parece indicar que fue una pareja compenetrada sentimental e intelectualmente y que Clarín —hombre de hogar— se sintió feliz en el sosegado marco de la vida matrimonial [31].

Se conocieron en Oviedo durante el año 81. A Onofre le intimida la idea de casarse cuando piensa en la posibilidad de transmitir a su descendencia la afección tuberculosa que padece; a Clarín le preocupa la precariedad de su situación económica, pues continúa sin más ingresos que los que provienen de su pluma. La opinión optimista de los médicos, la subida al poder de Sagasta, eliminarán estos obstáculos y en agosto de 1882 se celebra el matrimonio.

Antes de tomar posesión de la cátedra de Zaragoza que el ministro Albareda le acaba de conceder, Clarín tiene que cumplir un compromiso con el periódico *El Día*. Se trata esta vez de escribir una serie de reportajes sobre el problema social andaluz, agravado ese año por una desastrosa cosecha, y tema de actualidad candente por los sucesos de *La Mano Negra*. Clarín y Onofre convierten su «viaje de novios» en gira de exploración social. En la vida de Alas, desde su niñez, serán frecuentes los desplazamientos, pero, probablemente, éste es su único verdadero viaje, hecho además «por el corazón de España». Durante el mes de septiembre del 82 recorren aldeas, cortijos, términos municipales, las cuevas y hacinadas chabolas de los campesinos en paro; se entrevistan con autoridades locales, asisten a los procesos que en Arcos y Jerez de la Frontera se están empezando a celebrar. Alas

[31] Hasta qué punto hizo de la familia centro de su existencia podría documentarse espigando los numerosos párrafos de su correspondencia epistolar en los que se refiere a la colaboración y ayuda de todo tipo que su mujer le presta, y a su constante preocupación por la salud y educación de sus hijos. Véase en especial la correspondencia con Galdós.

denuncia la situación social y económica en la que se encuentra el campesino andaluz y advierte al gobierno liberal de Sagasta que el camino para solucionar este tipo de conflictos no es el de la represión, sino el cambio de estructuras agrarias. Inicia sus crónicas bajo el título «El hambre en Andalucía», luego habrá que cambiarlo al rótulo menos escandaloso de «La crisis en Andalucía» [32]. Al marqués de Riscal, dueño del periódico, le parecen demasiado atrevidas las afirmaciones y argumentos de su corresponsal; meses después se quejará también de las aficiones naturalistas que reflejan sus artículos de crítica literaria y acabará por aconsejarle, educadamente, que busque otro órgano de difusión para sus ideas políticas y sus principios artísticos [33]. Clarín, ardiente republicano, nacido a la política en los eufóricos momentos de la revolución del 68, aprenderá en su viaje de «luna de miel» la lección que años más tarde Joaquín Costa reduciría a escueto principio: «La libertad sin garbanzos no es libertad.»

La emoción de ver culminada una obra de arte. La Regenta

De febril actividad son los primeros años, después del regreso a Oviedo. Clarín se entrega con entusiasmo y dedicación a su recién estrenada cátedra en la universidad

32 Cabezas, *op. cit.*, pág. 117, afirma que los artículos que Clarín escribió en su gira por el sur como corresponsal de *El Día* fueron rechazados por el marqués de Riscal. Lo cierto es que estos reportajes se publicaron en dicho periódico entre el 7 de enero y el 21 de julio de 1883. Estos artículos aparecen publicados sin firma, y no deberán confundirse con las crónicas en el mismo periódico sobre los procesos de «La Mano Negra» que desde Jerez y otros lugares enviaba Manuel Cubas, crónicas que después reuniría en el folleto *Historia de la Mano Negra,* Madrid, 1884.

33 Soledad Ortega, *Cartas a Galdós,* pág. 222. Agradecemos a la familia Ortega nos dejase consultar el epistolario inédito Clarín-J. Octavio Picón, en donde Alas hace referencia a sus dificultades con el marqués de Riscal.

asturiana; prosigue las colaboraciones críticas en los periódicos, seleccionando más tarde las que juzga de mayor interés para formar el volumen de *Sermón perdido* (1885); pone término a dos de sus más conocidas narraciones, *Bustamante* y *Zurita,* que serán incluidas en la colección de *Pipá;* y como si fuese capaz de sacarle al día más horas de las que tiene, emprende y finaliza la escritura de cientos de cuartillas que una editora de Barcelona, previo pago al autor de once mil reales, imprimirá en dos tomos con el título de *La Regenta.*

Muchos desvelos y una buena porción de salud debió costarle a Clarín la rápida composición de la novela que, como vemos, combina con otras fatigosas actividades. Joven en edad, su fragilidad física empieza ya a manifestarse alarmando a familiares y amigos. En julio del 84, a punto de acabar la primera parte de *La Regenta,* le confesaba a Galdós por carta: «Yo tengo la salud muy quebradiza; cada pocos días me dan jaquecas con acompañamiento de fenómenos nerviosos, pérdida del habla y otras menudencias que son una delicia; el primer síntoma es perder la vista. Así no se puede trabajar formalmente» [34]. Por suerte para nosotros, sí pudo, y no solamente lo hizo con «formalidad», sino también con la mejor de las inspiraciones creativas. El esfuerzo de aquellos prolongados meses le proporcionaría después esa especialísima satisfacción, reservada únicamente a los grandes creadores, cuando llega el momento de contemplar concluida su obra maestra. Porque Clarín, como ha sucedido siempre a los verdaderos artistas, era consciente del valor y trascendencia de los frutos de su creación. En la primavera del 85, anunciando la terminación de la novela a uno de sus íntimos amigos, exclamaba lleno de orgullo: «¡Si vieras qué emoción tan extraña fue para mí la de terminar por la primera vez de mi vida —a los treinta y tres años— una obra de arte!» [35].

---

34 Soledad Ortega, *Cartas a Galdós, op. cit.,* pág. 222.
35 Carta a su amigo Pepe Quevedo, citada por Adolfo Posada en su biografía, pág. 180.

En líneas generales, *La Regenta* no fue acogida con especial fervor ni por la crítica ni por el público —dieciséis años tardó en reeditarse. La envidia y resentimiento de unos, la falta de preparación estética de otros, influyeron en la fría recepción de la novela y en el empeño que muchos pusieron en ignorarla [36]. A nivel local, provocó el consabido escándalo y el obispo de Oviedo tuvo a bien advertir a los fieles de su diócesis de las inmoralidades, ataques al clero, faltas a los buenos principios, etcétera, que la obra contenía; pequeño incidente y no privativo del ruedo carpeto si pensamos en los tropiezos sufridos por *Madame Bovary,* veintisiete años antes, a la hora de publicarse en «el París de la Francia». No faltó tampoco quien escribiera el folleto de turno, acusando al autor de plagiario [37]: sarta de «paralelismos», más o menos paralelos, en donde la retorcida intención se mezcla con la ceguera característica de tantos críticos del XIX (y por desgracia del XX) que se asomaron y asoman al estudio y comparación de obras literarias, instalados en su positivismo de vía estrecha. Galdós esperaría a que *La Regenta* se editase por segunda vez para manifestar en público su opinión sobre la novela; ahora sólo coge la pluma para escribir una carta y la dirige a Clarín; entre alabanzas y enhorabuenas, un pequeño párrafo que Alas, recreándose en su vanidad, no olvidaría jamás: «Los personajes y sucesos de su obra me acompañan a todas partes. Si yo soñara (y no sueño nunca) soñaría con ellos.

36 En carta a Galdós, una vez publicado el primer tomo de la novela, escribía Clarín: «El saber la opinión de usted y otros pocos y el cobrar el libro es lo que me interesa. No hay en esto *pose* ni nada falso, es la verdad pura. Lo cual no quita que yo me defienda como pueda contra la *conspiración del silencio,* que en España creo que es una conspiración de sordo-mudos.» *Cartas a Galdós,* pág. 224.

37 Luis Bonafoux, *Yo y el plagiario Clarín,* Madrid, 1888. En ese mismo año contestaba Alas a las acusaciones de Bonafoux en la primera parte de su folleto *Mis plagios. Un discurso de Núñez de Arce.*

Crea usted que su obra la tengo metida entre ceja y ceja en términos que no me deja vivir» [38].

Durante más de medio siglo *La Regenta* permaneció relegada a un lugar muy secundario en la historia de la narrativa española: antes de 1952, centenario del nacimiento de Clarín, apenas se había prestado atención crítica a la novela y no es hasta 1966 cuando empieza a ser conocida por un amplio sector de lectores, al tener lugar su oportunísima publicación en libro de bolsillo. Rescatada del olvido, con entusiasmo que pretendía reparar tantas décadas de injusta subestimación, en los últimos años hemos colocado *La Regenta* a la altura de cuanto nos parecía lo mejor de nuestra narrativa moderna. Las tiradas editoriales se han sucedido con ritmo veloz y es de celebrar que a mayor lectura vaya correspondiendo estudio más detallado y mejor meditado análisis. Convencidos del mérito artístico de *La Regenta,* estamos empezando a tomar conciencia de su atractiva complejidad.

El desarrollo crítico sobre *La Regenta* ha venido siendo entorpecido por dos enfoques generales en los que se ha insistido excesivamente: la aproximación a su texto como una de las obras de mayor ortodoxia naturalista del realismo español del XIX, y el suponer centrada su intención estética en la representación documental de la sociedad y marco político de la Restauración: dos maneras distintas, aunque relacionadas entre sí, de empequeñecer y simplificar el sentido de la novela. El primer enfoque nos lo impuso la visión miope de la crítica positivista; el segundo, la torpeza de quienes al asomarse a las creaciones artísticas de ayer proyectan sobre ellas valores y principios estéticos del presente.

---

[38] *Clarín, el provinciano universal, op. cit.*, pág. 129. Contestaba poco después Alas: «He recibido muchas cartas, algunas de personas cuya opinión es para mí de gran peso, pero da la casualidad que a quien yo considero en España como el mejor escritor... es precisamente el que lleva más lejos sus alabanzas.» *Cartas a Galdós,* pág. 227.

Admira el público de hoy la casi total equivalencia entre el plano de Vetusta y el de Oviedo a comienzos de la Restauración; despierta elogios la fidelidad histórica de la novela al trazarnos la evolución urbana de los diferentes barrios; se celebra esa lograda síntesis de historia socioeconómica y política que nos brinda Clarín al tiempo que dibuja fachadas, delimita distritos o nos introduce a la intimidad de un salón, etc. Que tal suceda, que el lector de nuestros días se recree en estos y otros muchos segmentos de realidad histórica transformada en arte, me parece muy bien. Debe ser, además, ejercicio *gratificador* revisar datos y acontecimientos en la narración y someterlos a cotejo con los capítulos de cualquier manual de historia para comprobar su correspondencia o contradicción, el mayor o menor grado en que la obra literaria refleja «el acontecer histórico objetivo». Pero me parece necesario apuntar que nada más desorientador que acercarse a *La Regenta* como texto histórico-documental, presumiendo en la obra propósitos testimoniales que no creo correspondan a las preocupaciones estéticas de Clarín en 1884. Los temas y conflictos que se presentan en la novela, los desarrolla Alas enmarcándolos en la Historia —a veces en estrecha relación con ella— y el entendimiento de ésta es condición necesaria para la comprensión de aquéllos. Lo mismo podría decirse de una gran parte de la producción galdosiana. Sin embargo, que la novela no pueda entenderse al margen de su contexto político y social, no quiere decir que éste, por sí mismo, nos explique su sentido literario. No estoy defendiendo la inmanencia de la obra de arte. En las líneas preliminares de esta introducción, en nota a pie de página, me he referido a la proyección ideológica de cualquier presupuesto estético. Quiero, sencillamente, unir mi voz a la de quienes, predicando en semidesierto, insisten en que la literatura es una *forma* «sustantiva» —con intrínseca legalidad— de estudiar los problemas o realizaciones del hombre, de recrearlos desde un código de expresión que le es propio.

El tratamiento narrativo de los numerosos elementos y situaciones naturalistas que todos hemos observado en *La Regenta,* no apuntan hacia la ortodoxia de escuela sino hacia la problemática estética e ideológica que, gracias al naturalismo, el artista de finales de siglo fue capaz de vislumbrar. La modernidad de *La Regenta,* su originalidad creativa, residen precisamente en esa capacidad del autor para ver y sentir con mirada y sensibilidad que traspasan los límites del naturalismo pionero.

En un principio el hombre naturalista, con fe ciega en la ciencia, había creído por unos instantes poder abarcar y explicarnos el mundo de la realidad. Desnudada la materia de todo su oropel idealista, el escritor se entrega con optimismo a su estudio y observación; pero cuando profundiza en el análisis, cuando parece próxima la hora de convertir lo misterioso-romántico en clarísima transparencia, descubre sorprendido la existencia de *algo* entre vísceras y humores que se resiste a la explicación físicoquímica; *algo* misteriosamente recóndito que niega someterse a las leyes de la evolución o a los postulados de la fisiología experimental. Es en el momento inmediatamente posterior a esta fecundísima sorpresa donde tenemos que situar la escritura de *La Regenta.* Y hablo de fecundo sobresalto porque de esta exclamación e interrogante va a surgir, con el tiempo, toda la complejidad que caracteriza a la visión moderna —contemporánea, mejor— del mundo y de los habitantes que lo transforman.

Recordemos, rápidamente, el camino transitado por Alas en el campo de las formas estéticas y de las ideas, desde los albores del naturalismo a la composición de su mejor novela:

Al final de *Pipá* (1879), en la secuencia VII, el cadáver desfigurado del protagonista revela al asombrado coro de personajes la extraña condición —«¡lo que somos!»— de esa criatura social que llamamos hombre y que ahora, sorprendido, se enfrenta al descubrimiento de su propia naturaleza: pura materia orgánica que la muerte (el fuego) convierte simplemente en orgánico mineral, como la hulla o el lignito [39]. Cierto es que hay unas páginas de *Pipá,* las que tienen por marco el palacio de Híjar, en donde el autor comienza a pulsar unas notas que parece van a trascender la bronca tonalidad del espacio de la *tralla* y su estridente sinfonía. Pero como habrá comprobado el conocedor del cuento, o como tendrá ocasión de verificar quien se asome a los textos que siguen, al final de la narración (que en este caso es también *fin del relato)* [40] prevalecen los planteamientos positivistas y el sórdido recinto que contiene a la «bestia humana» —iglesia, taberna o cementerio—. Son los «lascivos ayes», los vapores del alcohol, los «guturales sonidos», el babear de Celedonio, los que en profana danza de la muerte presiden ese ritual que acompaña a la química metamorfosis de Pipá en trozo de carbón.

Cuando en 1885 se terminan de imprimir los dos tomos de *La Regenta,* Alas presenta a los lectores una realidad diferente y una distinta manera de comprenderla. Desde los capítulos preliminares, a partir de las primeras páginas, Clarín nos deja entrever las claves de su nueva orientación.

Primero son las imágenes casi «tele-objetivadas» que directamente nos ofrece el narrador persiguiendo con su lente remolinos de polvo, pajillas, trocitos de papel, granitos de arena incluso, arrastrados por el aire. Después,

---

39 Comienza así la secuencia séptima de *Pipá*:
«—¡Es un carbón!
—¡Un carbón completo!
—¡Lo que somos!
—¡No hay quien le conozca!
—¡Si no tiene cara!
—¡Es un carbón!
—¿Y murió alguno más?»...

40 Hago la distinción entre final de la escritura y fin del relato pensando, sobre todo, en las últimas líneas de *La Regenta* —aparentemente similares a las de *Pipá,* pero con la crucial variante de que en la novela la terminación del discurso narrativo no constituye en realidad el fin de su enunciado, remitiéndonos de nuevo a la ambigua situación de Ana Ozores, condenada a debatirse siempre entre el mundo del espíritu y el de la materia, entre el de la realidad y el de la imaginación.

la presentación de la catedral y su torre desde cuya altura los hombres de Vetusta escupen, arrojan podredumbre, estimulan su ambición material o su curiosidad concupiscente, como si se acercaran al cielo para mejor dominar la tierra. En los párrafos siguientes, la aparición de don Fermín desplegando el catalejo para entregarse a la inspección minuciosa de la ciudad, igual que «el naturalista estudia con poderoso microscopio las pequeñeces de los cuerpos». Como el naturalista, también el Magistral enfoca su anteojo principalmente al espectáculo urbano; hay una voz narrativa que nos describe el paisaje en torno a la ciudad, pero recurriendo a la explicación científica de su variedad cromática —pardo oscuro si la tierra está bien removida y regada, difuminados colores allí donde el cultivo es más intenso y el abono mejor. ... Todos nos hemos dado cuenta de ello. El autor comienza su novela con un preludio descriptivo en el que *parece* predominar de forma muy acusada el típico ejercicio del estudio naturalista. Y, sin embargo, engañosa impresión inicial. Volvamos atrás; repitamos la lectura.

Junto a la fidelidad y minucia del primer teleobjetivo, el cristal deformador que convierte la torre adornada al estilo del presente en «enorme botella de champaña»: la lente fotográfica no basta para captar la realidad —la lección de Goya; la intuición premonitoria de lo que cuarenta años después sentiría Valle-Inclán—. Para los personajes de Vetusta la altura es simplemente una manera de acercarse a la tierra, pero Clarín nos habla de la «grandeza espiritual» de aquel «índice de piedra que señalaba al cielo», desvelando la aspiración religiosa en la atrevida verticalidad del gótico. Si el Magistral observa y estudia con la ayuda de los cristales de aumento, el narrador trasciende esa visión y simultáneamente superpone su mirada que complementa y añade. Es más, nos hace notar repetidas veces la estrechez de su ángulo visual. Y, sobre todo, no olvidemos la notable paradoja que yo interpreto como conclusión estética cargada de significado: don Fermín desiste de continuar observando con el catalejo porque éste no le ayuda a encontrar lo que bus-

4

ca; es decir, las lentes aproximan realidades distantes en el espacio pero limitan al mismo tiempo el campo de percepción. Puede suceder, como ocurre en este primer capítulo, que lo que se pretende acercar a los ojos con instrumental científico quizá se encuentra tan próximo a nosotros que irónicamente escape al reducido círculo de nuestro prismático.

Reconstruyamos ahora el itinerario por el que Clarín nos conduce para hacernos llegar al problema central de su novela: subida al campanario de la iglesia (trampolín que puede impulsar a las alturas de la espiritualidad o precipitar con más fuerza al nivel de la materia). Incursión por el extenso mapa de Vetusta, y estudio de su geografía socio-económica y moral. De la estructura urbana en su totalidad, al interior del templo —primero, las espaciosas naves y cruceros, luego el reducido ámbito de la sacristía o el recogimiento de la capilla—. Continuando esta trayectoria en busca de lo interior, nos introduce Clarín al dormitorio de Ana y pasamos revista a los muebles, alfombras, cortinas y ropa de cama. Desviste el narrador a la Regenta haciéndola posar ante nosotros «como impúdica modelo olvidada de sí misma»; después, ese gran momento en el que, desnudado el cuerpo, se nos abren las puertas a la desnudez del alma.

De la amplitud del espacio social a la intimidad del recinto individual, del boudoir naturalista a la alcoba-oratorio; del nivel de los sentidos al de la conciencia; de la materia al espíritu. Espacios, perspectivas, niveles, que no se desplazan los unos a los otros, que no funcionan como autoexcluyentes, sino que sencillamente coexisten. No es que se rechace el naturalismo, es que gracias a él, a fuerza de tanto análisis y autopsia, el artista descubre la complejidad de su objeto de estudio, también la inocencia de sus postulados metodológicos. Del límite último de la materia emana lo insondable espiritual. La observación, el experimento, tendrán que ir acompañados de la penetración intuitiva para explorar esa sima en donde las leyes científicas manifiestan su inoperancia.

Alas insiste en la problemática dependencia entre la materia y el espíritu. Algunos personajes de Vetusta, en especial la protagonista, se empeñarán en su desglose. La ineptitud de Ana Ozores para asumir la doble condición de su naturaleza, una y otra vez le conducirá al fracaso. El convencimiento por parte del autor de que el hombre es resultado de la interacción entre espíritu y materia, ser y querer ser, entre idea e ideal [41], encaminará a Clarín hacia la fundación de la moderna y reflexiva concepción del mundo, apartándolo de la perspectiva unívoca y simplificadora del primer naturalismo.

Obvio decir que no intenté en estas líneas ofrecer una interpretación de *La Regenta.* Mi propósito fue, solamente, presentar en bosquejo su orientación estética y reconocer su situación en el desarrollo orgánico de la obra literaria de Alas.

Clarín y la prensa periódica: Creación literaria y crítica de la cultura

Al acercarnos hoy al estudio de su figura y obra, debemos tener presente que Alas (como otros compañeros de generación) fue, sobre todo, un escritor orientado hacia el periodismo literario. Si para nosotros, españoles de ahora, Clarín es «el autor de *La Regenta*», para sus contemporáneos Clarín era el infatigable colaborador de la prensa cuya firma ocupaba un lugar importante en las columnas de los mejores periódicos del país. Toda su producción crítica fue concebida en términos periodísticos [42] y casi la totalidad de sus cuentos y novelas cortas fueron escritos para revistas y diarios antes de proceder, selectivamente, a su agrupación en forma de volúmenes. Y lo que es aún más importante: quien tenga la curiosi-

---

[41] Idea como «imagen sensorial»; ideal como «imagen imaginada».

[42] Cuando Alas edita sus artículos en forma de folletos es por carecer en un momento determinado de prensa adecuada en que publicar.

dad y la paciencia de asomarse a nuestras hemerotecas, opinará conmigo que la única manera de comprender cabalmente la labor literaria de Clarín es repasando sus páginas en el contexto periodístico en el que se fueron escribiendo.

El diálogo de Alas con la cultura de su tiempo —artículo, ensayo o composición narrativa— se canalizó a través del periódico, entre otras razones, porque fue en la prensa donde se refugiaron las letras —las buenas y las malas— durante una gran parte del siglo XIX. Esto es: para combatir la trivialización del pensamiento, la intolerancia filosófica o política, la ineptitud de los que manipulaban la cultura o la vacuidad de tanto gacetillero con aspiración poética, era imperativo introducirse en el mismo ruedo en donde fanatismo, ignorancia o falsificación tenían sus portavoces y ejecutaban su faena. De la misma forma, para estudiar lo que había de ejemplaridad artística en la creación de sus coetáneos españoles y europeos, para hacerla inteligible a una mayoría de lectores, urgía suprimir la cultiparla académica del análisis crítico, traduciendo al idioma coloquial el ensayismo literario. Con esta doble orientación —combativa y educadora— incorpora Clarín la crítica a la prensa, configurando ese género tan particular y controvertido que Alas bautizaría con el nada pretencioso nombre de «paliques».

Fueron muchas horas y muchas páginas las que Clarín dedicó a la redacción de «paliques» y artículos de inspiración semejante. Perdidas hoy en su gran mayoría entre el fárrago de la literatura periodística del siglo pasado, es fácil olvidar hasta qué punto constituyeron ocupación central en su ejercicio de escritor [43]. Frente a la

---

[43] Los artículos de Clarín recogidos por él mismo en volumen sólo representan una cantidad muy pequeña de su escritura para el periódico. Centenares de «paliques» y «revistas literarias» continúan olvidados en publicaciones como *El Anunciador, Apuntes, La Argentina, Artes y Letras, El Carbayón, El Cascabel, El Correo, La Correspondencia, El Día, La Diana, El Eco de Asturias, Ecos del Nalón, Ensayos, La España Moderna, El Español,*

incomprensión por parte de las figuras intelectuales más dotadas de su tiempo (Valera, Menéndez Pelayo, Pardo Bazán, los jóvenes del 98), como si adivinara la indiferencia y ofuscamiento de los historiadores y clarinistas de nuestros días, defendió Alas su crítica «higiénica» y «policiaca», arguyendo de la siguiente manera contra las objeciones más repetidas entonces y ahora sobre la pertinencia de su labor: «no tienen aplicación a nuestro país los argumentos que suelen emplearse para negar la eficacia de aquella sátira cuyo objeto es la literatura. ¿A qué combatir lo malo? Se destruye a sí mismo; lleva en sí el germen de su corrupción; ¿a qué fijarse en lo que, por insignificante, no llama la atención del público? Aquí no sirve decir esto; aquí lo insignificante es alabado por una pseudocrítica tan ignorante y necia como popular y propagandística. Gracias a esa crítica de periódico callejero, en cuanto alguien dice una tontería lo sabe toda España. Podría decirse que entre nosotros la facilidad y

---

La Estación, Gil Blas, El Globo, El Heraldo de Madrid, La Ilustración Artística, La Ilustración Cantábrica, La Ilustración Española y Americana, La Ilustración Ibérica, El Imparcial, La Vida Literaria, Vida Nueva, El Solfeo, La Unión, La Justicia, La Lectura, El Liberal, Madrid Cómico, Los Madriles, El Nacional, Las Novedades, Nuestro Tiempo, La Opinión, Pluma y Lápiz, El Porvenir, El Progreso, La Publicidad, Rabagas, La Revista de Asturias, Revista Contemporánea, La Revista de España, La Saeta..., y varias más que no menciono para no abusar de la paciencia del lector. Afortunadamente, en los últimos años existe un creciente desvelo por desenterrar tantísima colaboración de interés para el conocimiento de Alas y del mundo literario de la Restauración. Sergio Beser y Laureano Bonet han confeccionado un «Índice de las colaboraciones de L. Alas en la prensa barcelonesa», *Archivum,* XVI, Oviedo, 1966; J. F. Botrel ha recogido en una excelente edición los artículos más relevantes de *El Solfeo* y *La Unión* en *Preludios de Clarín,* Instituto de Estudios Asturianos, Oviedo, 1972; quien escribe estas líneas editó una antología de «paliques» y ensayos de crítica con el título de *Clarín, obra olvidada,* Madrid, Júcar, 1973. Sigue faltando, no obstante, la esperada edición de las «Obras Completas» de Alas —labor que necesariamente habrá de hacerse en equipo, dado el ingente número de publicaciones nacionales, locales y extranjeras que tendrán que revisarse para lograr una colección lo más nutrida posible de sus artículos y cuentos.

rapidez de las comunicaciones ha servido principalmente para acreditar disparates»[44].

La inclinación hacia la sátira —tan marcada en su pluma desde los tiempos del *Juan Ruiz*— y el constante empeño en expresarse como escritor a través de la prensa, vienen determinados por la visión moralista con la que Alas se asomó a la sociedad de su época y la preocupación pedagógica y reformadora que siempre presidió sus tareas intelectuales. No conozco más acertada definición de su crítica «higiénica» que la que él mismo formuló con toda sencillez en el prólogo a *Palique* (1893) y que hasta ahora no hemos sabido recordar: «crítica aplicada a una realidad histórica que se quiere mejorar, conducir por buen camino»[45].

Relacionar a Clarín, como en más de una ocasión se ha hecho, con lo mejor de nuestra tradición satírica, desde el gótico hasta el romanticismo, quizá fue oportuno en su momento para subrayar el mérito de los «paliques» y composiciones de corte similar, pero apenas nos facilita el acercamiento a su verdadero sentido. Este habrá que buscarlo en el mundo social e ideológico de la segunda mitad del XIX, es decir, en el mundo que conforma la inspiración y trabajo de Alas y que el escritor conforma a su vez con su crítica y creación. En Clarín, escritura satírica y ejercicio del periodismo son dos modos de proyectar la vocación educadora y voluntad de reforma social, encendidas desde su primera juventud en las aulas de la universidad madrileña por el entusiasmo pedagógico y reformador de aquel grupo de profesores inspirados en Sanz del Río. Para Clarín, crítica es *enseñanza*, magisterio orientado no tanto hacia el que escribe como al que lee, hacia «el público grande», hacia «el pueblo»

---

[44] *Museum (Mi revista), Folletos literarios*, VII, Madrid, Fernando Fe, 1890. Entre los escasos intentos por comprender el sentido y reivindicar el valor de los escritos satíricos de Alas hay que destacar el excelente ensayo de Gonzalo Sobejano en *Forma literaria y sensibilidad social*, Madrid, 1967.

[45] L. Alas, *Palique*, Madrid, Librería de Victoriano Suárez, 1893, pág. XXII del prólogo.

—y así lo expresó repetidas veces al hablar de la misión de lo que él llamaba la *crítica democrática.*

En línea muy próxima a la sensibilidad krausista, el periodismo de Alas se dirige a la formación estética y moral del lector, en la idea de que es transformando al individuo como se procede a la transformación del estado, al mejoramiento de la «realidad histórica» —aspiración última de los «paliques», como vimos hace unos instantes. Compartiendo en considerable medida el idealismo de maestros y compañeros de generación, pensaba Clarín en la necesidad de educar al pueblo para reformar políticamente el país, creyendo que lo segundo no sería posible sin lo primero [46]. Y en este sentido, podríamos afirmar que tanto los «paliques» como los *Episodios Nacionales* de Galdós o la «obra oral» y apostólica de don Francisco Giner responden a inquietudes y supuestos ideológicos de común denominador.

El tono coloquial y el humorismo satírico de los «paliques», tan alejado de la gravedad y estilo elitista del primer krausismo, dificultó en su tiempo, y en el nuestro, el entendimiento de sus propósitos, significado y valor. Tal vez sería conveniente que de ahora en adelante nos acercáramos a su estudio, situándolos en la tradición reformista y pedagógica a que pertenecen, viendo en su modalidad festiva y vulgarizadora un intento de trascender la clausura académica o parauniversitaria con la que varios maestros de Clarín no supieron romper.

No toda la labor crítica de Alas adoptó la expresión irónica y ligera de los artículos que arriba comentábamos. Las colaboraciones de este tipo fueron compaginadas con la publicación de ensayos y estudios literarios

---

46 Es quizá Joaquín Casalduero quien ha señalado con mayor claridad el error de la generación del 68 al enfrentarse a este problema: «La educación del pueblo es precisamente un problema político como otro cualquiera y, por tanto, debía ser consecuencia de la revolución. No podía precederla. No era el pueblo educado el que tenía que hacer la revolución, sino que había que hacer la revolución para educar al pueblo.» *Vida y obra de Galdós,* pág. 27.

—la llamada «crítica seria»— que todavía hoy seguimos contraponiendo, desacertadamente, a la «crítica higiénica» de los «paliques», ignorando su complementariedad y común inspiración. Quien se asome a la lectura o repase las páginas de *Sermón perdido* (1885), *Nueva campaña* (1887), *Mezclilla* (1889), *Ensayos y revistas* (1892) o *Palique* (1893)[47], comprobará, con sólo un rápido vistazo, que al seleccionar Clarín sus publicaciones periodísticas para darles forma de libro, no dudó en entremezclar los estudios dedicados a Menéndez Pelayo, Valera, Galdós o Renán con los afilados «paliques» dirigidos contra Fabié, Cánovas, Suárez Bravo o cualquier otro escritor adocenado que los revisteros —también la Academia— se encargaban de jalear. No separemos, pues, lo que el propio autor, consciente de la unidad de su trabajo, una y otra vez nos presentó como conjunto en última instancia homogéneo.

Además de utilizar el rotativo como plataforma de discusión y enseñanza literaria, Alas se sirvió del diario y de la revista semanal para la creación de literatura. Entre 1884, cuando se empieza a imprimir *La Regenta,* y 1901, año de su muerte, colabora Clarín asiduamente en la prensa nacional y extranjera no sólo en calidad de articulista sino también como autor de narraciones noveladas y cuentos.

Clarín es uno de los fundadores del *cuento moderno* en España. Por cuento moderno debemos entender, entre otras cosas, narración de vida independiente, unidad

---

47 Dadas las dimensiones de la producción crítica de Clarín y considerando la obligada escasez de espacio en esta suerte de introducciones, he juzgado oportuno renunciar aquí a pasar revista más o menos individualizada a los volúmenes de crítica y folletos, limitándome a hacer algunas puntualizaciones y proponer algunas tesis sobre el sentido general del trabajo periodístico de Alas. Una descripción detallada de estos libros y folletos, así como el estudio de su contenido, podrá encontrarse en el tantas veces recomendado *Leopoldo Alas, crítico literario,* de Sergio Beser.

discursiva dotada de sustantividad [48]. Su nacimiento no hubiera sido posible sin la existencia de un receptáculo en donde poder germinar y propagarse: el periódico. Recordemos que el desarrollo de la prensa y la dignificación literaria de la narración breve son fenómenos casi simultáneos en el romanticismo, sincronía que nada tiene de casual.

La vinculación de la literatura con el periodismo necesariamente supuso hondas transformaciones estéticas y artístico-sociales. Por un lado representaba la «democratización» del arte —aspecto que suscitaría la atracción de Clarín—. Por otro, iba a determinar la casi total conversión de la obra literaria en mercancía, sujetándola a las leyes reguladoras de cualquier artículo comercial; su valor (que ahora se mide en precio) será establecido por la demanda y poco tendrá que ver con las cualidades artísticas del «producto». A combatir este fenómeno y sus consecuencias dedicó Alas gran parte de sus energías como crítico y como orador: si los «paliques» obedecían al imperativo de sanear la atmósfera cultural española, enrarecida por la exaltación de nulidades cuya prosperidad no era extraña a la comercialización literaria, la creación de los cuentos para el periódico representaba una manera implícita de desplazar a la narración folletinesca de su órgano de difusión, sustituyéndola por una escritura de mayor calidad estética. Algo de esto venía a decir Clarín cuando en 1893, al hablar de la decadencia que distinguía al periodismo literario durante el último tercio de siglo, anotaba:

---

[48] Baquero Goyanes, distinguido clarinista y uno de los críticos que ha estudiado con mayor detenimiento el desarrollo de la narración corta en España, observa que tanto en la Edad Media y Renacimiento como en el Barroco y épocas posteriores, el cuento se caracteriza bien por su dependencia de un corpus narrativo, del que es parte junto con otras narraciones *(Decamerón, El Conde Lucanor)* o por su existencia parasitaria, surgiendo como interpolación en novelas extensas *(Guzmán de Alfarache, Quijote)*. Ver *El cuento español en el siglo XIX*, Madrid, Consejo Superior de Investigaciones Científicas, 1949, páginas 78 y ss.

Por lo mismo que existe esa decadencia, son muy de aplaudir los esfuerzos de algunas empresas periodísticas por conservar y aun aumentar el tono literario del periódico popular, sin perjuicio de conservarle sus caracteres peculiares de papel ligero, de pura actualidad y hasta vulgar, ya que esto parece necesario. Entre los varios expedientes inventados a este fin puede señalarse la moda del cuento, que se ha extendido por toda la prensa madrileña. Es muy de alabar esta costumbre, aunque no esté exenta de peligros. Por de pronto, obedece al afán de ahorrar tiempo; si al artículo de fondo sustituyen el suelto, la noticia, a la novela larga es natural que sustituya el cuento. Sería de alabar que los lectores y lectoras del folletín apelmazado, *judicial* y muchas veces *justiciable,* escrito en un francés traidor a su patria y a Castilla, se fueran pasando del novelón al cuento; mejorarían en general de gusto estético y perderían mucho menos tiempo. El mal está en que muchos entienden que de la novela al cuento va lo mismo que del artículo a la noticia...»[49].

Si en los orígenes del cuento decimonónico las fronteras entre el artículo y la narración corta se nos presentan como borrosas, al llegar a la Restauración Clarín no iba a favorecer su deslinde. Ya desde 1881, al publicar *Solos,* junto con los artículos de crítica entrevera varios cuentos[50], y a partir de entonces convierte casi en costumbre reunir en volumen «paliques», ensayos y narraciones breves, dispuestos en aparente pepitoria. Tras esta contextura en muchos de sus libros —ya de por sí significativa— se esconde algo de más relevancia aún y que corrobora el parentesco e interacción de un género con otro en la obra de Clarín. Me refiero a la naturaleza híbrida de un buen número de cuentos, en los que lo argumental-narrativo y los ingredientes de la «crítica higiénica» se dan con tal fuerza la mano, que difícilmente podemos determinar si en realidad se trata de un relato satírico o de un «palique novelado». *El hombre de los*

---

49 *Palique,* págs. 28-29.

50 Tales como *La mosca sabia, El doctor Pertinax, De la comisión* y *El diablo en Semana Santa,* prefigurando en este último algunos motivos que serán centro temático en *La Regenta.*

estrenos, incluido en la colección de *Pipá,* podrá servir de ejemplo al lector.

Ensayo y creación empezaron a eliminar sus distancias en la Europa ilustrada para proseguir su acercamiento durante todo el XIX. Poetas, dramaturgos y novelistas del pasado siglo, junto a su legado artístico, nos dejaron algunos de los análisis literarios más notables de su tiempo. El positivismo, con Taine y Zola a la cabeza, insistiría en la cualidad complementaria de crítica y arte y en la proximidad de su función social [51]. Al concebir el análisis de la cultura como servicio a la creación y proyectar su obra creativa hacia la crítica de la cultura, Clarín destacó entre los escritores europeos que más contribuyeron a la conexión profunda y coherente de estos dos niveles del quehacer intelectual.

Bajo el signo del espiritualismo. *«Teresa», ensayo dramático.*

Historiadores de la literatura y de las ideas coinciden en observar que a finales de los años ochenta y principios de la última década del siglo tiene lugar en España —y en Europa— una suerte de renacimiento idealista, de contornos no muy bien precisados y de confusa orientación. Hay quienes lo identifican con el rótulo de «neomisticismo»; hablan otros de «idealismo espiritualista», «neo-cristianismo» o «modernismo religioso». Soy de la opinión de que esta variedad de etiquetas nos refieren a corrientes de pensamiento y tendencias artísticas también diversas, y aunque en algunos casos pueden guardar relación entre sí, a veces se manifiestan con significación

---

[51] A este respecto afirmaba Taine: «Du roman a la critique et de la critique au roman, la distance aujourd'hui n'est pas grande. Si le roman s'emploie à montrer ce que nous sommes, la critique s'emploie à montrer ce que nous avons été. L'un et l'autre sont maintenant une grande enquête sur l'homme... par leur avenirs et leurs espérances, tout deux se rapprochent de la science.» Citado por S. Beser, *L. Alas crítico,* pág. 340.

notablemente dispar. En este trabajo empleo el término *espiritualismo* como categoría estética, y, por tanto, ideológica. No soy el primero en recurrir a esta denominación. Si a ella me atengo, es por haber sido ya definida con suficiente claridad a propósito de creaciones literarias de otros autores españoles de fines del XIX.

Espiritualismo no sólo implica «religiosidad», pero cuando de religiosidad tratemos o de ella nos hablen los escritores de la época, no hay por qué considerarla necesariamente referida al catolicismo, una de sus formas históricas. Más aún: entre los grandes problemas que tuvo que afrontar el espiritualista español de 1890 destaca la imposibilidad de encontrar cauce a sus aspiraciones religiosas en la estrechez espiritual e intelectiva de la iglesia de Roma, en la de Madrid.

Por otra parte, el espiritualismo que aquí estudiamos, el que también estudió Clarín, no debemos entenderlo como movimiento de recorrido pendular respecto del positivismo naturalista, pues no se trataba de formular su negación sino de abrirlo a una concepción del mundo más inclusiva. Al insistir Alas sobre este punto, pretendía dejar bien claro su distanciamiento de otras tendencias neo-idealistas que proclamaban «la bancarrota de la ciencia» en nombre de una filosofía centrada en combatir el positivismo sin ninguna clase de concesiones [52]. Como Clarín expresó en uno de sus artículos olvidados, el impulso de la nueva estética espiritualista no tenía otra finalidad que la de encontrar «una expansión espiritual al movimiento científico contemporáneo» [53].

Ya en otra ocasión me he referido a lo desatinado y simplificador que supone explicar el espiritualismo de

---

52 Entre los portavoces de este movimiento, originado en Francia, se encontraba el crítico Ferdinand Brunetière. La postura de Alas frente a este tipo de «espiritualismo» puede verse en «Cartas a Hamlet», publicadas en *La Ilustración Española y Americana,* núm. 13, abril de 1896, páginas después recogidas en *Siglo Pasado,* Madrid, 1901.

53 «Estanislao Sánchez Calvo, Necrología», *Revista de Sociología y Derecho,* primer trimestre, Madrid, 1895.

Alas en términos de «conversión» o brusco giro de pensamiento, estableciendo su cronología y carácter en relación con el cuento *Cambio de luz,* publicado en 1893. La evolución ideológica y artística de Clarín —desde los primeros años, hasta su prematura senectud— describe una trayectoria que se distingue, precisamente, por una marcadísima coherencia: si con el apoyo del naturalismo y sus técnicas de observación descubre la materia *(Pipá),* a fuerza de profundizar en el análisis científico tropieza con el espíritu y cuanto gravita en su órbita, enfrentándose a un mundo de conflictiva dualidad *(La Regenta);* en la obra espiritualista la duplicidad materia-espíritu se convierte en monismo, y si prevalece la nota con resonancia espiritual es porque al espíritu se le asigna el poder de fundar realidades tanto en el arte como en la vida, cuyas fronteras se consideran más débiles que nunca.

Laura de los Ríos, al analizar la novela corta titulada *Superchería* (1889) —una de las narraciones que inauguran el período espiritualista—, ha sabido resumir con fina sensibilidad las características de este relato, ofreciéndonos al tiempo, aunque sin proponerlo en estos términos, los hallazgos de la nueva estética: historia de un joven filósofo «cogido entre el mundo de la razón y de la imaginación, de la realidad y la fantasía»; universo en donde las realidades «se desvanecen como sueños y las alucinaciones parecen realidades»; misterioso espacio en donde «lo tangible se hace inaccesible y lo soñado se hace corpóreo» [54]. El naturalismo no podía transigir con el ejercicio de la imaginación por ser incompatible con los principios deductivos y experimentales que guiaban el impulsivo afán de dominar y someter a análisis el mundo de la realidad. Cuando la conquista de la materia desvela la inesperada presencia de lo espiritual, observación e

---

[54] Véase *Los Cuentos de Clarín,* pág. 91. Aunque Laura de los Ríos no se aproxima a la obra narrativa de Alas en los términos de orgánico desarrollo que propongo en esta introducción, me permito utilizar algunos de sus muchos aciertos para ilustrar argumentos de los que sólo yo soy responsable.

intuición, idea e ideal, ser y querer ser, en su conformación bipolar, se convierten en principio dinámico. Descubierta después la *cualidad fundadora* del espíritu, la imaginación se redime de toda su connotación peyorativa y la realidad apetecida puede sobreponerse a la realidad impuesta, gracias a la voluntad, y previo pago con dolor o sacrificio (Schopenhauer) [55].

En este apresurado repaso del período espiritualista de Clarín —en cuyo límite inicial podemos situar *Su único hijo* (1890)— quiero detenerme unos instantes para destacar aquí su inclinación hacia el teatro, preocupación inexplorada por muchos críticos y desconocida para la mayoría de los lectores. Me refiero especialmente a la escritura, publicación y estreno de *Teresa,* ensayo dramático en un acto y en prosa, representado por vez primera en el Teatro Español de Madrid el 20 de marzo de 1895.

La vuelta de Clarín al teatro —pues de regreso se trata— ni fue «capricho de senectud», ni una mala jugada de su vanidad sedienta de aplausos y de multitudinario reconocimiento frente a las candilejas, aunque así nos lo hayan insinuado. En sus años de mocedad Clarín recurre al discurso dramático (en verso), porque no habiéndose fundado aún la narrativa moderna, se imponía derivar hacia la forma literaria establecida del romanticismo. Al final de su vida vuelve a interesarse en la composición para el arte escénico creyendo que el teatro le ofrece unas posibilidades expresivas de gran importancia para enunciar su nueva concepción del mundo. Si la principal ambición del héroe en el espiritualismo es crearse a sí mismo —como explicó Casalduero al estudiar a Galdós

---

[55] Aunque está por estudiar la influencia de este filósofo en el pensamiento de Clarín, consta que Alas estaba muy familiarizado con la obra de Schopenhauer y con su «alegre pesimismo» —como en cierta ocasión escribió. No obstante el magisterio estético de Galdós, parece que su acercamiento al pensador alemán data de años anteriores a la escritura de *Voluntad* (1895), y ya en 1888 en carta a Menéndez Pelayo afirma haber estudiado sus principales trabajos. Véase *Epistolario,* editado por Adolfo Alas, Madrid, ediciones Escorial, 1943, pág. 192.

o Ganivet—, la representación en escena tenía necesariamente que atraer la sensibilidad del escritor espiritualista, interesado en desdibujar lo más posible su paternidad creadora, para resaltar el esfuerzo de autorrealización por parte de los seres creados. Quiero decir, se pensó, con cierta ingenuidad, que con la distancia de las tablas se podría conseguir una mayor independización de los personajes, facilitando así su aspiración de ser artífices de sí mismos.

Teresa, campesina, trabajó como criada en el palacio de Soto, habitado por madre y dos hijos. La señora, encarnación de bondad cristiana, trataba a los criados y a los hijos «por igual». Muere la señorita del palacio. El señorito, joven intelectual, se enamora de Teresa. Amor correspondido. La madre-señora, viendo que la relación fraterna entre hijo y criada puede convertirse en pasión sexual, busca y encuentra marido para Teresa, sacándola de casa. Hasta aquí los antecedentes. Pasan los años. A la hora de iniciarse el tiempo dramático —que sólo durará breves horas—, Teresa está casada con Roque, minero, aficionado al alcohol y embriagado por la propaganda socialista. Teresa sufre con resignación pobreza y maltrato. El señorito Fernando, escritor de profesión, visita la cuenca minera para estudiar las condiciones de trabajo y el ambiente moral en los yacimientos de carbón. Descubre la presencia y condición de Teresa. Es testigo de la violencia y miseria a la que se encuentra sometida, y vivo aún su amor por la antigua criada, argumenta para que escape con él. Haciendo uso de su libertad, ella renuncia a la «liberación» que el señorito-amante le propone y decide continuar «al pie de su cruz», junto a su marido, caído de bruces sobre el suelo en un acceso de lipotimia provocado por el licor.

He resumido la trama por tratarse de una obra difícil de encontrar para el lector de nuestros días. Difícil también de comprender. Desde luego, no ayuda a su entendimiento el modo en que Clarín articula los problemas sometidos a estudio o los hallazgos que comunica. Nada más lejos de nuestra sensibilidad que la encarnación de la materia ciega en forma de proletario y la espiritualidad vista a través del señorito o de la mujer resignada. Posible, incluso, que toda esta imaginería fuese un claro desacierto en el momento en que se escribió la pieza [56]. Pero en vez de insistir en lo que pudo ser o fue obvio desatino, y agotar nuestro comentario con él, puede sernos más útil intentar comprender las motivaciones y significado de la obra, su lugar en el proceso formativo de la producción clariniana.

Que Alas exprese el mundo de la materia acudiendo a las imágenes del carbón o de la mina subterránea no debe sorprendernos: pensemos en *Pipá* o en los antecedentes y formación de doña Paula en *La Regenta.* Sí es novedad, en cambio, que el amplio período histórico que Clarín necesita para sostener y desarrollar el nudo argumental de *La Regenta* (dos tercios del siglo XIX) se haya convertido ahora en contadas horas de acción dramática y que el tiempo de la Historia haya sido sustituido por el momento de la conciencia. Reparemos además en que el pormenor y detallismo del escritor educado en el ejercicio naturalista es reemplazado por silencios, luces, gestos, miradas, que nos están evocando la manera de hacer y sentir del impresionismo. En 1884, para dar expre-

[56] Debido en gran medida a esta forma de proyectar sus ideas, el público de fines de siglo no entendió en general lo que Clarín quería comunicar en su ensayo dramático. Por un lado, la burguesía aficionada al teatro se escandalizó por la presencia en el escenario de ciertos elementos tomados «del natural», como el jergón, viendo además en la obra una defensa ideológica del proletariado; cuando *Teresa* se estrena en Barcelona, un sector del abono del Teatro Novedades exige que no continúe su representación por considerarla apologética del socialismo. Por otra parte, la juventud modernista de los años noventa, que por entonces flirtea con los ideales anarquistas y el materialismo histórico, entendidos a su manera, naturalmente rechaza el que se supone mensaje reaccionario de *Teresa.* Tienen interés, en este sentido, las páginas que escribió el joven Martínez Ruiz sobre la obra dramática de Alas en el folleto *Literatura, Obras Completas,* tomo I, págs. 229-233.

sión a un problema, se escriben dos volúmenes y más de un millar de cuartillas. Para dar forma a una idea, en 1895 pueden bastar treinta páginas.

Que la espiritualidad nos sea manifestada con figura de señorito o en forma de labriega tenemos que relacionarlo con el motivo autobiográfico en que se inspira la composición de la obra: recordemos el despertar del adolescente Clarín al amor y la llamada «aventura» con la campesina de Avilés[57]. La actitud resignada de Teresa, que tanto irritó al joven Martínez Ruiz y que posiblemente provocará también la irritación de quien en 1976 se asome a la lectura del drama, aunque de sonsonete cristiano, nos está remitiendo a la idea espiritualista de que el hombre/la mujer crea su personalidad asumiendo la prueba del dolor. Sufrimiento que purifica en tanto se trata de aceptada catarsis más que de impuesta purgación. No olvidemos tampoco la renuncia final de Fernando —tan antirromántica—, y del mismo signo que el doloroso rechazo por parte de la esposa *fiel*. El señorito-escritor se acerca al medio minero con intención de estudiar y documentarse, como lo hubiera hecho el novelista interesado en la «cuestión palpitante», pero los que serán sus descubrimientos no se obtienen por vía de observación sino de generoso amor y sacrificio.

Es lástima que no haya espacio para asegurar al lector interesado en el arte de Clarín que no trato de imponer interpretaciones críticas a unos textos literarios, sino que intento, mal que bien, hacer inteligibles las formas y sentidos que de ellos se desprenden. Para el conocimiento de lo que el autor pretendía al escribir y representar *Teresa* disponemos de un precioso documento: el epistolario con la actriz María Guerrero, quien encarnó en la escena el papel de protagonista[58]. En estas cartas podrá

---

[57] Remitimos al lector a lo explicado en las páginas biográficas sobre la pubertad de Alas en esta introducción y a las referencias contenidas en la nota 14.

[58] Guillermo Guastavino, «Algo más sobre Clarín y *Teresa*», *Bulletin Hispanique,* t. LXXIII, núms. 1-2, Bordeaux, 1971, páginas 133-159.

5

comprobar el estudiante la preocupación de Alas porque a la hora de representar su creación dramática los elementos de «color local», los cuadros de violencia o miseria con factura realista, no distrajesen al espectador del asunto principal, «que es otro»: el martirio «casero» de Teresa, el purificarse por el dolor, la nueva elaboración del *Stabat Mater* en el que una *María-Esposa* del siglo XIX sangra al pie de su cruz-matrimonio, coronada con una venda en la frente (véase la carta del 18 de enero de 1895).

Agotamiento físico.
Extinción del aliento creador.

El entusiasmo de Alas por la expresión dramática no decayó a pesar de las incomprensiones, algunos pateos incluso, con los que el público recibió la representación de *Teresa* en Madrid, Barcelona, Oviedo y Bilbao. A las pocas semanas del fracaso en la corte, detalla Clarín a María Guerrero la idea de una nueva obra que ya tiene título, *Clara fe*, y que decididamente parece orientarse hacia la indagación y desarrollo de los problemas espiritualistas planteados en el anterior ensayo para el teatro [59]. Esbozará después en su imaginación la trama de *Julieta, Esperaindeo,* y *La millonaria.* En bosquejo quedará *Elegía,* novela corta, cuyo argumento iba a estar centrado en la muerte de un hijo, enmarcada por una «triste guerra» [60]. No pasará del nivel de las aspiraciones el proyecto

---

59 «La idea capital —escribe Clarín—, desde luego, puede usted comprenderla, sentirla y prepararla; es la actriz genio, que tiene la pasión grande y la dignidad de su arte; de su vocación, de la gran misión de lo estético (sin decirlo así, por supuesto) que ve hasta su *belleza,* algo como su *honra* y su *virtud* en su arte, en su mérito de actriz, y que obligada por el *amor,* a dejar el arte..., deja el amor, y se *mete monja,* como si dijéramos, de la *poesía,* del gran arte, que en ella se enlaza con un ferviente espíritu de caridad. Pero esta *monja,* en el drama o comedia, es griega, es pagana, es Ifigenia en Tauride, sacerdotisa de la hermana de Apolo, de Artemisa o Diana...», *Ibíd.,* pág. 154.

60 *Cartas a Galdós,* pág. 286.

de escribir un libro de *Ensayos,* reelaboración moderna de los escritos por Montaigne.

Podría alargarse la lista de narraciones breves y largas, piezas dramáticas, composiciones de todo género que durante los últimos años de su vida Clarín no consigue hacer que trasciendan el ámbito del *telar.* Su mente, conversaciones y cartas se pueblan de imaginadas obras cuya escritura se quedará en título. Dolorosa tarea acercarse a los momentos finales de esterilidad artística en la vida de un escritor caraterizada desde la niñez por la fiebre de la creación. Tuvo Clarín una juventud de extremada fragilidad física y psíquica. Su madurez se convertirá rápidamente en senilidad. La enfermedad que se diagnosticó entonces como tuberculosis intestinal progresiva le llevaría a la muerte antes de cumplir los cincuenta años.

Si a partir de 1897 languidece su capacidad creativa, mantiene aún muy viva su vocación educadora y su preocupación social. La guerra colonial que prepara el Desastre del 98 y la también desgraciada represión de los primeros movimientos obreros, le mueven a frecuentar la prensa con colaboraciones de tema político. Frente al conflicto de Cuba adopta la posición crítica común a los seguidores de Castelar; frente al problema del «cuarto estado», la postura simpatizante que hoy llamaríamos «paternalista» y que en aquella época cierto sector republicano definía, acudiendo al vocabulario de Goethe, en términos de «afinidades electivas» [61].

---

[61] Escribía Clarín en una nota enviada al periódico *El Socialista,* núm. 686, en la primavera de 1899: «Con mucho gusto cumplo el deseo de *El Socialista,* enviándole cuatro renglones para el número consagrado a la fiesta del 1 de mayo.

Esto es para mí un honor, y además contribuye a demostrar el espíritu de noble tolerancia que anima al Partido Obrero.

No somos unos, pero somos afines. Obreros todos, amantes de los explotados..., perseguimos el mismo fin, aunque no siempre por los mismos medios.»

Sobre la postura de Alas frente a la guerra de Cuba, debe consultarse el interesante artículo de Laureano Bonet, «Clarín ante la crisis del 98», *Revista de Occidente,* núm. 73, 1969.

Su preocupación pedagógica de siempre y el encendido espiritualismo de estos años le animan a aceptar una invitación de Moret para dar un cursillo en la Cátedra de Estudios Superiores del Ateneo en el otoño de 1897. Suponía ya un gran esfuerzo físico para Alas desplazarse a Madrid, localidad temida, además, por sus aires de la sierra, fríos y «traicioneros». Es muy posible que en esta ocasión Clarín no hubiese emprendido el viaje si se tratara de conferenciar sobre literatura y crítica, como Moret pretendía. Pero el profesor invitado logró convencer a don Segismundo de la importancia de cambiar el tema del seminario y visita Madrid por última vez para explicar y difundir las «Teorías religiosas de la filosofía novísima», título de su ciclo de charlas [62]. La misma institución en donde un joven de Oviedo hizo sus primeras armas como orador, defendiendo los principios del positivismo literario, acoge ahora en su tribuna al «pontífice de la crítica» para oírle hablar sobre los teóricos espiritualistas. En el aula del Ateneo entregará Clarín el fruto de veinticinco años de estudio sobre el hombre en sociedad y sus manifestaciones estéticas y filosóficas.

Me parece también significativo aludir al entusiasmo de Alas en la fundación y tareas docentes de la Extensión Universitaria de Asturias —voluntad de rectificar la orientación elitista del mundo académico oficial, intentando hacer accesible la llamada enseñanza superior a la clase trabajadora. La fórmula de la Extensión es al ejercicio de la cátedra lo que la escritura del «palique» representa frente a la crítica académica: empeño en dotar de la mayor proyección posible su trabajo de educador.

Concluye Clarín sus tareas como estudiante y propa-

---

62 Obtengo estos datos del epistolario inédito entre Clarín y Moret que se encuentra en los archivos del Ateneo de Madrid. Los que deseen conocer estas cartas deben recordar que figuran en los ficheros onomásticos bajo el nombre de García-Alas. Convendría fuesen publicadas.

Martínez Ruiz ofreció unas crónicas de estas conferencias en *El Progreso,* 17-9-97 y 24-11-97. El periodista Ovejero publicó un resumen por esas mismas fechas en *El Globo.*

gandista de la literatura analizando la obra del autor cuyas narraciones y artículos suscitaron sus primeras cuartillas como crítico. Después de traducir *Trabajo* de Zola, en los meses que inauguran el siglo y marcan el final de su vida, comienza un ensayo introductorio para esta novela, pero el precipitado deterioro de su salud le impedirá terminarlo [63].

Llega, por fin, el anhelado prólogo de Galdós para la segunda edición de *La Regenta;* última ilusión cumplida, postrer homenaje y el que más podía halagarle. Húmeda la vista, con temblor en la pluma, agradece las páginas de su amigo y maestro en carta del 17 de mayo; y añade: «...apenas pienso en otra cosa [en los afectos *vivos* y *enterrados*]. En Oviedo vivo cerca de la sepultura de mi padre; en Carreño cerca de la de mi madre. Mi mujer es como el aire que respiro y mis hijos una lira, que Dios me conserve intacta. Yo ya, más que un hombre, soy una planta. No podía estar mucho tiempo lejos de esta tierra, *donde intelectualmente no echaré nunca raíces.*» [64] Sin haberlas echado, unido a los suyos, en su paisaje, muere Clarín el 13 de junio de 1901.

Con retórica inquisitorial y esperpéntico plumín, alguien ha escrito —y no en el siglo XIX, sino en el nuestro— que la obra de Alas «ha sido y es radicalmente disolvente de valores esenciales a ese modo de ser que es ser español» [65]. Quien escribe estas páginas introduc-

---

[63] La primera parte de este ensayo se imprimió en *La Lectura,* en abril de 1901, y me pareció oportuno recogerlo en la edición de *Obra Olvidada,* que publiqué en la editorial Júcar, Madrid, 1973. Es documento valioso para comprender las últimas ideas estéticas de Clarín.

[64] *Cartas a Galdós,* pág. 296. Me he permitido subrayar la frase final.

[65] Transcribo las palabras de Torcuato Fernández-Miranda en un desgraciado intento de estudiar el legado artístico, ideológico y moral del autor de *La Regenta.* Véase su artículo «Actitud frente a Clarín», *Cuadernos Hispanoamericanos,* núm. 37, Madrid, 1953.

torias hace notar a la comunidad española de lectores de Clarín, para su propia tranquilidad, que la labor «disolvente» de Leopoldo Alas no ha logrado los objetivos que se le atribuyen: todo parece indicar que, en ciertos medios, los susodichos «valores esenciales» se comportan históricamente como indisolubles.

II

«Pipá», colección de cuentos

Los relatos que aquí presentamos fueron reunidos en volumen por Alas, interesado en seleccionar lo que a él debió parecerle más significativo o de más valor entre las narraciones escritas para la prensa entre 1879 y 1884. Por razones explicadas en la primera parte de este trabajo, busca Clarín en el periódico plataforma de comunicación para sus creaciones, en especial para sus cuentos. Con el deseo de evitar el carácter necesariamente perecedero de la expresión periodística, escoge de tiempo en tiempo lo que más estima de su producción narrativa y la reimprime en forma de libro. A veces la entremezcla con artículos de crítica *(Solos, Sermón Perdido);* otras, procura su agrupación homogénea, como en el caso de esta antología, *El gallo de Sócrates, Cuentos morales,* etcétera. La colección de *Pipá* fue publicada en 1886 por Fernando Fe. Con posterioridad a la muerte de Alas no vuelve a salir a luz en su versión completa hasta que «Ediciones Cátedra» —feliz iniciativa— decide llevarla de nuevo a la imprenta noventa años después.

No considero pertinente acercarse a este grupo de cuentos suponiendo en él una estructura orgánica de la que en mi opinión este libro carece —circunstancia que nada tiene de insólita, dada la sustantividad por la que se distingue el cuento moderno como entidad discursiva, y me remito también a lo ya mencionado en anteriores observaciones. He juzgado, pues, oportuno, introducir los relatos incluidos en *Pipá* procediendo por vía de individualización, singularizando, particularmente, aquellas composiciones que por su asunto, desarrollo o estructura adquieren especial relieve en la colección. Atento a su ordenación cronológica, hago lo posible por subrayar lo que pueda ser relevante en ese proceso orgánico de formación, que sí creo cierto en la obra total de Clarín vista como conjunto.

Consciente de la velocidad con que paso revista a los textos que siguen, recuerdo una vez más al lector el detallado estudio de Laura de los Ríos sobre las narraciones cortas de Alas. En las contadas ocasiones en que me parece necesario rectificar lo allí pormenorizado, rectifico. No siempre señalo en nota a pie de página el terreno iluminado por ella para eludir lo que sería continua reiteración.

Pipá

Preside la colección uno de los relatos más celebrados y populares de Clarín, aunque no estoy seguro de que haya sido de los mejor comprendidos. Escrito en 1879 y publicado durante el mismo año en el periódico republicano *La Unión*, *Pipá* no es el primer cuento que el autor ofrece al público. Sí se trata, quizá, de la primera composición narrativa que logra aproximarse a las ambiciosas metas artísticas del joven Leopoldo.

Pipá está fechado en Oviedo. Alas es ya doctor en Derecho por la universidad de Madrid y después de opositar a cátedra con éxito es ignorado por el Ministerio de Fomento como primer candidato de la terna propuesta. Con la Restauración y el gobierno Cánovas muchas de las conquistas liberales parecen haberse malogrado una vez más. Las discusiones sobre el positivismo han comenzado a ser frecuentes en los debates del Ateneo. Galdós acaba de publicar *Marianela.* La novela «tendenciosa»

—como Clarín la llamaba—, con sus planteamientos abstractos, muy pronto va a dar paso a la narración naturalista. Son los años finales de la década del 70 un momento de crisis estética, de ajuste entre ideología y forma literaria de expresión. En *Pipá* están presentes los principales elementos que caracterizarán la visión del mundo en el positivismo, pero expresados a través de una forma que en muchos episodios nos recuerdan el modo de composición pre-naturalista.

La crítica nos ha señalado la filiación con la picaresca de esta novela corta; parentesco que el mismo Clarín no hizo nada por ocultar. De acuerdo con el sentir de otros escritores del XIX, Alas comparte la idea de que, a fin de cuentas, la paternidad del realismo moderno no hay que situarla fuera de España, sino en territorio nacional. Verdad a medias, porque, entre otras cosas, implica pasar por alto que el realismo español del siglo de oro obedece a una concepción del mundo que poco tenía que ver con los postulados ideológicos del siglo pasado. En este sentido, críticos y autor, con su afán de orientarnos, han dado pie a la creación de algunas confusiones. El pícaro del XVI y XVII nos está expresando, fundamentalmente [66], la visión religiosa del barroco; el pícaro que protagoniza *Pipá* nos refiere a la conformación ideológico-social del XIX: «La sociedad le temió, ...tuvo, con todo, razón sobre todos sus enemigos y fue inconsciente apóstol de las ideas más puras de buen gobierno»; «No era Pipá hereje, porque no se había separado de la Iglesia ni de su doctrina, como sucede a tantos y tantos filósofos que no se han separado tampoco»; «Si Pipá hubiese sido creyente, antojaríasele que era aquella (Julia) la madre de Jesús. Pero el pobre pilluelo había aprendido a ser librepensador... nadie había sembrado (en él) esas hermosas ilusiones mitológicas», etc.

---

66 Excepción hecha en *El Estebanillo* (1646), novela que concluye el género, desmitificándolo. Véase Juan Goytisolo, «Estebanillo, hombre de buen humor», en *El furgón de cola,* París, 1967, y N. Spadaccini - A. Zahareas, introducción a *Vida de Estebanillo González,* que en breve publicará la editorial Castalia.

Baquero Goyanes y Laura de los Ríos aciertan al afirmar que reúne *Pipá* muchos de los lugares comunes y elementos melodramáticos de la narración sensiblera, tan abundante en las columnas de la prensa decimonónica en forma de folletín. Y ambos autores coinciden en que es en el tratamiento de estos temas donde debemos buscar la originalidad y mérito artístico de Alas [67]. Además de lo ya señalado por ellos a este respecto —elevación de lo sensiblero a lo lírico; sustitución de la truculencia melodramática por el apunte desgarrado a lo Solana; moderna manipulación de lo grotesco que prefigura el arte de Valle-Inclán— quisiera aludir brevemente a otros problemas que me ha planteado la lectura de *Pipá* y proponerlos a la consideración del lector.

Creo advertir en la composición de este cuento dos niveles distintos que conviene diferenciar a la hora de su estudio. Se orienta el primero hacia la representación abstracta de las divisiones ideológicas y políticas de la España de mediados de siglo y hacia la crítica de esa sociedad. El segundo nos dirige a las preocupaciones y principios artísticos de Alas en 1879.

Desde las primeras páginas, Clarín nos proyecta en el mundo infantil de *Pipá* los enfrentamientos sociales de su época. Si el protagonista es un apóstol inconsciente de las más puras ideas del buen gobierno, su rival, Celedonio, es el «ultramontano» que se distingue por la actitud «servil» frente a la Iglesia y al Estado: representación humorística del *kulturkampf* español y humor nada extraño a la intención moralizante que siempre caracterizó la obra de Alas. Pero no todo es ironía y trasposición de planos en este relato, y bien sea por intervención directa del narrador o por la manera en que el autor dispone las situaciones o desarrolla el hilo argumental, lo explíci-

---

67 El mismo Alas, consciente de estos paralelismos temáticos, advirtió a los lectores: «el que me lo confunda con uno de tantos muchachos como han figurado en esos cuentos de Navidad en que hay nieve, antítesis de niños ricos y bien comidos, etc., no me ha hecho el honor de enterarse de lo que es mi *Pipá*». *Mis plagios, Folletos Literarios,* IV, Madrid, 1888.

tamente tendencioso[68] se une a la crítica moral escondida bajo el humorismo; si de ejemplificar se tratara, la secuencia séptima, que cierra la narración, no podría ser más ilustrativa.

Se delimitan con toda claridad tres espacios en el cuento: Iglesia, palacio, taberna. El primero y el último, como esferas sociales, no se articulan de manera contrapuesta, y aunque el autor no los relaciona directamente, podría decirse que, en punto a las cualidades morales de quienes habitan en sus fronteras, se nos insinúa su similitud. En cambio, sí muestra especial interés Clarín en perfilar con gran cuidado la contrastación palacio-taberna: Julia-la Retreta; Irene-Pistañina; cuentos-coplas obscenas: luz fantástica de luna-filtrada claridad de aurora; aire tibio y perfumado-atmósfera saturada de vapores de alcohol; clásica serenidad pictórica (Rafael, *Virgen de la Silla*)-sórdido lienzo que anticipa el arte de Solana o Regoyos. El contraste entre estos dos espacios, tal como yo lo entiendo, más que aludir al conflicto de clases, nos refiere simbólicamente a la confrontación estética entre imaginación-realidad. Penetra Pipá en ese recinto encantado que es la mansión de la marquesa viuda de Híjar y —«niño al fin»— se siente atraído durante unos instantes por «los engaños de la fantasía», respirando con delicia «aquel aire de lo sobrenatural y maravilloso». Pero «héroe», también, de una narración en donde empiezan a vislumbrarse los principios naturalistas, momentos después siente con fuerza «la nostalgia del arroyo» y abandona «para siempre» el ámbito de las mitologías y fábulas, entre ellas la protagonizada por él mismo —«rey Pipá»— a punto de celebrar su imaginaria boda con la «castellana Irene».

La precipitada salida del palacio para incorporarse a la taberna no es solamente un tributo a la verosimilitud

---

68 Sobre las ideas de Alas a propósito de la novela «tendenciosa», véanse los artículos sobre *Gloria* y *León Roch* recogidos en *Solos,* 1881, págs. 179-187 y 305-317.

realista [69]. Es la simbólica «renuncia» —de renuncia nos habla el texto— al mundo de lo imaginario; abdicación que el escritor de 1879 siente como imperativa para lograr descubrir la materia para poder abarcar esa realidad desnuda de todo idealismo o sentido trascendente que Alas nos presenta en el capítulo VI, también en el último episodio, al tiempo de mostrarnos el cadáver carbonizado de Pipá. (Recordemos lo ya indicado al trazar la evolución estética de Clarín.)

Amor'è furbo y *Mi entierro*

Con diferente temática y distinta forma de composición se incluyen en *Pipá* dos de las narraciones más extrañas de Clarín, escritas en Zaragoza en 1882, durante su primer año de docencia universitaria como catedrático de Economía Política. *Amor'è furbo* («El amor es astuto») nos traslada a Italia, a la Roma de la segunda mitad del siglo XVII, donde empieza a triunfar el género dramático-lírico inspirado en gran parte en los motivos pastoriles del renacimiento. Orazio Formi, poeta milanés y libretista de éxito, se asocia con Brunetti, mediocre compositor que se beneficiará de la atracción que ejercen sobre el público las adaptaciones que hace para la ópera su amigo Formi. Agradecido el músico, le consigue al poeta la amistad de una famosa actriz y tiple, conocida en la escena con el nombre de la Provenzalli —francesa, bella y muy avisada en materia de amor. Pronto intiman el poeta y la intérprete, y la colaboración del trío en el arte supondrá ovaciones e ingresos. Formi ignora en un principio que la Provenzalli está casada con Brunetti, circunstancia que no es obstáculo para que el compositor persuada a su esposa de que contraiga matrimonio con

---

[69] En los comentarios sobre Pipá, Alas hizo hincapié en que se trataba de un personaje arrancado del «natural», y en el capítulo IV opone su comportamiento «verosímil» al de los héroes de novelas idealistas de Mirecourt o Feuillet (véase nota 19 de *Pipá).*

el poeta de éxito y consolidar así la provechosa colaboración artística. Amiga la Provenzalli de todo lo que sea incorporar a su vida liosas situaciones de comedia, consiente en una boda secreta con Formi, planeada por él y al tanto ya de las maquinaciones de su amigo Brunetti. El engañado engaña, los burladores son burlados y todos quedan amigos al final, no sin haber mediado un sinfín de enredos que omito aquí para abreviar.

De «vodevilesco» y malicioso califica este cuento Baquero Goyanes [70], sin extenderse más en sus comentarios. Laura de los Ríos lo menciona aludiendo a su carácter «curioso y poco clariniano» [71]. Y los demás críticos que se han ocupado de la creación narrativa de Clarín tienden a ignorarlo, presumiendo quizá su condición marginal y secundaria.

Se trata, ciertamente, de una composición que reúne unos elementos poco comunes al tipo de relato a que el autor nos tiene acostumbrados, y también es posible que las páginas de *Amor'è furbo* no sean de las más afortunadas que salieron de su pluma. Sin pretender, pues, atribuir a esta obra una relevancia de la que tal vez carece, quiero simplemente mencionar muy por encima algunos aspectos que contribuyan a la orientación del lector.

No creo que debamos considerar *Amor'è furbo* únicamente como una especie de *divertimento* aunque algo tenga de ello. Raro es, desde luego, que Clarín —tan interesado siempre en la sociedad de su tiempo y en dotar a sus escritos de una preocupación moral— nos ofrezca en esta ocasión una artificiosa fábula, enmarcada en la Italia del XVII, en donde parece dominar el acento frívolo. Con el mismo título o encabezamiento semejante podríamos encontrar docenas de dramas líricos entre 1650 y mediados del setecientos y, lo que es aún de mayor importancia, con parecida estructura argumental. Lo que hay de artificio y enredo en *Amor'è furbo* es lo que había

---

70 Baquero Goyanes, *El cuento español en el siglo XIX*, *op. cit.*, pág. 472.

71 Laura de los Ríos, pág. 154.

de enredo y artificio en la comedia de la época en que sitúa esta narración. Quiero decir, consciente del modelo, Alas se atiene a él pero, claro es, utilizándolo para sus propios fines.

Si logramos traspasar en el cuento su nivel externo de composición advertimos pronto que bajo el disfraz del pasado histórico y del embrollado argumento, Clarín nos está presentando problemas y situaciones muy del siglo XIX que a manera de *reprise* incorporará a *La Regenta,* meses después, a la hora de su elaboración.

Recordemos que según la Provenzalli «la vida era una representación continua» y que para ella «el mundo era lo accesorio, el teatro lo principal, le parecía hermosa y buena la vida cuando tomaba aires de comedia». En base a esta cualidad casi «bovárica» de la tiple se articula una buena parte de la narración, en la que un personaje decide confundir su existencia con la torpe trama concebida por un mediocre compositor. Estamos, pues, frente a uno de los asuntos favoritos de Alas y uno de los grandes temas de la novela del XIX: el hombre que, insatisfecho de sí mismo o de su posición en el mundo social, intenta sustituir su identidad por la de un ente de ficción. En *Amor'è furbo* este problema queda sólo apuntado, sin ser sometido a estudio, y carente de profundidad. Pero es interesante ver cómo Clarín va perfilando los que serán inmortales personajes de su obra maestra, no tanto en lo que se refiere a su silueta física, sino a su contextura psíquica y moral.

Mi entierro, que lleva el subtítulo de «discurso de un loco», constituye también una de las más peculiares creaciones de Clarín, aunque por diferentes motivos. Se trata de un delirio narrado en primera persona por un jugador de ajedrez, que al regresar a su casa, tarde en la noche, descubre por el sereno que el vecino del tercero (él) ha muerto de una borrachera y que está de cuerpo presente. Entra en su piso, es testigo de su velorio y asiste al adúltero coqueteo de su esposa con un amigo. Después de soportar el fastidioso entierro en el que no falta el consabido discurso del jefe local de su partido político, entabla un diálogo con el sepulturero, quien le cree loco vivo que pretende hacerse pasar por muerto. El enterrador denuncia su falsa condición de difunto, y familia y partido acuden solícitos para reincorporarle al mundo de los vivos. Ante tamaña amenaza el jugador de ajedrez echa mano de un fémur de su propio esqueleto y opone agresiva resistencia. Vencido, es rescatado del cementerio, vestido con traje de peón blanco y colocado sobre una casilla negra en el tablero de su juego favorito.

Lo primero que con toda probabilidad chocará al lector de esta fantástica historia es precisamente su calidad de inverosímil. Contradictorio, en principio, que quien compone este cuento hubiese afirmado con anterioridad de un año que «el arte de nuestros días no es ya, o no debe ser, aquel fantasear espontáneo, exuberante, sin freno, medida ni propósito, que fue, en no lejanos días»[72]. No olvidemos tampoco que al mismo tiempo que Clarín escribe este delirante «discurso» publica en *La Diana* su extenso ensayo sobre el naturalismo o se convierte en apasionado introductor del método experimental desde la tribuna del Ateneo [73]. Claro que nuestra extrañeza puede quizá disminuir —*a lo peor* aumentar— si recordamos que el maestro Galdós, en 1879, al poco de imprimir *Marianela* nos ofrece una narración corta titulada *La princesa y el granuja* en donde un golfillo vendedor de periódicos se enamora de una muñeca que ve en un escaparate y se convierte en muñeco para ser expuesto a su lado [74]. E incluso más inverosímil aún el cuento *Celín,* cuyo protagonista es capaz de volar por los aires y de ahuyentar

---

[72] *Solos,* de Clarín, edición citada, pág. 43.

[73] Disertación resumida en el periódico madrileño *El Progreso,* en el número del 20 de enero de 1882.

[74] Cuento recogido en Galdós, *Obras Completas,* VI, Madrid, Aguilar, 1961, págs. 470-479.

Sobre el Galdós autor de narraciones fantásticas, véase Baquero Goyanes, *op. cit.,* cap. VII.

la lluvia a pedradas, circulando en un paisaje en el que los árboles producen bellotas de café con leche [75].

No es tan insólito, pues, que Clarín derive alguna vez hacia el relato fantástico, que normalmente solemos asociar con la estética romántica.

Aunque es todavía mucho el camino que nos queda por recorrer para llegar a un coherente entendimiento de la literatura de lo maravilloso en la segunda mitad del XIX, improviso ahora una posible interpretación general del fenómeno, sin mayor convencimiento del que corresponde a una hipótesis: Género sustantivo, el cuento decimonónico, aunque sujeto en términos amplios a la poética que rige el desarrollo de la novela, conserva peculiaridades estéticas que obedecen en parte a su especial estructura formal, también a su propia historia como manifestación narrativa. Sabido es que el cuento moderno germina al calor del romanticismo y frecuentemente unido a la proyección de lo fantástico. Por esa connotación escapista e ilusoria, los escritores del primer realismo evitan su mención, hablando de «relaciones» o «cuadros sociales» (Fernán Caballero). Pero ya Pedro Antonio de Alarcón, muy poco después, no tiene el menor reparo en titular algunas de sus composiciones como «cuentos» o en escribir sus *Narraciones inverosímiles.* El naturalismo orienta el género hacia los principios positivistas, lo que no implica de necesidad que en toda ocasión el narrador de historias cortas renuncie siempre a la representación de lo maravilloso, tan enraizada en el proceso formativo y de adquisición de prestigio del relato. Tengamos presente que los grandes cuentistas anteriores a 1880 se distinguieron fundamentalmente como cultivadores de lo inverosímil (Hoffmann, el mismo Balzac, Nodier y sobre todo, claro, Poe). Además, hay que advertir que el realismo y naturalismo europeo no consideró como de estirpe romántica ciertas inspiraciones fantásticas, y me refiero en especial a la de Edgar Allan Poe en sus *Historias extraordinarias:* vérti-

---

[75] Galdós, *O. C.,* VI, págs. 399-413. Cuento fechado en noviembre de 1887.

gos de conciencia, delirios, sobre-excitación nerviosa, alucinaciones provocadas por el alcohol, se relacionaron con la observación y experimentación científica [76].

Temáticamente, *Mi entierro* no es del todo original y recuerda en algunos aspectos a ciertas leyendas de Zorrilla, al *Muérete y verás* de Bretón de los Herreros y, sobre todo, a una composición de Núñez de Arce, *Aventuras de un muerto* (1856), en donde un aficionado a la taberna, después de suicidarse, presencia sus exequias y el comportamiento de su familia y amigos, etc. [77] Pero el tratamiento estético de estas situaciones, que a fin de cuentas es lo que importa, lo separan de estos antecedentes orientándolo hacia la moderna manipulación de lo grotesco [78]. Notemos también que tras lo fantástico y delirante, mejor dicho, entremezclado con ello, discurre el humor del Clarín crítico de su sociedad (la escena del entierro y el discurso de don Mateo prefiguran ya varios episodios satíricos de *La Regenta*). Habría que considerar asimismo la posible dimensión simbólica del texto: el hombre convertido en inmóvil ficha de ajedrez sobre el tablero social, amenazado por otras piezas con figura de caballo.

Muchas vueltas podemos dar a la fantasía de este «muerto» que habiendo decidido vivir en la necrópolis,

---

[76] Para todos estos problemas debe consultarse el inteligente estudio, ya clásico, de Pierre-Georges Castex, *Le conte fantastique en France,* París, 1951.

El mismo Alarcón, introductor de Poe en España, afirmaba en 1883 que el escritor americano «no es fantaseador ni místico; es naturalista, es sabio, es matemático». Citado por John Englekirk, en *E. A. Poe in Hispanic Literature,* Nueva York, 1934, página 59.

[77] Núñez de Arce, *Miscelánea literaria,* Barcelona (sin fecha), páginas 7-50. En la dedicatoria que encabeza esta historia el autor califica su narración de «fantasía, sueño o capricho».

[78] Laura de los Ríos señala la proximidad de *Mi entierro* al expresionismo alemán y español (Gómez de la Serna). Sin embargo, convendría quizá buscar sus raíces estéticas dentro de la literatura fantástica del siglo XIX, en la tradición de Poe, por ejemplo, que Alas conocía y en donde pueden encontrarse tantos elementos de avanzada vanguardia.

'6

se resiste a volver a la «ciudad de los vivos» que —como Larra apuntó— tal vez no sea más que un inmenso cementerio.

Un documento

También del 82, pero fechado en Madrid, debemos suponer que Clarín escribe este cuento durante su estancia de breves semanas en la capital administrativa del país, a donde acude después de terminar el curso en Zaragoza para gestionar su traslado a la universidad de Oviedo.

La duquesa del Triunfo —«don Juan del sexo débil»—, dotada de gran hermosura y conocida en la ciudad por su larga lista de amantes, atraviesa por una crisis pseudomística provocada por las lecturas de San Juan y Schleiermacher. Ávida de un gran amor espiritual, lo proyecta en la persona de un novelista con «religiosa» inclinación al naturalismo y que asiste semanalmente, como ella, a las funciones del Circo Price. El místico trance a lo divino pronto se torna en folletinesca aventura, de peores cualidades estéticas pero de «carácter más humano». Cansado al poco tiempo el escritor de esta relación, abandona a la duquesa, explicando que ha decidido entregarse de lleno a la creación narrativa. Compone una historia —la de ella— en base al «documento» que la realidad le acaba de ofrecer. Terminada la obra se la envía a su aristocrática amante y aunque ésta reconoce se trata de una obra literaria maestra, estalla de indignación al saberse simple objeto de documentación para la escritura de una novela.

No entiendo por qué se ha querido ver en esta obra una burla del naturalismo. Ni parece deducirse de las páginas del cuento, ni el autor en ningún instante de su carrera literaria consideró este movimiento artístico como manifestación cultural susceptible de ser ridiculizada. Poco a poco, sí es cierto, va Clarín superando su visión naturalista del mundo (más trabajo le costará superar la concepción naturalista del arte), pero en 1882 no creo hubiese trascendido esa visión; y de haberlo hecho, nunca se le habría ocurrido someterla a su congénito gusto por la sátira.

Ironiza Clarín los escrúpulos de este devoto naturalista de escuela llamado Fernando Flores que, durante unas semanas, se siente preso de unos sentimientos y envuelto en unas situaciones muy poco propias de su devoción estética («A mis ojos ya estoy en plena novela cursi»). Tanto para la interpretación de este cuento como para el entendimiento de algunos de los que siguen —*El hombre de los estrenos, Bustamante*— debemos distinguir entre naturalismo y «naturalistas». Alas sintió siempre un gran respeto por el primero: inició y terminó su labor como crítico rindiendo homenaje a la figura de Zola; satirizó, sin embargo, también toda su vida, cualquier indicio de trivialización, cualquier postura pseudointelectual que bajo el brillo de la moda recién importada ocultase mimetismo simplificador. De ahí la sátira impulsiva contra muchos «naturalistas» domésticos al tiempo que Clarín divulgaba las teorías de Zola en España. Por la misma razón, años después, pondría la proa a muchos de nuestros «modernistas» de fin de siglo, no obstante haber sido él uno de los primeros en meditar y escribir sobre Baudelaire, Verlaine o D'Annunzio.

Preocupado como estoy por estudiar el proceso de formación de la obra clariniana, me ha parecido interesante la figura de la duquesa, sus veleidades místico-literarias, su repentino afán de trascender el mundo de la vulgaridad, «huyendo de la seducción de la materia», hasta llegar a sustituir momentáneamente su identidad por otra más afín a la de sus lecturas poéticas y filosóficas. Claro es que, como dos años más tarde le ocurrirá a Ana Ozores, el anhelo «de algo nuevo, que no fuese un adulterio más», la emoción de ver asediada «la virginidad del alma», acaba por resolverse en una situación erótica de mal folletín y en el disfrute de «otros asedios» que, aunque ajenos al espíritu, tampoco ponen en riesgo ninguna doncellez, perdida desde hacía ya tiempo. Una diferencia, en cambio, con lo que será el problema de 1884: más próximo ahora a los planteamientos naturalistas, en *Un documento* se subraya con mayor fuerza el carácter ilusorio de las aspiraciones espirituales de Cristina, y no tanto porque éstas se pretendan divorciar de la realidad de los sentidos sino debido a su intrínseca cualidad imaginaria [79].

Avecilla

Confieso no comprender el lugar asignado a este cuento en la ordenación de *Pipá,* que parece guiada casi siempre por un criterio fundamentalmente cronológico. Escrito en 1882, como los tres anteriores, está fechado en Zaragoza, lo que implica —si los datos biográficos que tenemos son correctos— que *Avecilla* fue compuesto con anterioridad a *Un documento* [80]. Sea como fuere, naturalmente, he respetado la ordenación del autor.

La historia de Casto Avecilla, ínfimo funcionario del Estado, es una de las narraciones estudiadas con mayor detenimiento por la crítica, y con indudable acierto se nos ha señalado el humorismo piadoso que caracteriza el tratamiento literario de este personaje, acercándose Alas en esta ocasión más a la compasiva ironía de Cervantes

---

[79] La profesora norteamericana Frances Weber ha estudiado con gran acierto el conflicto materia-espíritu en *La Regenta,* y quien repase las páginas de su artículo podrá comprender con más claridad que el asunto que *Un documento* plantea, aunque empieza a anunciarnos el problema de Ana Ozores, todavía se orienta hacia soluciones naturalistas. Frances Weber, «The Dynamics of Motif in Leopoldo Alas's *La Regenta*», *The Romanic Review,* 57, 1966, págs. 188-199.

[80] Según Cabezas, en junio del 82, con la terminación de las clases, Alas y Onofre viajan a Oviedo. Desde allí, «en seguida», marcha Clarín a Madrid para ventilar asuntos (cuentas) con los editores y gestionar su traslado a la universidad asturiana. Durante estas semanas debió componerse *Un documento* (junio de 1882). Dado que Alas no regresa ya a Zaragoza por haber conseguido el traslado en el mes de julio, necesariamente *Avecilla* tuvo que ser escrito con anterioridad al cuento que le precede en la colección de *Pipá.* Véase J. A. Cabezas, *op. cit.,* páginas 118-119

que a la corrosiva sátira aprendida con el magisterio de Larra [81]. Y es que Clarín, tan severo siempre con los entes de ficción cuando de una forma u otra encarnan fenómenos o instituciones que ofenden su sensibilidad de artista o su sentido de justicia social, reacciona con ironía condescendiente, casi con ternura, ante el espectáculo de la inofensiva pequeñez de esos millares de seres en su lucha cotidiana por olvidar las propias limitaciones y las socialmente impuestas.

En *Avecilla,* la insignificante vida de un hombre va a ser trastornada por un suceso también insignificante pero de consecuencias interiorizadas por el personaje como cataclísmicas: Don Casto, auxiliar en el Ministerio de Fomento, decide un día llevar a su familia (mujer e hija) al teatro. Objeta la esposa recordándole el gasto que semejante salida puede suponer, y después de cruzar los esposos argumentos sobre los pro y los contra de tal extraordinario, deciden encaminarse a la feria del Prado de Madrid en busca de honesta y gratuita distracción. Allí van a dar a la barraca donde se exhibe la espectacular «mujer gorda», cuyas cilíndricas pantorrillas habían dejado atónito al público de las dos Américas, de la India y de toda Europa. Colocados los Avecilla en primera fila, don Casto es invitado por la *artista* para que dé fe, por medio del tacto, del colosal y apretado volumen de las piernas objeto de exhibición. Sube el funcionario a las tablas y cumple su cometido testimonial, no sin sobrevenirle una especie de mareo, mezcla de la exaltación de los sentidos, de la vergüenza y de su afán de notoriedad. Establecido el precedente, otros espectadores se precipitan al escenario para gozar del mismo privilegio, y en pocos momentos adquiere la barraca el ambiente grosero del más sórdido lupanar. Sin poder aguantar más su repugnancia la hija, avergonzado don Casto y algo indignada la madre, abandonan los Avecilla la feria para ir a caer

---

[81] Véase Laura de los Ríos, págs. 36-54, y Eduard J. Gramberg, *Fondo y forma del humorismo de Leopoldo Alas, «Clarín»*, Oviedo, 1958, págs. 119-126.

poco después en el Teatro Eslava, en donde se toparán con una zarzuela llena de pantorrillas también. A partir de esta noche don Casto no vive ni duerme, angustiado por la culpa, y cuando años después la joven Pepita sucumbe a «los halagos del amor de infantería» con forma de subteniente (huésped de la casa), el funcionario llora su deshonra, atribuyéndola al desgraciado suceso en la caseta de la «mujer gorda».

Visto desde cierto ángulo, la caracterización del protagonista difiere poco de la llevada a cabo por Alas al crear otros personajes de otros cuentos o novelas. Este casto Avecilla —con mirada que no se puede decir fuese de «águila», sino más bien de «sencilla codorniz»— se distingue, según nos hace saber el narrador, por una «soberbia imaginación». Fantasía que, como es usual en los seres animados por Clarín, se manifiesta de muy peculiar manera: empezando o concluyendo por impedir al personaje toda consciencia de lo real, especialmente de la identidad propia, sustituida en la mayoría de los casos por otra de configuración literaria y libresca. Pero en este relato se nos enfrenta a una humorística variante. Así como en el cuento anterior la duquesa del Triunfo asumía la condición de mística, descubriéndola en los poemas de San Juan de la Cruz, el señor Avecilla, después de absorber cuanta retórica fiambre encontraba en periódicos, discursos parlamentarios y circulares administrativas, se transforma a sus ojos en héroe de epopeya burocrática— «...casi se nos volvía loco (nos dice Clarín) pensando que si él caía enfermo, y se paraba, por consiguiente, en cuanto rueda administrativa, las ruedecillas que engranaban con él se pararían también, y de una en otra, llegaría la inacción a todas las ruedas, inclusive a las más grandes e interesantes.»

Laura de los Ríos nos ha explicado con gran claridad el ordenamiento de la materia narrativa y la conformación de los mundos espaciales —oficina, casa, feria, para luego invertir la trayectoria hasta el lugar de arranque—, considerando la feria, que es donde se produce «el incidente novelesco», como piedra angular sobre la que se sostiene el relato. Interesada esta profesora en destacar la modernidad y mérito de Alas (eran tiempos anteriores al «boom» Clarín) relaciona con frecuencia técnicas y visiones del autor con manifestaciones estéticas de nuestro siglo. Yo mismo, en la presente introducción, he dejado escapar alguna vez comparaciones de este tipo. Pero historia ya la época en que se hizo necesario reivindicar una literatura subestimada, conviene nos esforcemos por situarla en su tiempo. Más que los episodios oníricos y las deformaciones en el ondulado espejo —cuya pluralidad de imágenes analiza con acierto De los Ríos— me llama la atención el interés artístico de Clarín en estas páginas por el universo de lo sencillo, su piedad por lo insignificante y, en algunos momentos, la exploración casi emocionada en busca de la grandeza de lo pequeño. Puede ser útil fijarse en estos detalles y comprobar cómo el naturalista, al ir hurgando con el escalpelo, desentierra el mundo de lo vulgar, y fija la mirada en él, empieza a descubrir su posible belleza, la que tanto fascinará a los hombres del impresionismo.

El hombre de los estrenos y *Bustamante*

Hice alusión en la parte primera de este estudio introductorio a los límites borrosos entre el artículo de costumbres y la narración corta, durante casi todo el siglo XIX. Afirmaba entonces que, en cierto sentido, Alas no iba a contribuir a su disgregación. Me refería, principalmente, a ese buen número de cuentos cuyo discurso satírico se superpone de tal forma a lo argumental-narrativo que en realidad los aproxima a la condición de «paliques», emparentándolos estrechamente con éstos. *El hombre de los estrenos* pertenece a este tipo de textos, igual que la composición titulada *Bustamante,* escrita en 1884 y recogida asimismo en el presente volumen. La presencia de Larra, aunque siempre perceptible en la labor satírica de Clarín, se hace todavía más patente en esta clase de publicaciones en donde el ingrediente crítico de los «paliques» se desarrolla entremezclado con la descripción de tipos y un mínimo de dosis narrativa. Quienes conozcan los escritos de «Fígaro», al leer estos cuentos, recordarán en más de una ocasión las inolvidables páginas de *El castellano viejo, Yo quiero ser cómico* o de *En este país.*

En *El hombre de los estrenos* satiriza Clarín la figura de un provinciano, lector empedernido de gacetillas teatrales y con maníaca afición a las primeras representaciones de comedias y dramas en Madrid. El narrador, que escribe revistas literarias en los periódicos, entabla relación con este ridículo personaje en el comedor de una fonda. En un comienzo, el «hombre de los estrenos» (Remigio Comella) se manifiesta como ciego y estúpido defensor del teatro idealista, para después convertirse, de la noche a la mañana, en ardiente entusiasta del naturalismo en escena. Convencido de la decadencia de las tablas en España, decide Comella —cuya estupidez raya al final en la locura— reformar el género dramático con una composición creada por él. Fiel a los principios de lo que Comella entendía por «naturalismo», pretende en su demencia última llevar al escenario «todo el mundo», la «realidad toda», con su correspondiente color y *olor local.*

El cuento está escrito en primera persona, lo que contribuye a evocarnos, desde el mismo principio, el modo discursivo de los «paliques»; también la enunciación en los artículos de Larra. Tras el «yo» que relata es fácil descubrir al joven Leopoldo en los años en que iniciaba su carrera de escritor con sus crónicas teatrales en la prensa. Abundan las circunstancias autobiográficas y Alas no pretende en ningún instante ocultar su identidad bajo la forma del personaje narrador; de hecho, la exterioriza con descaro [82]. Ambientes (tertulia del «Bilis-Club»), acon-

---

[82] «... por aquel tiempo escribía en los periódicos de Madrid revistas de teatro, que Dios me haya perdonado». «Yo, que tengo el estómago un poco averiado —olviden ustedes este dato en cuanto quieran—.» «Era yo —y sigo siendo—, aunque más prudente, muy entusiástico partidario del teatro de Echegaray.» Etcétera.

tecimientos culturales (estreno de *Mar sin orillas*), personajes secundarios (Revilla, Cañete o Fernanflor), elementos anecdóticos, pertenecen todos al Madrid de Clarín durante los años finales de la década de los setenta.

Dentro de ese mismo espacio histórico y cultural debemos situar el objeto de la sátira, que es, probablemente, lo que más interés tiene en el texto y lo que puede ofrecer alguna dificultad al lector no familiarizado con este período de las letras españolas. Además de la invectiva contra un tipo abundante en la época —el maníaco de los estrenos, el aficionado metido a criticastro— reacciona Clarín contra una serie de ideas y planteamientos pseudonaturalistas que al ponerse de moda la *cuestión palpitante,* público y críticos, con tendencia a la trivialización, defendían en el *foyer* o en la gaceta.

Se desarrolla el relato en un momento de fuerte polémica sobre la novela y el teatro, controversia que no se origina en Madrid sino en París. El arte en general, no sólo la literatura, se polariza en torno a dos actitudes estéticas, idealismo y naturalismo, portadoras a su vez de abiertas orientaciones ideológicas —recordemos el grito de Zola «La République sera naturaliste ou elle ne sera pas!». A este clima de dialéctica (que en suelo hispano puede convertirse en castiza «pelotera») alude don Remigio al afirmar que últimamente en los estrenos siempre hay «exposición» ...a bofetadas.

La postura simpatizante de Alas hacia el naturalismo ha sido ya objeto de comentarios y es además transparente en la narración que nos ocupa. Importa recordar, en cambio, su opinión en lo tocante al teatro y su actitud frente al sectarismo de escuela: «Pensar que toda obra literaria que no refleje la última tendencia, la actualidad *palpitante,* como se dice, es sólo por esto secundaria, aunque revele un gran ingenio, es manifestar un exclusivismo que nada bueno puede producir en literatura» [83]. Entendamos estas palabras no como corrección, únicamente, del dogmatismo zolesco; también es advertencia dirigida

---

[83] *Solos,* de Clarín, «Del teatro», Madrid, 1881, pág. 38.

a la pléyade de «Comellas» instalados en su infantil maniqueísmo estético.

Pensaba Clarín, como a su particularísima manera creía el protagonista de nuestro cuento, que el arte dramático atravesaba una seria crisis, causada en parte por el predominio de la novela, género más a propósito para dar cauce a la ambición comprensiva del naturalismo y para la puesta en práctica de sus principios metodológicos. Así pues, al hablar de la «agonía» del teatro, Remigio Comellas había oído campanas, pero con el desentono que caracterizaba la musiquilla del círculo de «naturalistas» improvisados, con los que parece se reúne cuando traslada su domicilio a la corte.

Para salvar el problema, esto es, para equiparar el teatro a la novela moderna en cualidades inclusivas y de reproducción del natural, pretende el mentecato Comellas abarcar «todo el mundo» en la escena, así hiciera falta prolongar la acción durante cuarenta días y cuarenta noches, o fuera necesario habilitar la plaza de toros para traer a las tablas al ejército de personajes de esta original «comedia humana»: exagerada versión de los argumentos que por entonces muchos esgrimieron, reafirmándose en la idea de que en el seno del naturalismo no había lugar para la expresión dramática. No dispongo de espacio aquí para explicar las teorías de Alas sobre lo que debería ser el teatro naturalista. Pero creía en él; tenía el convencimiento de que la acción y tiempo dramáticos podrían ajustarse a las exigencias de la nueva estética; le parecía viable desembarazar al personaje del simbolismo abstracto que lo acartona y dotarle de vida propia —todo ello sin necesidad de recurrir al color y *olor local,* como era la ilusión de don Remigio [84].

Del enfrentamiento entre lo que Clarín pensaba que el teatro *debería ser* y la torpe manera con que muchos contemporáneos malasimilaron las ideas renovadoras, nace

---

[84] Para las ideas de Alas sobre las posibilidades dramáticas del naturalismo, véase el artículo «Del teatro», citado en la nota anterior, págs. 39-50.

esta creación satírica, especie de «palique» articulado en forma narrativa.

Con parecido marco —el Madrid de la *cuestión palpitante*— y similar inspiración satírica a la de *El hombre de los estrenos,* escribe Clarín *Bustamante:* historia de un provinciano andaluz, esposo y padre de tres hijos, cuya íntima «vocación» es la de escritor de charadas en verso, y que viaja a la capital a instancias de su mujer en busca de una credencial que le permita conseguir un destino en la administración. Llega a la ciudad Miguel Paleólogo Bustamante y en vez de localizar al diputado que podría sacarle de su cesantía, emplea todo su afán y dinero en conquistar el aprecio de un grupo de gacetilleros satíricos que además disponen de su propio órgano de expresión, *El Bisturí.* Tras una serie de rápidos episodios, en donde revela Clarín sus excelentes dotes como humorista, la misma noche de su llegada a Madrid don Miguel es arrestado por supuestas ofensas a la familia real y luego sentenciado a destierro en Guadalajara, donde después de verse mezclado en otro tumulto y «víctima de las disensiones políticas» españolas, vuelve a ser condenado a la pena del exilio, sanción a cumplir en su propio pueblo.

A la voluntad satírica que preside la composición de este cuento, se añaden las digresiones retóricas y poéticas del narrador, que interrumpe en ocasiones el hilo de la acción para proyectar la «crítica higiénica» sobre el discurso de los personajes o las obras que salen de su pluma. Hay páginas enteras que podrían pasar por extrapoladas de cualquiera de los «paliques», entre los cientos que Clarín dejó enterrados en la prensa. No obstante, el punto de vista espacial (narración en tercera persona) y el temporal (la narración en el pasado), sumados a un mayor desarrollo de lo argumental y a un estudio más profundo de la psicología de los personajes, acercan *Bustamante* a la típica estructura del relato decimonónico. Al final del texto utiliza Clarín el artificio de la escritura confesional, convirtiendo al protagonista en narrador y dejando que sea el mismo personaje, con su propio discurso, el que se someta a una especie de ejercicio inconscientemente autosatírico.

Contra los ripios en prosa y en verso, contra el positivismo trivial para uso y disfrute de revisteros, dirige Clarín su cáustico humor, sin olvidar tampoco, en forma de velada alusión, pero igualmente mordaz, las ridículas causas que defendía la Real Academia y la escasa preparación cultural del gremio de militares.

Las dos cajas

Cuando le llegue al lector el momento de asomarse a las páginas de esta historia, dispóngase a disfrutar de una de las narraciones de Clarín dotadas de mayor encanto. Curiosamente, *Las dos cajas* es al mismo tiempo uno de los relatos que menos atención ha despertado en la crítica, no obstante su atractiva escritura y el interés estético de sus planteamientos.

Ventura Rodríguez es un niño prodigio con el violín. A todos deslumbra y entusiasma con su precocidad y perfección como instrumentista. Por amor a su padre, «que era el encargado de cobrar y tener vanidad», da conciertos y cosecha pesetas y ovaciones. Pero Ventura, sin interés por el éxito en sociedad, desde niño también, vive obsesionado por encontrar un modo de expresión —«la música sincera»— en el que poder plasmar los ideales poéticos y última belleza que su sensibilidad intuye a la hora de interpretar las mejores composiciones. Mozo ya, contrae matrimonio, tiene un hermosísimo hijo y a las cargas económicas de su hogar se añaden los réditos atrasados, y no del todo satisfechos, de la inversión económica realizada por su padre a la hora de su educación. Obligado a «prostituirse», esto es, a comerciar con el arte, y desconectado ya de los círculos profesionales de Madrid, acaba por aceptar una oferta en un café de provincias. Gracias a la presencia de su mujer y del niño, que asisten a las tristes veladas en el *Iris,* el violinista, sacando fuerzas de flaqueza, ejecuta uno y otro día a cambio de pocos duros. Una noche de Semana Santa, interpretando el *Stabat Mater,* sorprende a su mujer cruzando miradas de amor con un alférez de caballería y deja caer el instrumento, que se rompe al dar en el suelo. Muere a los pocos días el hijo y, junto con el féretro, Ventura hace enterrar el estuche con el violín.

Tan pronto iniciamos la lectura de *Las dos cajas* (1883), el desvelo del protagonista por encontrar expresión a lo inefable, por dar forma al ideal («a la impalpable idea-música que yo sueño»), nos sugiere en seguida la que fue aspiración central en el mundo poético de Bécquer —escritor que apenas atrajo a Clarín, como tampoco cautivaría a gran parte de los hombres de letras educados en el naturalismo. Aunque el tema de la creación, creación interpretativa en este caso, nos es presentado como conflicto idea-forma, y aunque constituye el hilo conductor de varios episodios del relato, sería un error considerar este cuento orientado hacia los problemas del realismo idealista. Faltan muy pocos meses para que Clarín dé comienzo a la composición de *La Regenta.* La proximidad cronológica entre las dos obras irá acompañada esta vez de planteamientos estéticos afines.

En las primeras secuencias de *Las dos cajas,* la lucha del violinista por encontrar la pulsación soñada de donde pudiera brotar la «música sincera» sirve para perfilar la condición *espiritual* del pequeño prodigio, que el autor opone a la contextura moral del padre, incapaz de trascender el nivel de lo mercantil y crematístico. En cierta manera, anticipándose a Galdós *(Torquemada),* Alas nos enfrenta con la incapacidad de un hombre, de un padre, para acercarse al mundo del espíritu (Ventura-Valentín) desde cualquier perspectiva extraña al mundo de la materia. La contraposición de estos dos universos no sólo se articula en base al contraste padre-hijo, sino también a propósito de la composición Pérez/Gómez-Ventura Rodríguez. Clarín nos lo indica, dando transparencia a los símbolos, al anotar que la habilidad como instrumentistas de los rivales era «grosera, material, cosa ajena al espíritu».

Apunté la cercana estética de *Las dos cajas* y *La Regenta* pensando en la configuración dual de los personajes y de la realidad en que se desenvuelven, común al cuento y a la novela. Me refiero a la interacción espíritu-materia, a la dialéctica idea-ideal, ser y querer ser, que ya en 1883 preside la escritura de este relato y el destino de quien protagoniza la narración. De forma parecida a lo que un año después le sucederá a Ana Ozores, en los momentos de arrobo espiritual de Ventura Rodríguez —veladas en el jardín, ejecución del *Stabat Mater* en el *Iris*— irrumpe el mundo de los sentidos recordando a los entes de ficción la imposibilidad de presumir su inexistencia o de ser relegado a la marginalidad.

La figura del niño Roberto, el hermosísimo hijo de Ventura —«lo único que había salido como él lo había soñado»— debemos entenderla como encarnación del ideal que el espíritu del violinista persigue. *Perniquebrado* el espíritu de Ventura al doblegarse a las exigencias de la materia (secuencia IV), convertido su fervor artístico-religioso en alimento erótico de la silenciosa pasión entre Carmen y el alférez de caballería (VII), esto es, destruido el ideal, violín e hijo (representación simbólica del mismo concepto), después de su extinción casi simultánea, serán enterrados en la misma fosa (IX).

En la noche de Semana Santa, el desdichado músico con la mirada fija en su esposa y deslizando el arco sobre las cuerdas, *habla* de la soledad de la Virgen al pie de la Cruz. Carmen, nacida al arte doce años antes que Teresa (1895), naturalmente, no podrá soportar el dolor de su vía-crucis doméstico —«no era posible respirar mucho tiempo la atmósfera de desconsuelo que Ventura vivía»— y acabará violando su fidelidad de esposa. Para presentarnos semejante desenlace el narrador naturalista habría recurrido a la consumación del deseo, tema frecuente en la literatura del positivismo, exteriorizando con arrogancia y detenimiento los detalles más íntimos de la aventura erótica. En 1883, también en *La Regenta,* breves líneas, unos instantes, el reducido marco de una mirada, bastan a Clarín para cifrarnos una situación de «adulterio» y la intensidad de una pasión.

Gran dosis de ternura y lirismo derrama Clarín con generosidad en la creación de este inolvidable poeta de la música. Pero como en otras narraciones cortas y largas del autor, como en su novela maestra, Alas se proyecta en sus personajes más queridos sin identificarse nunca con ellos; si el cariño o la piedad le invitan al acercamiento, la ironía le permite lograr la distancia adecuada, atento siempre a la lección magistral de Cervantes.

Zurita

Es *Zurita* también una de las grandes creaciones de Clarín, conocida y celebrada por todos los buenos aficionados a la narrativa del XIX, aunque no siempre interpretado su sentido con acierto.

Aquiles Zurita, estudiante de Filosofía, llega a Madrid para cursar el doctorado con las «eminencias» de la Universidad Central. En la fonda donde se aloja entabla relación con un filosofastro, krausista a su manera, que acaba por desengañarle de la filosofía «oficial» enseñada en las cátedras, convirtiéndole a su sistema de pensamiento —el de Krause, sometido al pasapurés de don Cipriano, que así se llamaba su grotesco compañero de cuarto.

Pendiente Zurita del esperado advenimiento del «Ser en la Unidad» y con ardiente fe en que algún día recibirá la «presencia de lo Absoluto», resiste a los descarados avances de varias mujeres: dos patronas de pensión y una antigua amiga, a cuyo hijo da clases particulares. Pasan los años y Zurita se hace socio transeúnte del Ateneo, donde descubre el positivismo y que «no había más que hechos, por desgracia». Improvisado adepto a las teorías de Comte, oposita a cátedras de Instituto obteniendo la plaza de Lugarucos, pueblo costero. Al final del relato vemos al protagonista derivar hacia un cierto escepticismo. Entusiasta del buen comer y beber, logra en poco tiempo reputación como gourmet, consiguiendo con su arte culinario la fama y estimación que sus conocimientos filosóficos jamás le proporcionaron en sociedad.

No se ridiculiza el krausismo en esta estupenda narración; se dirige la sátira hacia unos personajes que, en reducidos círculos, debieron abundar en el Madrid de los años setenta. Me refiero particularmente a la figura de don Cipriano, «preceptor» de Zurita, encarnación del pretendiente a filósofo con cuatro ideas de Krause mal digeridas, como también mal rumiadas serán las teorías positivistas a las que después se convierte. El mismo Clarín —que conocía muy bien al público de su tiempo y que parece adivinar los hábitos críticos de algunos lectores de hoy— se tomó la molestia de advertir que en estas publicaciones no renegaba del krausismo, «sino de una clase de krausistas, filósofos de escaleras abajo.» [85] Ni el infeliz don Cipriano, buscando la «Unidad del Ser» en la Moncloa o en las Vistillas, guarda relación alguna con los que fueron maestros de Alas, ni el rápido salto de Krause a Comte realizado por Zurita tiene gran cosa que ver con la evolución ideológica del escritor asturiano que ya en su tesis doctoral, *El derecho y la moralidad* (1878), corregía los excesos de idealistas y positivistas adoptando la postura conciliadora característica de su espíritu ecléctico. En el mundo ideológico de sus años de estudiante en Madrid proyecta Clarín la historia de esta nueva «cándida avecilla» con nombre de Zurita, personaje que apenas tiene nada de autobiográfico [86]. Llena la narración de situaciones y anécdotas vividas o presenciadas por el autor, no es que Clarín se asome con sarcasmo a la historia de sus propias inquietudes en la primera juventud, sino que las utiliza como marco para estudiar

---

85 *Mis plagios, Obras Selectas,* Madrid, 1949, pág. 1240. Citado por Gómez Molleda en *Los reformadores de la España contemporánea,* Madrid, 1966, pág. 349.

86 Tal vez habría que exceptuar la mención al contratiempo de Zurita como opositor a cátedra; rechazado por el ministro a pesar de ir Aquiles en el lugar principal de la terna, se le considera intelectual «peligroso» para el ejercicio de la enseñanza.

el comportamiento de un humorístico ser que, inmerso en un medio similar, no acierta a captar y trascender lo que Alas entendió y superó.

Curioso y unamunesco, pero muy poco clariniano, resulta el escepticismo del último Zurita, preocupado por la idea de no suscitar inquietudes espirituales entre sus alumnos de Lugaruco —«chicos robustos, alegres, crédulos» y ansiosos por conquistar nuevas tierras como marinos. Este afán de proteger al pueblo sencillo de filosofías «que prescinden de lo Absoluto», o que pueden acercarlo a la dolorosa coyuntura de sentir la razón sublevada contra la fe, me parece ajeno al espíritu pedagógico del Clarín de 1884 y de 1901. Leopoldo Alas, convencido siempre de que la *verdad* no mata el contento de vivir, sino más bien lo enriquece, dedicó vida y obra a su búsqueda y propagación.

III

Bibliografía

TRABAJOS BIOGRÁFICOS

CABEZAS, Juan Antonio: *«Clarín». El provinciano universal,* Madrid, 1936.
GÓMEZ SANTOS, Marino: *Leopoldo Alas, «Clarín». Ensayo bibliográfico,* Oviedo, 1952.
POSADA, Adolfo: *Leopoldo Alas, Clarín,* Oviedo, 1946.
SUÁREZ, Constantino: *Escritores y artistas asturianos,* vol. I, Madrid, 1936, págs. 108 y ss.

ESTUDIOS GENERALES Y *VARIA*

ALTAMIRA, Rafael: «Leopoldo Alas: I, el literato. II, el profesor», *Literatura,* agosto-septiembre 1901, Madrid.
BONET, Laureano: «Clarín ante la crisis del 98», *Revista de Occidente,* núm. 73, 1969.
BULL, William: «The naturalistic theories of Leopoldo Alas», *P.M.L.A.,* LVII, 1942, págs. 536-551
—— «Clarin's literary internationalism», *Hispanic Review,* XVI, Philadelphia, 1948, págs. 321-334.
CLAVERÍA, Carlos: *Clarín y Renan,* en *Cinco estudios de literatura española moderna,* Salamanca, 1945.
GRAMBERG, Edward: *Fondo y forma del humorismo de Leopoldo Alas,* Oviedo, 1959.
GULLÓN, Ricardo: «Aspectos de Clarín», *Archivum,* Oviedo, 1952, II, págs. 161-186.
KRONIK, John W.: «Sesenta y ocho frente a 98. La modernidad de Leopoldo Alas», *Papeles de Son Armadans,* núm. 122, Mallorca, 1966.

MARTÍNEZ CACHERO, José M.: «Clarín y Azorín (una amistad y un fervor)», *Archivum,* III, 1953.
MARTÍNEZ RUIZ, José: Prólogo a *L. Alas, «Clarín», páginas escogidas,* Madrid, Calleja, 1917.
MEREGALLI, Franco: *Clarín e Unamuno,* Milán, 1956.
PÉREZ DE AYALA, Ramón: «Clarín y don Leopoldo Alas», *Archivum,* II, Oviedo, 1952, págs. 5-21.
RAMOS-GASCÓN, Antonio: «Relaciones entre Clarín y Martínez Ruiz», *Hispanic Review,* vol. 42, núm. 3, Philadelphia, 1974.
SAINZ RODRÍGUEZ, Pedro: *La obra de Clarín,* Madrid, 1921.

CLARÍN CRÍTICO

ALONSO CORTÉS, Narciso: «Clarín y el Madrid cómico», *Archivum,* II, 1952.
BESER, Sergio, y BONET, Laureano: «Índice de colaboraciones de L. Alas en la prensa barcelonesa», *Archivum,* XVI, Oviedo, 1966.
BESER, Sergio: *Leopoldo Alas, crítico literario,* Madrid, 1968.
—— *Leopoldo Alas: teoría y crítica de la novela española,* Barcelona, Laia, 1972.
BOTREL, Jean-François: *Preludios de Clarín,* Oviedo, 1972.
FERNÁNDEZ ALMAGRO, Melchor: «Crítica y sátira en Clarín», *Archivum,* II, 1952, págs. 33-42.
GARCÍA PAVÓN, F.: «Crítica literaria en la obra narrativa de Clarín», *Archivum,* II, 1952.
GULLÓN, Ricardo: «Clarín, crítico literario», *Universidad,* Zaragoza, 1949, págs. 389-431.
MARTÍNEZ CACHERO, J. M.: Introducción a *Palique,* Madrid, Labor, 1973.
RAMOS-GASCÓN, Antonio: Introducción a *Clarín, obra olvidada,* Madrid, Júcar, 1973.
SOBEJANO, Gonzalo: «Clarín y la crisis de la crítica satírica», *Revista Hispánica Moderna,* núms. 1-4, 1965. Recogido en *Forma literaria y sensibilidad social,* Madrid, 1967.

NOVELA Y CUENTO

ALARCOS LLORACH, E.: «Notas a *La Regenta*», *Archivum,* II, 1952.
ARROYO, Justa: «*La Regenta* de Clarín: Justicia, verdad, belleza», *Homenaje a Joaquín Casalduero,* Madrid, Gredos, 1972.
BAQUERO GOYANES, M.: «Clarín y la novela poética», *Boletín de la Biblioteca Menéndez y Pelayo,* XXIII, 1947, págs. 96-101.
—— «Exaltación de lo vital en *La Regenta*», *Archivum,* II, Oviedo, 1952.
—— *Prosistas españoles contemporáneos,* Madrid, 1957.

BÉCRUD: *La Regenta de Clarín,* Madrid, Taurus, 1964.
BRENT, Albert: *Leopoldo Alas and La Regenta. A Study in 19th Century Spanish Prose Fiction.* University of Missouri Studies, 1951.
CLOCCHIATTI, E.: «Clarín y sus ideas sobre la novela», *Revista de la Universidad de Oviedo,* núms. LIII, LIV, LVII, LVIII, XIX y XX, Oviedo, 1948.
DE LOS RÍOS, Laura: *Los cuentos de Clarín,* Madrid, 1965.
DURAND, Frank: «Characterization in *La Regenta:* Point of View and Theme», *Bulletin of Hispanic Studies,* vol. XLI, núm. 2, abril 1964.
—— «Structural Unity in Leopoldo Alas *La Regenta», Hispanic Review,* XXXI, 1963.
EOFF, Sherman: *The Modern Spanish Novel,* Nueva York, 1961. páginas 67-84.
GRAMBERG, E.: «*Su único hijo,* novela incomprendida de Alas», *Hispania,* vol. XLV, 1962.
MARTÍNEZ CACHERO, J. M.: Prólogo a *La Regenta,* Barcelona, Planeta, 1963.
MELÓN RUIZ, S.: «Clarín y el Bovarysmo», *Archivum,* II, 1962.
MONTES HUIDOBRO, Matías: «Riqueza y estilística de *La Regenta», Revista de Estudios Hispánicos,* III, núm. 1, abril 1969.
PÉREZ DE GALDÓS, Benito: Prólogo a *La Regenta,* Madrid, Fernando Fe, 1901.
REISS, Katherine: «Valoración artística de las narraciones breves de Clarín», *Archivum,* V, Oviedo, 1955.
SOBEJANO, Gonzalo: «La inadaptada (Leopoldo Alas: *La Regenta,* cap. XVI)», *El comentario de textos,* Madrid, Castalia, 1973.
WEBER, Frances: «Ideology and Religious Parody in the Novels of Leopoldo Alas», *Bulletin of Hispanic Studies,* XLIII, páginas 197-208.
—— «The Dynamics of Motif in Leopoldo Alas's *La Regenta», The Romanic Review,* 57, 1966.

TEATRO

CANTELLI, Juan: «El secreto y el pateo histórico de *Teresa», El Español,* Madrid, 8 de julio de 1944.
CLAVERÍA, Carlos: «La *Teresa* de Clarín», *Ínsula,* núm. 76, Madrid, 1953.
—— «Una nueva carta de Clarín sobre *Teresa», Hispanic Review,* XVIII, Filadelfia, 1950.
DÍAZ DUFÓO, C.: «Sobre *Teresa* de Clarín», *Revista Azul,* III, México, agosto 1895.
GRANELL, Manuel: «Un drama de Clarín», *Élite,* 19 de abril de 1952.

GUASTAVINO, Guillermo: «Algo más sobre "Clarín" y "Teresa"», *Bulletin Hispanique,* LXXIII, núms. 1-2, 1971.
MARTÍNEZ RUIZ, J.: «La *Teresa* de Clarín», en *La Farándula, Obras Completas,* VII, págs. 163-168.

EPISTOLARIOS

ALAS, Adolfo. *Epistolario a Clarín,* Madrid, ed. Escorial, 1943. (Cartas de Unamuno y Palacio Valdés.)
—— *Epistolario,* Madrid, ed. Escorial, 1943. (Cartas de Clarín y Menéndez Pelayo.)
ORTEGA, Soledad: *Cartas a Galdós,* Madrid, *Revista de Occidente,* 1964.

Pipá

I

Ya nadie se acuerda de él. Y sin embargo, tuvo un papel importante en la comedia humana, aunque sólo vivió doce años sobre el haz de la tierra. A los doce años muchos hombres han sido causa de horribles guerras intestinas, y son ungidos del Señor, y revelan en sus niñerías, al decir de las crónicas, las grandezas y hazañas de que serán autores en la mayor edad. Pipá, a no ser por mí, no tendría historiador; ni por él se armaron guerras, ni fue ungido sino de la desgracia. Con sus harapos a cuestas, con sus vicios precoces sobre el alma, y con su natural ingenio por toda gracia, amén de un poco de bondad innata que tenía muy adentro, fue Pipá un gran problema que nadie resolvió, porque pasó de esta vida sin que filósofo alguno de mayor cuantía posara sobre él los ojos.

Tuvo fama; la sociedad le temió y se armó contra él de su vindicta en forma de puntapié, suministrado por grosero polizonte o evangélico presbítero o zafio sacristán. Terror de beatas, escándalo de la policía, prevaricador perpetuo de los bandos y maneras convencionales, tuvo, con todo, razón sobre todos sus enemigos, y fue inconsciente apóstol de las ideas más puras de buen gobierno, siquiera la atmósfera viciada en que respiró la vida malease superficialmente sus instintos generosos.

Ello es que una tarde de invierno, precisamente la del domingo de Quincuagésima, Pipá, con las manos en los bolsillos, es decir, en el sitio propio de los bolsillos, de haberlos tenido sus pantalones, pero en fin con las manos dentro de aquellos dos agujeros, contemplaba cómo se pasa la vida y cómo caía la nieve silenciosa y triste sobre el sucio empedrado de la calle de los Extremeños, teatro habitual de las hazañas de Pipá en punto a sus intereses gastronómicos. Estaba pensando Pipá, muy dado a fantasías, que la nieve le hacía la cama, echándole para aquella noche escogida, una sábana muy limpia sobre el colchón berroqueño en que ordinariamente descansaba. Porque si bien Pipá estaba domiciliado, según los requisitos de la ley, en la morada de sus señores padres, era el rapaz amigo de recogerse tarde; y su madre, muy temprano, cerraba la puerta, porque el amo de la casa era un borracho perdido que si quedaba fuera no tenía ocasión para suministrar a la digna madre de familia el pie de paliza que era de fórmula, cuando el calor del hogar acogía al sacerdote del templo doméstico. Padre e hijo dormían, en suma, fuera de casa las más de las noches; el primero tal vez en la cárcel, el segundo donde le anochecía, y solía para él anochecer muy tarde y en mitad del arroyo. No por esto se tenía Pipá por desgraciado, antes le parecía muy natural, porque era signo de su emancipación prematura, de que él estaba muy orgulloso. Con lo que no podía conformarse era con pasar todo el domingo de Carnaval sin dar una broma, *sin vestirse* (que buena falta le hacía) y dar que sentir a cualquier individuo, miembro de alguna de las Instituciones sus naturales enemigas, la Iglesia y el Estado. Ya era tarde, cerca de las cuatro, y como el tiempo era malo iba a oscurecerse todo muy pronto. La ciudad parecía muerta, no había máscaras, ni había ruido, ni mazas, ni pellas de nieve; Pipá estaba indignado con tanta indiferencia y apatía. ¿Dónde estaba la gente? ¿Por qué no acudían a rendirle el homenaje debido a sus travesuras? ¿No tenía él derecho de embromar, desde el zapatero al rey, a todos los transeúntes? Pero no había transeúntes. Le tenían miedo: se encastillaban en sus casas respectivas al amor de la lumbre, por no encontrarse con Pipá, su víctima de todo el año, su azote en los momentos breves de venganza que el Carnaval le ofrecía. Además, Pipá no tenía fuego a que calentarse; iba a quedarse como un témpano si permanecía tieso y quieto por más tiempo. Si pasara alma humana, Pipá arrojaría *al susuncordia* (que él entendía ser el gobernador) un buen montón de nieve, por gusto, por calentarse las manos; porque Pipá creía que la nieve calienta las manos a fuerza de frío. Lo que él quería, lo que él necesitaba era motivo para huir de alguna fuerza mayor, para correr y calentar los pies con este ejercicio. Pero nada, no había *policías,* no había nada. No teniendo a quien molestar decidió atormentarse a sí mismo. Colocó una gran piedra entre la nieve, anduvo hacia atrás y con los ojos cerrados desde alguna distancia y fue a tropezar contra el canto: abriendo los brazos cayó sobre la blanca sábana. Aquello era deshacer la cama. Como dos minutos permaneció el pillete sin mover pie ni mano, tendido en cruz sobre la nieve como si estuviera muerto. Luego, con grandes precauciones, para no estropear el vaciado, se levantó y contempló sonriente su obra: había *hecho un Cristo* soberbio; un Cristo muy chiquitín, porque Pipá, puesto que tuviera doce años, medía la estatura ordinaria a los ocho.

—Anda tú, arrastrao —gritó desde lejos la señora Sofía, lavandera—; anda tú, que así no hay ropa que baste para vosotros; anda, que si tu madre te viera, mejor sopapo...

Pipá se irguió. ¡La señora Sofía! ¿Pues no había olvidado que estaba allí tan cerca aquella víctima propiciatoria? Como un lobo que en el monte nevado distinguiese entre lo blanco el vellón de una descarriada oveja, así Pipá sintió entre los dientes correr una humedad dulce, al ver una broma pesada tan a la mano, como caída del cielo. Todo lo tramó bien pronto, mientras contestaba a la conminación de la vieja sin una sola palabra, con un gesto de soberano desprecio que consistía en guiñar los ojos alternativamente, apretar y extender la boca enseñando la punta de la lengua por uno de los extremos.

Después, con paso lento y actitud humilde, se acercó a la señora Sofía, y cuando estaba muy cerca se sacudió como un perro de lanas, dejando sobre la entrometida lavandera la nieve que él había levantado consigo del santo suelo.

Llevaba la comadre en una cesta muy ancha varias enaguas, muy limpias y almidonadas, con puntilla fina para el guardapiés: con la indignación vino de la cabeza a la tierra la cesta, que se deshizo de la carga, rodando todo sobre la nieve. Pipá, rápido, como César, en sus operaciones, cogió las más limpias y bordadas con más primor entre todas las enaguas y vistiéndoselas como pudo, ya puesto en salvo, huyó por la calle de los Extremeños arriba, que era una cuesta y larga.

El señor Benito, el *dotor,* del comercio de libros viejos, tenía su establecimiento, único en la clase de toda la ciudad, en lo más empinado de la calle de Extremeños. Mientras la señora Sofía, su digna esposa, gritaba allá abajo, tan lejos, que el marido sólo por un milagro de acústica pudiera oír sus justas quejas, Pipá silencioso, y con el respeto que merecen el santuario de la ciencia y las meditaciones del sabio, se aproximaba, ya dentro de la tienda, al vetusto sillón de cuero en que, aprisionada la enorme panza, descansaba el ilustre *dotor* y digería, con el último yantar, la no muy clara doctrina de un infolio que tenía entre los brazos. Leía sin cesar el inteligente librero de viejo, y eran todas las disciplinas buenas y corrientes para su enciclopédica mollera; el orden de sus lecturas no era otro sino el que la casualidad prescribía; o mejor que la casualidad, que dicen los estadistas que no existe, regía el método y marcha de aquellas lecturas el determinismo económico de las clases de tropa, estudiantil y demás gente ordinaria. A fines de mes solía empapar su espíritu el señor Benito, del comercio de libros, en las páginas del Colón, «Ordenanzas militares», que dejaba en su poder, como la oveja el vellón en las zarzas del camino, algún capitán en estado de reemplazo. Pero lo más común y trillado era el trivio y el cuadrivio, es decir que los estudiantes, de bachiller abajo, suministraban al *dotor* el pasto espiritual ordinario; y era de admirar la atención con que abismaba sus facultades intelectuales, que algunas tendría, en la Aritmética de Cardín, la Geografía de Palacios y otros portentos de la sabiduría humana. El *dotor* leía con anteojos, no por présbita [1], sino porque las letras que él entendiera habían de ser como puños, y así se las fingían los cristales de aumento. Mascaba lo que leía y leía a media voz, como se reza en la iglesia a coro; porque no oyéndolo, no entendía lo que estaba escrito. Finalmente, para pasar las hojas recurría a la vía húmeda, quiero decir, que las pasaba con los dedos mojados en saliva. No por esto dejaba de tener bien sentada su fama de sabio, que él, con mucho arte, sabía mantener íntegra, a fuerza de hablar poco y mesurado y siempre por sentencias, que ora se le ocurrían, ora las tomaba de algún sabio de la antigüedad; y alguna vez se le oyó citar a Séneca con motivo de las excelencias del mero, preferible a la merluza, a pesar de las espinas.

Pero lo que había coronado el edificio de su reputación, había sido la prueba fehaciente de un libro muy grande, donde, aunque parezca mentira, veía, el que sabía leer, impreso con todas sus letras el nombre del *dotor* Benito Gutiérrez, en una nota marginal, que decía al pie de la letra: «Topamos por nuestra ventura con el precioso monumento de que se habla en el texto, al revolver papeles viejos en la tienda de don Benito Gutiérrez, del comercio de libros, celoso acaparador de todos los in-folios y cucuruchos de papel que ha o le ponen a la mano.»

Sabía Pipá todo esto, y reconocía, como el primero, la autenticidad de toda aquella sabiduría, mas no por eso dejaba de tener al señor Benito por un tonto de capirote, capaz de tragarlas más grandes que la catedral; que entre ser bobo y muy leído no había para el redomado pillete una absoluta incompatibilidad. Tanta lectura no había

---

1 *présbita:* el que tiene el defecto de la presbicia, esto es, el que ve mejor de lejos que de cerca.

servido al *dotor* para salir de pobre, ni de su esposa Sofía, calamidad más calamitosa que la miseria misma, y juzgaba Pipá algo abstracta aquella ciencia, aunque no la llamase de este modo ni de otro alguno. Y ahora advierto que éstas y otras muchas cosas que pensaba Pipá las pensaba sin palabras, porque no conocía las correspondientes del idioma, ni le hacían falta para sus conceptos y juicios; digan lo que quieran en contrario algunos trasnochados psicólogos.

El *dotor* notó la presencia de Pipá porque éste se la anunció con un pisotón sobre el pie gotoso.

—¡Maldito seas! —gritó el Merlín [2] de la calle de Extremeños.

—Amén, y mal rayo me parta si fue *adrede* —respondió el granuja pasándose la mano por las narices en señal de contrición.

—¿Qué buscas aquí, maldito de cocer?

—La señora Sofía, ¿no está? —y al decir esto, se acordó de las enaguas que traía puestas y que podían denunciarle. Pero, no; el señor Benito era demasiado sabio para echar de ver unas enaguas.

—No señor, no está; ¿qué tenemos?

—Pues si no está, tenemos que era ella la que estaba a la vera del río lavando; vamos a ver *dotor,* ¿cómo se dice lavando, en latín?

—¿Eh? lavando, lavando... gerundio... ¿en latín? pues en latín se dice... pero y ¿qué tenemos con que estuviera lavando a la orilla del río?... ¡Eh! ¿qué tocas ahí? deja ese libro, maldito, o te rompo la cabeza con este Cavalario [3].

—Esto es de medicina, ¿verdá, señor Benito?

—Sí, señor, de medicina es el libro, y ya me llevo leída la mitad.

---

[2] *Merlín:* hechicero y profeta legendario que, según la tradición, vivía en Inglaterra a principios del siglo VI. «Ser un Merlín» = ser un sabio.

[3] *Cavalario:* jurista italiano del siglo XVIII. *El Cavalario:* voluminoso manual de derecho canónico.

—Pues sí señor, estaba lavando y habla que te hablarás... ¿cómo se dice carabinero en franchute? porque era un carabinero el que hablaba con la señora Sofía, y sobre si se lava o no se lava en día de fiesta... ¡Ay, qué bonito, *dotor!* ¿ésta es una calavera, verdá?

—Sí, Pipá, una calavera... de un individuo difunto... ¿qué entiendes tú de eso?

—Está bien pintá: ¿me la da usted, señor Benito?

—A ver si te quitas de ahí. ¡Un carabinero!

—Sí, señor, un carabinero.

Pipá sabía más de lo que a sus años suelen saber los muchachos de las picardías del mundo y de las flaquezas femeninas especialmente, pues por su propia insignificancia había podido ser testigo y a veces actor de muchas prevaricaciones de esas que se ven, pero no andan por los libros comúnmente, ni casi nunca, en boca de nadie. Sabía Pipá que la señora Sofía era ardentísima partidaria del proteccionismo y las rentas estancadas, y muy particularmente del cuerpo de carabineros, natural protector de todos estos privilegios [4]: sabía también el pillete que el señor Benito, *magüer* fuese un sabio, era muy celoso; no porque entendiera Pipá de celos, sino que sabía de ellos por los resultados, y asociaba la idea de carabinero a la de paliza suministrada por Gutiérrez a su media naranja. El *dotor* se puso como pudo, en pie, fue hacia la puerta, miró hacia la parte por donde la señora Sofía debía venir y se olvidó del granuja. Era lo que Pipá quería. Había formado un plan: un traje completo de difunto. Las enaguas parecíale a él que eran una excelente mortaja, sobre

---

4 *Sabía Pipá... estos privilegios:* por «rentas estancadas» se entiende aquellos ramos de la Hacienda que consisten en la fabricación y venta exclusiva, en manos del gobierno, de ciertos artículos, como el tabaco. El Cuerpo de carabineros fue creado en 1842 para reprimir el contrabando y prestar el necesario auxilio para el cumplimiento de las leyes dictadas con el fin de aumentar la renta de aduanas. Después de la guerra de 1936-1939, este Cuerpo fue integrado en la Guardia Civil, aunque con diferenciación de funciones.

El tono irónico con que el narrador nos habla de esa «ardentísima» afición por parte de la señora Sofía es claro.

todo, si se añadía un sayo de los que había colgados como ex-votos en el altar de *El Cristo Negro* en la parroquia de Santa María, sayos que eran verdaderas mortajas que allí había colgado la fe de algunos redivivos. Pero faltaba lo principal, aun suponiendo que Pipá fuese capaz de coger del altar un sayo de aquellos: faltaba la careta. Y le pareció, porque tenía muy viva imaginación, que aquella calavera pintada podía venirle de perlas, haciéndole dos agujeros al papel de marquilla en la parte de los ojos, otro con la lengua a fuerza de mojarlo, en el lugar de la boca, y dos al margen para sujetarlo con un hilo al cogote. Y pensado y hecho —¡Ras!— Pipá rasgó la lámina, y antes de que al ruido pudiera volver la cabeza el doctor, por entre las piernas se le escapó Pipá, que sujetando como pudo el papel contra la cara mientras corría, se encaminó a la iglesia parroquial donde había de completar su traje. Pero aquella empresa era temeraria. El primer enemigo con que había de topar era Maripujos, el cancerbero de Santa María, una vieja tullida que aborrecía a Pipá, con la misma furia con que un papista puede aborrecer a un hereje. Allí estaba, en el pórtico de Santa María, acurrucada, hecha una pelota, casi tendida sobre el santo suelo, con un cepillo de ánimas sobre el regazo haraposo y una muleta en la mano: en cuanto vio a Pipá cerca, la vieja probó a incorporarse, como apercibiéndose a un combate inevitable, y además exigido por su religiosidad sin tacha. Hay que recordar que Pipá iba a la iglesia en traje poco decoroso: con unas enaguas arrastrando, salpicadas de mil inmundicias, con una careta de papel de marquilla que representaba, bien o mal, la cabeza de un esqueleto, no se puede, no se debe a lo menos penetrar en el templo. Si se debía o no, Pipá no lo discutía; de poder o no poder era de lo que se trataba.

El plan del pillete, para ser cumplido en todas sus partes, exigía penetrar en la iglesia; tenía que completar el traje de fantasía que su ingenio y la casualidad le habían sugerido, y esto sólo era posible llegando hasta la capilla de *El Cristo Negro*. Maripujos era un obstáculo, un obstáculo serio; no por la débil resistencia que pudiese oponer, sino por el escándalo que podía dar: el caso era despachar pronto, hacer que el escándalo inevitable fuese posterior al cumplimiento de los designios irrevocables del profano.

Cinco gradas de piedra le separaban del pórtico y de la bruja: no pasaba nadie; nadie entraba ni salía. Pipá escupió con fuerza por el colmillo. Era como decir: *Alea jacta est* [5]. Con voz contrahecha, para animarse al combate, cantó, mirando a la bruja con ojos de furia por los agujeros de la calavera:

> Maripujitos no me conoces,
> Maripujitos no tires coces;
> no me conoces, Maripujita,
> no tires coces, que estás cojita.

Pipá improvisaba en las grandes ocasiones, por más que de ordinario despreciase, como Platón, a los poetas; no así a los músicos, que estimaba casi tanto como a los danzantes.

Maripujitos, en efecto, como indicaba la copla, daba patadas al aire, apoyadas las manos en sendas muletas.

Como los pies, movía la lengua, que decía de Pipá todas las perrerías y calumnias que solemos ver en determinados documentos que tienen por objeto algo parecido a lo que se proponía Maripujos.

Era sin duda calumniarle llamar a Pipá hereje, borrachón, hi de tal (aunque esto último, como a Sancho, le honraba, porque tenía Pipá algo de Brigham Young [6] en el fondo). No era Pipá hereje, porque no se había separado de la Iglesia ni de su doctrina, como sucede a tantos

---

[5] *Alea jacta est:* «La suerte está echada.» Conocida exclamación de César cuando, después de dudar en el Rubicón, decide entrar en Roma.

[6] *Brigham Young* (1801-1877): líder de la iglesia mormona, que además desempeñó un importante papel en la colonización del Oeste americano. Esposo de diecinueve mujeres, padre de cincuenta y seis hijos, Young con frecuencia señalaba en sus discursos y sermones la necesidad de sufrir con alegría todo tipo de persecuciones, en la certeza de que la humillación ensalza.

y tantos filósofos que no se han separado tampoco. Pipá no era borrachón... era borrachín, porque ni su edad, ni lo somero del vicio merecían el aumentativo. Bebía aguardiente porque se lo daban los *zagales,* los de la tralla, que eran, como ya veremos, los únicos soberanos y legisladores que por admiración y respeto acataba el indomable Pipá, aspirante a delantero en sus mejores tiempos, cuando no le dominaba el vicio de la holganza y de la *flanerie* [7]

Sobre lo que fuera su madre, Pipá no discutía, y él era el primero en lamentarse de los desvíos de su padre, que en los raros momentos de lucidez se entregaba al demonio de la duda en punto a la legitimidad de su unigénito, que acaso ni sería unigénito, ni suyo.

Quedarían pues todos los argumentos y apóstrofes de Maripujos vencidos, si Pipá hubiese querido contestar en forma; pero mejor político que muchos gobiernos liberales, el granuja de la calle de Extremeños prefirió dar la callada por respuesta y acometer la toma del templo mientras la guardia vociferaba.

Mas, ¡oh contratiempo! ¡oh fatalidad! De pronto, se le presentó un refuerzo en la figura del monaguillo a la Euménide [8] del pórtico. Era Celedonio. El enemigo mortal de Pipá: el Wellington de aquel Napoleón, el Escipión de aquel Aníbal, pero sin la grandeza de Escipión, ni la *bonhomie* de Wellington. Era en suma otro pillo famoso, pero que había tenido el acierto de colocarse del lado de la sociedad: era el protegido de las beatas y el soplón de los policías; la Iglesia y el Estado tenían en Celedonio un servidor fiel por interés, por cálculo, pero mañoso y servil.

¡Ah! Cuando Pipá tenía pesadillas en medio del arroyo, en la alta noche, soñaba que Celedonio caía como una granizada sobre su cuerpo, y le metía hasta los huesos

---

7 *flanerie* (francés): acción de ir de un lado para otro perdiendo el tiempo; vagabundeo.

8 *Euménide:* con el nombre de Euménides se designan en la mitología griega a las divinidades del remordimiento y de la reparación moral, ministros a las órdenes de los grandes dioses que se encargaban de castigar a los culpables.

uñas y alfileres; y era que el frío, o la lluvia, o el granizo, o la nieve le penetraba en el tuétano; porque en realidad Celedonio nunca *había podido* más que Pipá; siempre éste, en sus luchas frecuentes, había caído encima como don Pedro, aunque a menudo algún Beltrán Duguesclin [9], correligionario de Celedonio, venía a poner lo de arriba abajo *ayudando a su señor*.

Estas y otras felonías, a más del instintivo desprecio y antipatía, causaban en el ánimo de Pipá, generoso de suyo, vértigos de ira, y le hacían cruel, implacable en sus *vendettas* [10]. Si Pipá y Celedonio se encontraban por azar en lugar extraviado, ya se sabe, Celedonio huía como una liebre y Pipá le daba caza como un galgo; magullábale sin compasión, y valga la verdad, dejábale por muerto; aunque muchas veces, cuando los agravios del ultramontano no eran recientes, prefería su enemigo a los golpes contundentes, la burla y la befa que humillan y duelen en el orgullo.

Celedonio miró a Pipá que estaba allá abajo, en la calle, y aunque se creyó seguro en su castillo, en el lugar sagrado, sintió que los pelos se le ponían de punta. Conoció a Pipá por avisos del miedo, porque, parte por el disfraz, parte por lo oscuro que se quedaba el día, no podía distinguirle; poco antes lo mismo había sucedido a Maripujos.

—Ven acá, ángel de Dios —gritó la bruja envalentonada con el refuerzo—; ven acá y aplasta a ese sapo que quiere entrar en la casa del Señor con sus picardías y sus

---

[9] *Como don Pedro... Beltrán Duguesclin:* Beltrán Du Guesclin (1314-1380), célebre capitán francés, luchó al servicio de Enrique de Trastámara contra el hermano de este último, don Pedro I el Cruel, rey de Castilla y León. Sitiado el rey en el castillo de Montiel, Du Guesclin vendió a don Pedro, prometiendo facilitarle la salida de la fortaleza, pero en realidad entregándolo a la venganza de su hermano. Cuando en la lucha a cuerpo entre los dos hermanos cayeron ambos al suelo, quedando debajo el de Trastámara, Du Guesclin le puso encima de don Pedro, diciendo: «Ni quito ni pongo rey, pero ayudo a mi señor.» Consumado el fratricidio, don Enrique fue reconocido como rey de Castilla y Du Guesclin recompensado generosamente.

[10] *vendetta:* en italiano, venganza.

8

trapajos a cuestas. *¡Arrímale,* San Miguel, *arrímale* y písale las tripas al diablo!

San Miguel se tentaba la ropa, que era talar y de bayeta de un rojo chillón y repugnante, y no se atrevía a pisarle las tripas al diablo; quería dar largas al asunto para esperar más gente. Agarrándose al cancel, por estar más seguro en el sagrado, escupió como un héroe, y no sin tino, sobre el sitiador audaz, que ciego de ira... Mas ahora conviene que nos detengamos a explicar y razonar las creencias religiosas y filosóficas de Pipá, en lo esencial por lo menos, antes de que algún fanático preocupado se apresure a desear la victoria al *ángel del Señor*, el mayor pillete de la provincia; siendo así que la merecía sin duda el hijo de *Pingajos,* que así llamaban a la señora madre de nuestro protagonista.

II

Pipá era maniqueo. Creía en un diablo todopoderoso, que había llenado la ciudad de dolores, de castigos, de persecuciones; el mundo era de la fuerza, y la fuerza era mala enemiga: aquel dios o diablo unas veces se vestía de polizonte, y en las noches frías, húmedas, oscuras, aparecíasele a Pipá envuelto en ancho capote con negra capucha, cruzado de brazos, y alargaba un pie descomunal y le hería sin piedad, arrojándole del quicio de una puerta, del medio de la acera, de los soportales o de cualquier otro refugio al aire libre de los que la casualidad le daba al pillete por guarida de una noche. Otras veces el dios malo era su padre que volvía a casa borracho, su padre, cuyas caricias aún recordaba Pipá, porque cuando él era muy niño algunas le había hecho: cuando venía con la *mona* venía en rigor con el diablo; la *mona* era el diablo, era el dolor que hacía reír a los demás, y a Pipá y a su madre llorar y sufrir palizas, hambres, terrores, noches de insomnio, de escándalo y discordia. Otras veces el diablo era la bruja que se sienta a la puerta de la iglesia, y el sacristán que le arrojaba del templo, y el pillastre de más edad y más fuertes puños que sin motivo ni pretexto de razón le maltrataba; era el dios malo también el mancebo de la botica que para curarle al mísero pilluelo dolores de muelas, sin piedad le daba a beber un agua que le arrancaba las entrañas con el asco que le producía; era el demonio fuerte, en forma más cruda, pero menos odiosa, el terrible frío de las noches sin cama, el hambre de tantos días, la lluvia y la nieve; y era la forma más repugnante, más odiada de aquel espíritu del mal invencible, la sórdida miseria que se le pegaba al cuerpo, los parásitos de sus andrajos, las ratas del desván que era su casa; y por último, la burla, el desprecio, la indiferencia universal, especie de ambiente en que Pipá se movía, parecíanle leyes del mundo, naturales obstáculos de la ambición legítima del poder vivir. Todos sus conciudadanos maltrataban a Pipá siempre que podían, cada cual a su modo, según su carácter y sus facultades; pero todos indefectiblemente, como obedeciendo a una ley, como inspirados por el gran poder enemigo, incógnito, al cual Pipá ni daba un nombre siquiera, pero en el que sin cesar pensaba, figurándoselo en todas estas formas, y tan real como el dolor que de tantas maneras le hacía sentir un día y otro día.

También existía el dios bueno, pero éste era más débil y aparecíase a Pipá menos veces. Del dios bueno recordaba el pillastre vagamente que le hablaba su madre cuando era él muy pequeño y dormía con ella; se llamaba papadios y tenía reservada una gran ración de confites para los niños buenos allá en el cielo; aquí en la tierra sólo comían los dulces los niños ricos, pero en cambio no los comerían en el cielo; allí serían para los niños pobres que fueran buenos. Pipá recordaba también que estas creencias que había admitido en un principio sin suficiente examen, se habían ido desvaneciendo con las contrariedades del mundo; pero en formas muy distintas había seguido sintiendo al dios bueno. Cuando en la misa de *Gloria,* el día de Pascua de Resurrección, sentía el placer de estar lavado y peinado, pues su madre, sin falta, en semejante día cuidaba con esmero del tocado del pillete; y sentía sobre su cuerpo el fresco lino de la camisa limpia; y en la catedral, al pie de un altar del crucero, tenía en la mano la resonante campanilla sujeta a una cadena como forzado al grillete; cuando oía los acordes del órgano, los cánticos de los niños de coro, y aspiraba el olor picante y dulce de las flores frescas, de las yerbas bien olientes esparcidas sobre el pavimento, y el olor del incienso, que subía en nubes a la bóveda; cuando allí, tranquilo, sin que el sacristán ni acólito de órdenes menores ni ínfimas se atreviese a coartarle su derecho a empuñar la campanilla, saboreaba el placer inmenso de esperar el instante, la señal que le decía: «Tañe, tañe, toca a vuelo, aturde al mundo, que ha resucitado Dios...» ¡ah entonces, en tan sublimes momentos, Pipá, hermoso como un ángel que sale de una crápula y con un solo aleteo por el aire puro, se regenera y purifica, con la nariz hinchada, la boca entreabierta, los ojos pasmados, soñadores, llenos de lágrimas, sentía los pasos del dios bueno, del dios de la alegría, del desorden, del ruido, de la confianza, de la orgía inocente... y tocaba, tocaba la campanilla del altar con frenesí, con el vértigo con que las bacantes agitaban los tirsos [11] y hacían resonar los rústicos instrumentos. Por todo el templo el mismo campanilleo: ¡qué alegría para el pillastre! El no se explicaba bien aquella irrupción de la pillería en la iglesia, en día semejante; no sabía cómo encontrar razones para la locura de aquellos sacristanes que en el resto del año (hecha excepción de los días de tinieblas) les arrojaban sistemáticamente de la casa de Dios a él y a los perros, y que en el día de Pascua le consentían a él y a los demás granujas interrumpir el majestuoso silencio de la iglesia con tamaño repique. «Esto, pensaba Pipá, debe de ser que hoy vence el dios bueno, el dios alegre, el dios de los confites del cielo, al dios triste, regañón, oscuro y soso de los demás días.» Y fuese

---

[11] *Las bacantes... los tirsos:* bacantes dionisíacas, compañeras del dios del vino, cuyo placer favorito era la danza. Las celebraciones de las bacantes son conocidas en la mitología griega por su carácter orgiástico. El tirso: vara enramada cubierta de hojas de hiedra y parra —es el atributo que les sirve de marca distintiva, diferenciándolas de las demás ninfas.

lo que fuese, Pipá tocaba a gloria furioso; como, si hubiera llegado a viejo, en cualquier revolución hubiese tocado a rebato y hubiese prendido fuego al templo del dios triste, en nombre del dios alegre, del dios alborotador y bonachón y repartidor de dulces para los pobres.

Otra forma que solía tomar el dios compasivo, el dios dulce, era la música; en la guitarra y en la voz quejumbrosa y ronca del ciego de la calle de Extremeños y en la voz de la niña que le acompañaba, oía Pipá la dulcísima melodía con que canta el dios de que le habló su madre; sobre todo en la voz de la niña y en el bordón majestuoso y lento. ¡Cuántas horas de muchos días tristes y oscuros y lluviosos de invierno, mientras los transeúntes pasaban sin mirar siquiera al señor Pablo ni a la Pistañina, su nieta, Pipá permanecía en pie, con las manos en el lugar que debieran ocupar los bolsillos de los pantalones, la gorra sin visera echada hacia la nuca, saboreando aquella armonía inenarrable de los ayes del bordón y de la voz flautada, temblorosa y penetrante de la Pistañina! ¡Qué serio se ponía Pipá oyendo aquella música! Olvidábase de sus picardías, de sus bromas pesadas y del papel de bufón público que ordinariamente desempeñaba por una especie de pacto tácito con la ciudad entera. Iba a oír a la Pistañina como Triboulet [12] iba a ver a su hija; allí los cascabeles callaban, perdían sus lenguas de metal, y sonaba el cascabel que el bufón lleva dentro del pecho, el latir de su corazón. Pipá veía en la Pistañina y en Pablo el ciego, cuando tañían y cantaban, encarnaciones del dios bueno, pero ahora no vencedor, sino vencido, débil y triste; llegábanle al alma aquellos cantares, y su monótono ritmo, lento y suave, era como arrullo de la cuna, de aque-

[12] *Triboulet:* personaje dramático creado por Víctor Hugo en *Le Roi s'amuse,* obra en la que después se basaría Francesco María Piave para escribir el libreto de la ópera de Verdi, *Rigoletto.* La figura de Triboulet, encarnación del amor paterno, está inspirada a su vez en el personaje histórico Fevrial, bufón de la corte de Luis XII y de Francisco I. La comparación entre Pipá y Triboulet se establece en base al grotesco papel social que desempeñan ambos personajes, aunque su cualidad de bufones no obsta para que sean capaces de los sentimientos más sublimes.

lla cuna de que la precocidad de la miseria había arrojado tan pronto a Pipá para hacerle correr las aventuras del mundo.

III

Dejábamos a Pipá, cuando interrumpí mi relato para examinar sus creencias a la ligera, en el acto solemne de disponerse a atacar la fortaleza de la Casa de Dios, que defendían la bruja Pujitos y el monaguillo, y más que monaguillo pillastre, Celedonio. Sucedió, pues, que Celedonio, bien agarrado al cancel, arrojaba las inmundicias de su cuerpo sobre Pipá, que desde la calle sufría el desprecio con la esperanza de una pronta y terrible venganza. Maripujos daba palos al pavimento, porque a Pipá no llegaba la jurisdicción de sus muletas.

Miró Pipá en derredor: la plaza estaba desierta.

Nevaba. Empezaba a oscurecer. Era, como César, rápido en la ejecución de sus planes el pillete, y viendo que el tiempo volaba, arremetió de pronto, como acomete el toro, gacha la cabeza. Subió los escalones, extendió el brazo, y cogiendo al monaguillo por la fingida púrpura de la talar vestimenta, arrancóle del sagrado a que se acogía y le hizo rodar buen trecho fuera de la iglesia, por el santo suelo. Arrojóse encima como fiera sobre la presa, y vengando en Celedonio todas las injurias que el mundo le hacía, con pies, manos y dientes dióle martirio, pisándole, golpeándole con los puños cerrados y clavando en sus carnes los dientes cuando el furor crecía.

Poco tardó el monaguillo en abandonar la defensa: exánime yacía; y entonces atrevióse Pipá a despojarle de sus atributos eclesiásticos; vistióselos él como pudo, y despojándose de la careta que guardó entre las ropas, entró en la iglesia, venciendo sin más que un puntapié la débil resistencia que la impedida Maripujos quiso oponerle.

Dentro del templo ya era como de noche: pocas lámparas brillaban aquí y allá sin interrumpir más que en un punto las sombras. Parecía desierto. Pipá avanzó, con cierto recelo, por la crujía de las capillas de la izquierda. No había devotas en la primera ni en la segunda. Al llegar a la del Cristo Negro como llamaba el pueblo al crucifijo de tamaño natural que estaba sobre el altar, Pipá se detuvo. Allí era. A un lado y otro del Cristo, colgados de la abundante y robusta vegetación de madera pintada de oro que formaba el retablo, había infinidad de exvotos; brazos, piernas y cabezas de ángeles de cera amarilla, muletas y otros atributos de las lacerias humanas, y además algunas mortajas de tosca tela negra con ribetes blancos.

Valga la verdad, Pipá, olvidando por un instante que todos los cultos merecen respeto, de un brinco se puso en pie sobre el altar, descolgó una mortaja, y encima de su ropa de monaguillo, vistiósela con cierta coquetería, sin pensar ya en el peligro, entregado todo el espíritu a la novedad del sacrilegio. Cuando ya estuvo *vestido de muerto* volvió a acomodar sobre el rostro la careta de papel de marquilla que él creía figuraba perfectamente las *facciones* de un esqueleto; y ya iba a saltar del profanado tabernáculo, cuando oyó pasos y ruido de faldas que se aproximaban. Era una beata que venía a rezar una especie de *última hora* a los pies del Cristo Negro. Pipá procuró esconderse entre las sombras, apretando su diminuto cuerpo contra el retablo. Las oscilaciones de una luz que brillaba en una lámpara a lo lejos, a veces dejaban en lo oscuro la mortaja de Pipá, pero otras veces la iluminaban haciéndola destacarse en el fondo dorado de la madera. Pipá permaneció inmóvil. La beata, que era una pobre vieja, rezaba a sus pies, con la cabeza inclinada. No le veía.

—Esperaré a que concluya —pensó Pipá.

Buena determinación para llevada a cabo. Pero la vieja no concluía; el rezo se complicaba, todas las oraciones tenían coronilla, y de una en otra amenazaban convertirse en la oración perpetua.

El pillastre no podía estarse quieto. Además, la noche se echaba encima y no iba a poder embromar a nadie.

Se decidió a jugar el todo por el todo. Y dicho y hecho; con un soberbio brinco, saltó por encima de la vieja y con soberano estrépito cayó sobre la tarima, y en pie de súbito, corrió cuanto pudo hacia la puerta, y dejó el templo antes de que los gritos de la beata pusiesen en alarma a los pocos devotos que aún oraban, al sacristán y otros dependientes del culto. La vieja decía que había visto al diablo saltar sobre su cabeza. Celedonio juraba que era Pipá, y contaba el despojo de sus hábitos, y Maripujos sostenía que le había visto salir con una mortaja... Dejemos a los parroquianos de Santa María entregados a sus conjeturas, comentando el escándalo, y sigamos a nuestro pillete.

IV

Los últimos trapos blancos habían caído sobre calles y tejados; el cielo quedaba sin nieve y empezaban a asomar entre las nubes tenues, como gasas, algunas estrellas y los cuernos de la luna. La plaza de López Dávalos estaba desierta. El jardinillo del centro sin más adornos que magros arbolillos desnudos de hojas y cubiertos los pelados ramos de nieve, se extiende delante de la gran fachada del palacio de Híjar, de la marquesa viuda de Híjar. La plaza es larga y estrecha, y en ella desembocan varias callejuelas que tienen a los lados tapias de pardos adobes. Todo es soledad, nieve y silencio; y la luna corre detrás de las nubecillas, ora ocultándose y dejando la plaza oscura, ya apareciendo en un trecho de cielo todo azul e iluminando la blancura y sacando de sus copos burbujas de luz que parecen piedras preciosas. Una de las ventanas del piso bajo del *palacio* está abierta. Detrás de las doradas rejas se ve un grupo que parece el que forman Jesús y María en *La Virgen de la Silla* [13]; son la marquesa de

---

[13] *La Virgen de la Silla:* cuadro de Rafael en el que se representa a la Virgen sentada en una silla cuyo respaldo está adornado con una franja encarnada. María tiene en sus rodillas al niño Jesús vuelto hacia la izquierda y la cara mirando al frente.

Híjar, hermosa rubia de treinta años, y su hija Irene, ángel de cabellera de oro, de ojos grandes y azules, que apenas tendrá cuatro años. Irene sentada en el regazo de Julia, su madre, apoya la cabeza en su seno, y un brazo en el hombro; y con los dedos de muñeca juega con el brillante que adorna la bien torneada oreja de la viuda. La otra mano de Irene está apuntando con el dedo índice a la fugitiva luna; los ojos soñadores siguen la carrera del astro misterioso. Irene examina a su madre de astronomía. La marquesa, que sabe a punto fijo quién es la luna, y cuáles son las leyes de su movimiento, se guarda de contar a su hija estos pormenores prosaicos. La luna es una dama principal que tiene un gran palacio que es el cielo; aquella noche, que es noche de Carnaval en el cielo también, la luna da un gran baile a las estrellas. Las nubecillas que corren debajo son los velos, los encajes, las blondas que la luna está escogiendo para hacer un traje muy sutil, de vaporosas telas; porque el baile que da es de trajes, como el que Irene va a celebrar en su palacio, al cual acudirán a las nueve todos los niños y niñas de la ciudad que son sus amigos. Cuando Julia termina su fantástico relato de las maravillas del cielo, la niña permanece callada algún tiempo; mira a su madre y mira a la luna y brilla en sus ojos la expresión de mil dudas y preguntas.

—Y las estrellas, ¿de qué van vestidas?

—Van vestidas de magas, ¿no las ves? manto negro con chispas de oro...

—¿Y bailan en el aire?

—Sí, en el aire, sobre las nubes.

—¿Y cómo no se caen?

—Porque tienen alas.

—Yo quiero un traje con alas.

—Yo te lo haré, vida mía.

La Madre, de tres cuartos, dirige su mirada dulce y profunda hacia el espectador. Clarín siempre se sintió atraído por esta obra y en sus cuentos y novelas es frecuente la comparación entre la belleza de algunos personajes femeninos —como la Regenta— y la de la Virgen de la Silla.

—¿De qué lo haremos?...

Y la madre y la hija se entretienen en buscar tela para unas alas allá en su imaginación; que ambas la tienen muy despierta y fustigada con el silencio y la soledad de aquella noche dulce y serena.

Pero de pronto Irene hace un gracioso mohín, echa hacia atrás la cabeza, y salta en el regazo de su madre.

—¡Yo quiero máscaras, yo quiero máscaras! —grita la niña, volviendo a la realidad de su capricho de toda la tarde.

—Pero monina mía, si ya es de noche, ¿cómo han de pasar máscaras?

—Tú decías que hoy las había, y no he visto ninguna. ¡Yo quiero máscaras!

—Esta noche las tendrás en casa.

—Esas no son máscaras; yo quiero máscaras... ¡máscaras!...

En la imaginación de Irene, las máscaras eran cosa sobrenatural. Nunca las había visto, porque era aquel año el primero en que su conciencia se despertaba a esta clase de conceptos; recordaba vagamente haber sentido miedo, mucho miedo, no sabía si viendo o soñando con máscaras; este terror vago que le inspiraba el nombre de la cosa desconocida contribuía no poco al anhelo de aquella niña nerviosa y de gran fantasía, que quería ver máscaras aunque tuviese que huir de pavor al verlas.

Toda la tarde había pasado Julia en la ventana esperando que un transeúnte de los pocos que pasan por la plaza de López Dávalos, tuviera la humorada de venir disfrazado, para dar contento a su adorada Irene.

En vano esperaron, porque la misma tristeza y soledad de que Pipá se quejaba en la calle de Extremeños, reinaba en la plaza y en el jardinillo de López Dávalos. La marquesa recurrió al engaño de que se disfrazaran los criados y pasaran delante de la reja en que Irene aguardaba con febril ansiedad el advenimiento sobrenatural de las máscaras; pero ¡ay! que la niña conoció a la chacha Antonia y a Lucas el cochero bajo los dominios de colcha que también reconoció su perspicacia. Fue peor el remedio que la enfermedad; Irene se puso furiosa; aquel engaño que minaba el palacio de sus fantásticas creaciones, la irritó hasta hacerla llorar media hora no escasa. Ya cerca del crepúsculo pasó una máscara efectiva... pero la niña no quiso reconocer su autenticidad. Aquello no era una máscara: era un famoso borracho de la ciudad que celebraba las carnestolendas con una borrachera mejorada en tercio y quinto y luciendo, ceñido al talle, un miriñaque de estera en toda su horrible desnudez.

—¡Eso no es una máscara —gritó Irene— ese es Ronquera!

Y en efecto así llamaban al borracho.

Cuando salió la luna, el mal humor de Irene se distrajo un punto con las fábulas astronómicas de Julia... pero luego volvió la niña a su tema, al capricho de las máscaras; y volvía a llorar, y a dar pataditas en el suelo, ya del todo desprendida de los brazos de su madre.

Por fortuna, del próximo callejón de Ariza se destacó un bulto negro, pequeño, que con solemne paso y tañendo una campanilla se acercó a la ventana. Irene metió la cabeza entre las rejas, cesó en el llanto y se volvió toda ojos.

—¡Una máscara! —exclamó estupefacta, llena de un terror que le daba un placer infinito. Julia la tenía en sus brazos y miraba también con inquietud al aparecido, que se diría procedente del Campo Santo, a juzgar por el traje que arrastraba, más que vestía.

Era Pipá con su disfraz de difunto, con su careta de calavera y su dominó-mortaja [14]. La campanilla era de su propiedad. Pipá necesitaba un instrumento, porque ya he indicado que era eminentemente músico; todos costaban un dineral; pero un día en que había celebrado un concordato con el sacristán de Santa María, dando tregua al *kulturkampf* [15], había obtenido, en cambio del servicio

---

[14] *dominó-mortaja:* traje talar con capucha utilizado para vestirse de máscara.

[15] *kulturkampf:* vocablo alemán que hace referencia a los conflictos entre el estado prusiano y la iglesia católica desde 1871 hasta 1887. La expresión tiene su origen en un discurso electoral

prestado, que fue llevar el Señor a la aldea con el párroco, una campanilla de desecho. Y ésta era la que tocaba con majestuosa y terrible parsimonia, convencido de que con tal complemento la ciudad entera le había de tomar por un resucitado. Detrás de la careta Pipá se veía, con los ojos de la fantasía, como algo colosal por lo formidable, y estaba tentado a tenerse miedo a sí mismo; y un poco se tuvo cuando, ya de noche, se vio solo atravesando las oscuras callejuelas.

Al dar consigo en la plaza de López Dávalos, sintió inmensa alegría, porque vio a la *mona del palacio* asomada a la reja del piso bajo, y se decidió a darle la broma más pesada que recibiera chiquilla de cuatro años. Con esa vaga intuición que tiene el artista en sus grandes obras, Pipá al acercarse a la ventana, comprendió lo grande del efecto, de la fascinación que su presencia iba a producir en Irene. Acercóse, pues, con paso cada vez más lento y majestuoso, y tocando su campanilla con el más ceremonioso aparato, con grandes pausas en el tocar, y levantando el brazo con rigidez absoluta.

Irene, fascinada por el terror y el encanto de lo sobrenatural, muda de curiosidad, tenía el alma toda en los ojos; su madre, por temor a interrumpir el encanto de la niña, callaba y esperaba el desenlace de aquella extraña escena. Todos callaban: hay momentos en que el silencio es el único lenguaje digno de las circunstancias. La luna, libre de velos, alumbraba con toda su luz el tremendo lance.

Ya llegaba Pipá a la reja; a cada paso creía que su tamaño aumentaba, pensaba crecer y tocar las nubes. Sin sospechar que su rostro no se veía, dábale la más espantable expresión que podía, como si la careta fuese a tomar los mismos gestos y muecas.

Irene, al ver tan cerca la aparición escondió la cabeza en el regazo de su madre pero, en seguida, volvió a mirar sin acercarse a la reja, en la que ya asomaba la máscara

---

de Rudolf Virchow, en el que afirmó que la lucha contra la Iglesia era «eine kampf für die kultur», una lucha por la cultura (civilización).

de Pipá su figura de calavera. Y en aquel instante crítico, el pillete, creyendo ya indispensable decir algo digno de la ocasión solemnísima, con toda la fuerza de sus robustos pulmones gritó, ahuecando la voz cuanto pudo:

—¡Mooo! ¡Moo! ¡Moo! —por tres veces.

Irene lanzó un estridente chillido, pero al punto se contuvo; prefirió temblar de terror a prescindir del encanto que la tenía fascinada. Se había puesto palidilla y trémula.

—¡Que no, que no se vaya! —dijo a su madre, que, asustada al ver en tal estado a la niña, apostrofaba a Pipá enérgicamente y le amenazaba con la escoba de los criados.

Pipá sufrió un desencanto. ¿Cómo? ¡A un muerto, a un resucitado, a un *pantasma* se le amenazaba con escobazos lacayunos...!

Pero no prevaleció lo de la escoba, porque la voluntad de Irene se interpuso, reclamando nuevos alaridos a la máscara.

—¡Moo! ¡Moo! —repitió Pipá, alentado con el buen éxito.

—¡Que entre la máscara! —dijo entonces Irene, que se iba familiarizando con el terror y lo sobrenatural.

A Pipá no le pareció bien la idea de convertirse en fantasma manso; aquellas transacciones las creía indignas de su categoría de aparecido. Así que, al ver a Lucas el cochero que se le acercaba ofreciéndole franca entrada en el palacio, sin manifestar pizca de miedo ni de respeto, Pipá protestó con dos o tres *coces* que animaron más que ofendieron al criado; y quieras, que no quieras, sujeto por una oreja, tuvo que entrar el fantasma en el gabinete donde con ansia que le daba fiebre, esperaba Irene, refugiada en los brazos de su madre.

Era un camarín divino, como diría Echegaray o cualquier imitador suyo, aquel en cuyos umbrales se vio Pipá *velis nolis* [16]. Parecióle el mismísimo cielo, porque todo

---

[16] *Velis nolis:* Voces latinas que en el lenguaje coloquial se usan con el significado de «quieras o no quieras»; «de grado o por fuerza».

lo vio azul y lleno de objetos para él completamente nuevos, y muy hermosos; la segunda impresión y la más fuerte fue la de aquel aire tibio y perfumado que ni en sueños había sospechado Pipá que existiera. ¡Qué dulce calor, qué excitantes cosquillas en el olfato, qué recreo para los ojos! ¿Qué mansión era aquella que sólo con entrar en su recinto el pobre pilluelo sentía desaparecer aquel constante entumecimiento de sus flacas carnes? ¡Librarse del frío por completo, por todos lados! Este era un lujo que Pipá ni se había figurado. ¡Y aquel pisar sobre tan blando! Allí había unos muebles con botones que debían de servir positivamente para sentarse, algo como bancos y sillas. Si los fantasmas se sentaran, Pipá, sin más ceremonia, hubiese gozado el placer de sentir bajo sí aquellas que adivinaba blanduras.

Aquella sí que debía ser la casa del Dios bueno. Irene, la mona del palacio, que le contemplaba de hito en hito, cogida a las rodillas de su madre, preparada a refugiarse en el regazo a la menor señal de peligro, debía ser uno de aquellos niños que fueron pobres, que no comieron dulces en la tierra, pero que después de muertos el Dios bueno, Papá Dios, recoge en su seno y los harta de confituras. Pipá, gracias a su tremenda audacia, entraba, como Telémaco en el infierno [17], en la mansión celeste; entraba vivo, sin más que vestir el traje de difunto.

Él mismo empezó a creer en su calidad de aparecido.

—Entra, entra *pantasma* —dijo la madre—, entra que Irene no te tiene ya miedo.

—¡Moo! —replicó Pipá, haciendo así su entrada en el gran mundo.

Y dio algunos pasos sin abdicar de su carácter sobrenatural al que evidentemente debía su prestigio. Pipá es-

---

[17] *como Telémaco en el infierno:* la comparación no debe entenderse hecha con el personaje de *La Odisea,* sino con el protagonista de *Aventuras de Telémaco,* de Fenelon. En esta obra, el hijo de Ulises y Penélope desciende a los infiernos en busca de su padre, a quien cree muerto, haciendo entrada en la Cueva de Aqueronte —antesala del infierno— con gran resolución y audacia.

taba convencido de que, si le conocieran los criados le echarían del palacio a puntapiés. Sabía a qué atenerse en punto a su popularidad.

Cuando estuvo a dos pasos del grupo que le encantaba y que formaban madre e hija, Pipá sintió en el corazón una ternura impropia de un resucitado: se acordó de los brazos de su madre, cuando allá en *la lejana infancia* le acariciaba y le hablaba de los dulces del cielo. Pero su madre no era tan hermosa como ésta. Si Pipá hubiera sido un creyente antojaríasele que era aquella la madre de Jesús. Pero el pobre pilluelo había aprendido a ser librepensador en las prematuras enseñanzas de la vida; en su cerebro, tan dado a los sueños, nadie había sembrado esas hermosas ilusiones mitológicas que muchas veces dan fuerza bastante al hombre para sufrir las asperezas del camino. Toda su mitología se la había hecho él solo, sin más orígenes que los cuentos de su madre respecto a las recompensas confitadas del Papá Dios. Todo lo demás que Pipá sabía de metafísica era cosa suya, como ya hemos visto.

—¿Cómo te llamas? —preguntó Julia alargando una mano blanca y fina al espantado fantasma.

—¡Moo! —dijo Pipá, que de ningún modo quería que se le tomase por un cualquiera.

Y no correspondió al saludo.

—Se llama máscara —se atrevió a decir Irene, que iba tomando confianza.

Al ver que la máscara tardaba tanto en comérsela, empezó a creer que las máscaras no comían a la niñas, y de una en otra vino a pensar, que en definitiva una máscara era una muñeca muy grande, de máquina, que hablaba y andaba sola, y que servía para divertir a los niños. Se le figuró, por fin, que Pipá había costado un dineral, que era una sorpresa que le había preparado su madre.

—Que se siente —añadió la mona con miedo todavía, con un acento que tenía algo de imperativo respecto de su madre, y de recelo y supersticioso respeto, en cuanto a la máscara de máquina.

—¡Que se siente! ¡que se siente! —mona quería probar el juego mecánico de Pipá; si podía doblar las piernas su valor aumentaba mucho.

Mas ¡ay! que Pipá era de los que se rompen, pero no se doblan. «Los fantasmas no se sientan», estuvo por decir, pero toda explicación la juzgaba indigna de su categoría de muerto y dio la callada por respuesta.

—¿No tienes lengua, máscara? —preguntó Julia.

—¡Mooo! —rugió Pipá; y sacó la lengua por mitad de la húmeda cartulina que le servía de careta.

Irene estaba encantada. Pipá era el juguete más admirable que había tenido en su vida.

Grandes esfuerzos costó a la viuda satisfacer el deseo de su hija que se empeñó en que Pipá hablase, por lo mismo que a ella le parecía cosa imposible. Pero dádivas quebrantan peñas; Julia sacó dulces, frutas y mil golosinas que Pipá había visto a veces a través de los cristales en los escaparates de las confiterías, en esos grandes festines de vista que se dan los niños pobres cuando en Noche-Buena los roscones y ramilletes rebosan en los puestos de dulces, mientras los pobres pilluelos, con los desnudos pies entre el fango de la calle y la boca apretada contra el vidrio helado, se hacen unos a otros aquellas insidiosas preguntas:

—¿Qué te comerías tú?

—Yo aquella trucha de plata con ojos de cristal.

—¿Te gustan las peladillas?

—Sí, ¿y a ti?

—También.

—Pues, mira... como si no te gustasen.

Pipá recordaba que de esas orgías fantásticas había salido muchas veces escupiendo por el colmillo agua que se le venía a la boca. Y ahora tenía enfrente de sí, sin cristal en medio, al alcance de la mano, todos aquellos imposibles con azúcar que habían sido su primer amor al despertar de la infancia. Todo aquello se lo podía comer él, pero con una condición: tenía que hablar.

—Si nos dices cómo te llamas comes todos los dulces que quieras, ¿verdad, mona?

—Sí; y se guarda los demás —añadió Irene para mayor incentivo.

—¡Yo soy un difunto! —exclamó Pipá con la voz menos humana que pudo.

Julia contuvo una carcajada para no destruir el encanto de Irene.

—¿Y cómo te llamas, difunto?

—Pipá —replicó el pillete, echando mano a una caja de dulces, que creyó pertenecerle, cumplida su promesa de hablar. En caso de que su nombre despertara la indignación de los circunstantes, Pipá pensaba salir de allí con toda la dignidad posible y con la caja de dulces, que era suya, si lo tratado es tratado.

Pero el nombre de Pipá hizo el mejor efecto posible. La mona del palacio había oído hablar de él y de sus terribles hazañas; varias amiguitas suyas pronunciaban aquel nombre con terror, y para las niñas Pipá sonaba así como el Cid, Aquiles, Bayardo [18], para las personas mayores. Porque entre el bien y el mal, en cuestión de hazañas, no suelen distinguir los niños, y muchas veces tampoco los hombres: se ve que para muchos, tan grande hombre es Candelas como Fernán González, y Napoleón mucho más célebre que San Francisco de Asís.

Irene sintió que el fantasma crecía a sus ojos, tomaba proporciones de gigante, y la veneración que le tributaba aumentó mucho, y con ella las muestras de deferencia que la marquesa, esclava de su hija, tuvo que tributar al enmascarado.

Roto el silencio, la conversación fue animándose poco a poco, y aunque Pipá no renunció por completo al papel de ser sobrenatural que representaba, sin embargo, estuvo dignamente locuaz y comió muchos dulces y bebió no pocos tragos de licores deliciosos, que él no sabía que existiesen.

---

[18] *Bayardo:* Pedro del Terrail, señor de Bayard (1476-1524), más conocido por Bayardo, «el caballero sin miedo y sin tacha» («chevalier sans peur et sans reproche»), fue el prototipo francés del caballero medieval, síntesis de todas las virtudes en el mundo feudal.

Irene llegó en su audacia hasta cogerle una mano al fantasma. La marquesa viuda de Híjar quiso que Pipá se despojase de la careta, pero ni la niña ni el fantasma lo consintieron. Tener aquel objeto de sublime horror casi bajo su dominio, aquella fiera domesticada, era el mayor placer imaginable para la niña de viva imaginación.

—¡Quiero que Pipá se quede al baile! —dijo con ese tono especial de los que saben que sus palabras son decretos.

Pipá aceptó gustoso. Ya estaba dispuesto a todo, y en cuanto al trasnochar, en él era costumbre arraigada.

Por más que yo quisiera que mi héroe fuese como el más fino y bien educado de cuantos héroes crearon el cantor de Carlos Grandisson o Mirecourt o el mismo Octavio Feuillet [19], no puedo, sin mentir, afirmar que Pipá estuvo todo lo comedido que debiera en el comer y en el beber. Valga la verdad: estuvo hasta grosero.

Porque no se contentó con tragar cuanto pudo, sino que hizo provisiones *allá para el invierno,* como dice Samaniego [20], llenando de confites de París los maltrechos bolsillos de la chaqueta, los que tenía el ropón de Celedonio y hasta en los pantalones quiso esconder dulces, pero como no tenían bolsillos, sino ventanas practicables los pantalones de Pipá, cayeron los dulces pantalón abajo

---

19 *cuantos héroes crearon... Octavio Feuillet:* Carlos Grandisson, modelo de niños obedientes y bien educados, protagonista de la novela *Vida del caballero Carlos Grandisson* (1754), del que es autor Samuel Richardson, uno de los creadores de la narrativa costumbrista en Inglaterra. El *Grandisson* fue bastante leído en la España de mediados de siglo.

Charles Jean Batiste Mirecourt (1818-1880): novelista post-romántico y autor de numerosas narraciones y folletines. Octave Feuillet (1821-1890), novelista y dramaturgo francés de gran renombre en el siglo XIX, especialmente durante el segundo Imperio. Ambos autores se distinguieron por su oposición a la estética realista y naturalista, y los personajes por ellos creados se caracterizan por la finura de sus modales y la artificiosa corrección en el lenguaje.

20 *allá para el invierno:* «Cantando la cigarra /pasó el verano entero, / sin hacer provisiones / allá para el invierno.» Samaniego, fábula de *La cigarra y la hormiga.*

rodando por las piernas hasta dar consigo en la alfombra. Este contratiempo, que hubiera desorientado a otro, Pipá lo vio sin más cuidado que el de recoger las desparramadas golosinas y acomodarlas donde pudo, en siendo dentro de la jurisdicción de su indumentaria.

—«¿Conque un baile? —pensó Pipá—. Veamos qué es eso.»

Estaba poco menos que borracho y para él ya no había clases, ni rangos, ni convención social de ningún género. Así es que se dejó caer sobre una butaca sin pedir permiso, saboreando las delicias de su vida de difunto y la admiración, que no menguaba con la confianza, que sentía la mona con la presencia del Pipá soñado.

Llegó la hora en que Irene tuvo que ir a vestirse su traje de baile, de toda etiqueta, con cola muy larga, gran escote y guantes de ocho a diez botones.

Primero Irene tuvo el capricho de trocar este traje, natural en la señora de la casa, por una mortaja como la de Pipá. Julia se opuso, Irene insistió y Pipá tuvo que intervenir con el gran prestigio de su autoridad sobrehumana.

—¡Ay que boba! ¿Crees tú que este traje se puede comprar? Muere y entonces tendrás uno. ¡Moo! ¡Moo!

—Bueno —replicó la mona convencida—, pues que venga Pipá a verme vestir.

—*Improper* —dijo la institutriz, que había venido a buscar a Irene para llevársela a su *boudoir* de angelillo.

Pipá no sabía inglés y no entendió lo que la institutriz alegaba para oponerse a tan justa reclamación.

Pero al fin venció la honestidad y Pipá quedó solo por algunos momentos en aquel gabinete azul, alumbrado por una luz muy parecida a la luna, pero más brillante, que alumbraba desde cerca del techo, colgada como las lámparas de Santa María.

En la soledad se entregó Pipá, sin pizca de vergüenza, a satisfacer la curiosidad del tacto, poniendo mano en todos aquellos muebles, manoseándolo todo con riesgo de romper los objetos delicados que sobre consolas y veladores había.

Su gran sorpresa fue la que le produjo el armario de espejo, devolviéndole a la espantada vista la imagen de aquel Pipá sobrenatural que él había ideado al buscar su extraña vestimenta.

Pipá contempló el Pipá de cuerpo entero que tenía enfrente, y volvió de súbito a toda la dignidad y parsimonia majestuosa que manifestara en un principio; porque la imagen que le ofrecía el azogue despertó su conciencia de fantasma. Indudablemente Irene tenía razón para tratarle con tanto respeto. Se reconoció imponente. Acercóse al espejo, tocó casi con la nariz en el cristal, y tocó, sin casi, con la lengua; y aunque esto es también indigno de un héroe, y de cualquier persona formal, cuanto más de un aparecido, es lo cierto que Pipá estuvo lame que te lamerás el espejo; porque su contacto le refrescaba la lengua que tenía abrasada con el abuso de los licores.

—¡Moo! —dijo al fantasma que tenía enfrente, y gesticuló con el aparato de contorsiones que él creía más adecuado al lenguaje mímico del otro mundo.

En esta ocupación fantástica le encontró Irene cuando volvió hecha un brazo de mar, convertida en una muñeca como aquellas que la niña tenía y yacían por el suelo en posturas indecorosas y no todas en la perfecta integridad de su individuo.

Irene, en traje de baile, con el pelo empolvado, con la majestuosa cola, se creyó digna de Pipá, y tomándole la mano, le dijo solemnemente:

—Vamos, que el baile empieza. Ya están ahí los niños, no les digas que eres Pipá, porque echarán a correr y ¡adiós mi baile!

Pipá aceptó la mano de la muñeca, que no le llegaba al hombro, y eso que él no era buen mozo, como dejo dicho.

Y seguidos de Julia entraron en el salón de baile el fantasma y la señora que recibía.

V

Había terminado la fiesta. Pipá oía desvanecerse a lo lejos el ruido de los coches que devolvían a las familias respectivas todo aquel pequeño gran mundo en que el pillete de la calle de Extremeños había brillado por dos o tres horas. Irene le había tenido todo el tiempo a su lado; para él habían sido los mejores obsequios. De tanto señor vestido a la antigua española, de tantas damas con traje de corte que bien medirían tres cuartas y media de estatura, de tanto guerrero de deslumbrante armadura, de tanta aldeana de los Alpes, de tantos y tantos señores y señoras en miniatura, nadie había podido llamar la atención y el aprecio de la mona del Palacio consagrada en cuerpo y alma a su máscara, al fantasma que la tenía dominada por el terror y el misterio. Pipá había estado muy poco comunicativo. Cuando se llegó al bufet, repartió subrepticiamente algunos pellizcos entre algunos caballeros que se atrevieron a disputarle los mejores bocados y el honor lucrativo de acompañar a Irene.

—¿Quién es esa máscara? ¿De qué viene vestido ese?

A estas preguntas de los convidados, Irene sólo respondía diciendo:

—¡Es mío, es mío!

Aunque Pipá no simpatizó con aquella gente menuda, cuya debilidad le parecía indigna de los ricos trajes que vestían, y más de las hermosas espadas que llevaban al cinto, sacó el partido que pudo de la fiesta, aprovechando el favor de la señora de la casa. Comió y bebió mucho, se hartó de manjares y licores que nunca había visto y se creyó en el cielo del Dios bueno, al pasear triunfante al lado de Irene por aquellos estrados, cuyo lujo le parecía muy conforme con los sueños de su fantasía, cuando oyera contar cuentos de palacios encantados, de esos que hay debajo de tierra y cuya puerta es una mata de lechugas que deja descubierta la entrada a la consigna de: ¡ábrete Sésamo!

Concluido el baile, Irene yacía en su lecho de pluma, fatigada y soñolienta, acompañada de Pipá y de la marquesa. Julia, inclinada sobre la cabecera hablaba en voz baja, casi al oído de la niña. Pipá del otro lado del lecho, vestido aún con el fúnebre traje de amortajado, tenía entre sus manos una diminuta y blanca de la mona, que, hasta dormir, quería estar acompañada de su muñeco de movimiento. No habría consentido Irene en acostarse sino previa la promesa solemne de que Pipá no saldría de su casa aquella noche, dormiría cerca de su alcoba y vendría muy temprano a despertarla para jugar juntos al día siguiente y todos los días en adelante. La marquesa, previo el consentimiento de Pipá, prometió lo que Irene pedía, y con estas condiciones se metió la niña en el lecho de ébano con pabellón blanco y rosa. Pipá, en pie, se inclinaba discretamente sobre el grupo encantador que formaban las rubias cabezas mezclando sus rizos; Irene tenía los ojos fijos en el rostro de su madre, y su mirada tenía todo el misterio y toda la curiosidad mal satisfecha con que antes la vimos fija en la luna. Pipá miraba la cama del pabellón con ojos también soñadores. Julia contaba el *cuento de dormir,* que aquella noche había pedido Irene que fuese muy largo, muy largo, y muy lleno de peripecias y cosas de encanto. Los párpados de la niña, que parecían dos pétalos de rosa, se unían de vez en cuando, porque iba entrando ya *Don Fernando,* como llamaba la madre al sueño, sin que yo sepa el origen de este nombre de Morfeo [21]. Pero el pillete, acostumbrado a trasnochar, más despierto con las emociones de aquella noche, y de veras interesado con la narración de Julia, oía sin pestañear, con la boca abierta; y aunque cazurro y socarrón y muy experimentado en la vida, niño al fin, abría el alma a los engaños de la fantasía y respiraba con delicia aquel aire de lo sobrenatural y maravilloso, natural alimento de las almas puras, jóvenes e inocentes.

El placer de oír cuentos era de los más intensos para Pipá; suspendióse en él toda la malicia de sus pocos pero asendereados años, y quedaba sólo dentro del cuerpo mi-

---

[21] *Morfeo:* dios de los sueños; uno de los innumerables hijos de Hypnos.

serable su espíritu infantil, puro como el de la misma Irene. La fantasía de Pipá tenía más hambre que su estómago; Pipá apenas había tenido *cuentos de dormir* al lado de su cuna; esa semilla que deja el amor de las madres en el cerebro y en el corazón, no había sido sembrada en el alma de Pipá. Tenía doce años, sí, pero al lado de Irene y Julia, que gozaban el mismo amor de la madre y el infante, era un pobre niño que gozaba con delicia de los efluvios de aquel cariño de la cuna, que no era suyo, y al que tenía derecho, porque los niños tienen derecho al regazo de la madre y él apenas había gozado de esta vida del regazo. De todo cuanto Pipá había visto en el palacio nada había despertado su envidia, pero ante aquel grupo de Julia e Irene besándose a la hora de dormirse el ángel de la cuna, Pipá se sintió sediento de dulzuras que veía gozar a otros, y hubiérase de buena gana arrojado en los brazos de la marquesa pidiéndole amor, caricias, cuentos para él. En el cuento de aquella noche había, por supuesto, bailes de máscaras celebrados en regiones encantadas, servían los refrescos las manos negras, que siempre hacen tales oficios en los palacios encantados, las mesas estaban llenas de riquísimos manjares, especialmente de aquellos que a Irene más le agradaban, y era lo más precioso del caso que los niños convidados podían comer a discreción y sin ella de todo, sin que les hiciese daño. Irene insinuó a su madre la necesidad de que Pipá anduviese también por aquellas regiones.

Y decía Julia:

—Y había una niña muy rubia, muy rubia, y muy bonita, que se llamaba Irene —Irene sonreía y miraba a Pipá con cierto orgullo—, que iba vestida de señora de la corte de Luis XV, con un traje de color azul celeste...

—¿Y con pendientes de diamantes?

—Y con pendientes de diamantes.

—¿Y había una máscara que se llamaba Pipá? —preguntaba Irene.

—Y había un Pipá vestido de fantasma. —Aquí era Pipá el que sonreía satisfecho...

Después de ver pasar a los personajes del cuento por un sin número de peripecias, Irene se quedó dormida sin poder remediarlo.

—Ya duerme —dijo la marquesa, que enfrascada en sus invenciones, que a ella misma la deleitaban más de lo que pudiera creer, no había sentido al principio que la niña estaba con los angelitos. Pipá volvió con tristeza a la realidad miserable. Suspiró y dejó caer blandamente la mano de nieve que tenía entre las suyas.

—¿Verdad que es muy hermosa mi niña? —dijo Julia, que se quedó mirando a Pipá con sonrisa de María Santísima, como la calificó el pillete para sus adentros.

El amortajado miró a la marquesa y atreviéndose a más de lo que él pensara, en vez de contestar a la pregunta hizo esta otra:

—¿Y qué más? —era la frase que acababa de aprender de labios de Irene; en aquella frase se pedía indirectamente que el cuento se prolongase.

Y Julia, llena de gracia, inflamada en dulcísima caridad, de esa que trae a los ojos lágrimas que deposita en el corazón Dios mismo para que nos apaguen la sed de amor en el desierto de la vida, Julia, digo, hizo que Pipá se sentara a sus pies, sobre su falda, y como si fuese un hijo suyo besóle en la frente, que ya no tapaba la careta de calavera; y eran de ver los pardos ojos de Pipá, puros y llenos de visiones que los hacían serios, siguiendo allá en los espacios imaginarios las aventuras que contaba la marquesa.

¡Aquello sí que era el cielo! Pipá se creía ya gozando del Dios bueno, y para nada hubiera querido volver a la tierra, si no hubiera en ella... pero dejemos que él mismo lo diga.

Fue el caso que la marquesa, loca de imaginación en sus soledades, y sola se creía estando con Pipá, continuó el cuento de la manera más caprichosa. Aquel Pipá y aquella Irene del palacio encantado, crecían, ella se hacía una mujer hermosa, poco más o menos de las señas de su madre.

—¿Más bonita que usted? —preguntaba Pipá dando con esto más placer a la marquesa del que él ni ella pensaban que pudiera dar tal pregunta.

—Sí, mucho más bonita —y para pagar la galantería, Julia se figuraba que el Pipá hecho hombre era un gallardísimo mancebo, y procuraba que conservara aquellas facciones que en el pillastre eran anuncio de varonil belleza... ¡Qué exrtaña casualidad había juntado el espíritu y las miradas de aquellos dos seres que parecían llamados a no encontrarse jamás en la vida! La imaginación de Pipá, poderosa como ninguna, una vez excitada, intervino en el cuento y la narración se convirtió en diálogo.

—Irene tiene castillos, y muchos guerreros que son criados —decía Julia.

—Y Pipá —respondía el interesado— es un caballero que mató mucho moros, y le hacen rey...

Y así estuvieron soñando más de media hora el pillastre y la marquesa. Mas ¡ay! precisamente al llegar al punto culminante de la fábula, a la boda de la castellana Irene y del rey Pipá, éste interrumpió el soñar, hizo un mohín, se puso en pie y dijo con voz un poco ronca, truhanesca, y escupiendo, como solía, por el colmillo:

—Yo no quiero ser rey, voy a ser *de la tralla.*

—¡De la tralla!

—Sí, zagal de la diligencia grande de Castilla.

—Pero hombre, entonces no vas a poder casarte con Irene.

—Yo quiero casarme con la Pistañina.

—¿Quién es la Pistañina?

—La hija del ciego de la calle de Extremeños. Esa es mi novia.

VI

Era media noche. Ni una nube quedaba en el cielo. La luna había despedido a sus convidados y sola se paseaba por su palacio del cielo, vestida todavía con las galas de su luz postiza.

Pipá velaba en el lecho que se había improvisado para él cerca del que solía servir al cochero. Pero aquella noche la gente del servicio, sin permiso del ama, había salido a correr aventuras. El cochero y otros dos mozos habían dejado el tranquilo palacio y la puerta imprudentemente entornada. Pipá, que todo lo había notado, vituperó desde su lecho aquella infame conducta de los lacayos. Él no sería lacayo, para poder ser libre sin ser desleal. Al pensar esto recordó que la gente de la cocina le había elogiado su buena suerte en quedarse al servicio de Irene: y recordó también cierta casaca que había dejado apenas estrenada un enano que servía en la casa de lacayo y que había muerto.

—A Pipá le estará que ni pintada la casaca del enano —había dicho el cocinero.

Al llegar a este punto en sus recuerdos, Pipá se incorporó en su lecho, como movido por un resorte. Por la ancha ventana abierta vio pasar los rayos de la blanca luna. Vio el cielo azul y sereno de sus noches al aire libre y al raso. Y sintió la nostalgia del arroyo. Pensó en la Pistañina que le había dicho que aquella noche tendría que cantar en la taberna de la Teberga hasta cerca del alba. Y se acordó de que en aquella taberna tenían una broma los de la tralla, los delanteros y zagales de la diligencia ferrocarrilana y los del correo. Pipá saltó del lecho. Buscó a tientas su ropa; después la que había ganado en buena lid y robado en la iglesia, y vuelto a su vestimenta de amortajado, sin pensarlo más, renunciando para siempre a las dulzuras que le brindaba la vida del palacio, renunciando a las caricias de Irene y a los cuentos de Julia, y a sus miradas que le llenaban el corazón de un calor suave, no hizo más que buscar la puerta, salió de puntillas y en cuanto se vio en la calle, corrió como un presidiario que se fuga; y entonces sí que hubiera podido pasar a los ojos del miedo por un difunto escapado del cementerio que volvía en noche de carnaval a buscar los pecados que le tenían en el infierno.

La entrada de Pipá en la taberna de la Teberga fue un triunfo. Se le recibió con rugidos de júbilo salvaje. Su disfraz de muerto enterrado pareció del mejor gusto a los de la *tralla,* que en aquel momento fraternizaban, sin distinción de coches. Pipá vio, casi con lágrimas en los ojos, cómo se abrazaban y cantaban juntos un coro un delantero del *Correo* y un zagal de la *Ferrocarrilana.*

No hubiera visto con más placer el prudente Néstor abrazados a Agamenón y Aquiles [22].

Aquellos eran los héroes de Pipá. Su ambición de toda la vida ser delantero. Sus vicios precoces, que tanto le afeaba el vulgo, creíalos él la necesaria iniciación en aquella caballería andante. Un delantero debía beber bala rasa [23] y fumar tagarninas [24] de a cuarto. Pipá comenzaba por el principio, como todo hombre de verdadera vocación que sabe esperar. *Festina lente* [25], pensaba Pipá, aunque no en latín, y esperando que algún día sus méritos y sus buenas relaciones le hiciesen delantero, por lo pronto ya sabía el aprendizaje del oficio. Blasfemaba como un sabio, fumaba y bebía y fingía una malicia y una afición al amor carnal, grosero, que no cabía aún en sus sentidos, pero que era perfecta imitación de las pasiones de sus héroes los zagales. El aguardiente le repugnaba al principio, pero era preciso hacerse a las armas. Poco a poco le fue gustando de veras y cuando ya le iba quemando las entrañas, era en Pipá este vicio el único verdadero.

---

22 *No hubiera visto... Aquiles:* Néstor es conocido por su afán conciliador y Homero nos lo presenta como un varón venerable siempre dispuesto a intervenir como mediador en las numerosas disputas entre los caudillos. Al principio de *La Iliada,* Agamenón lucha contra Aquiles, al que arrebata la hermosa esclava Briseida. La diosa Atenea intenta poner paz entre ellos, pero no bastan sus ruegos ni los consejos de Néstor para calmar la indignación de Aquiles por haber sido desposeído de lo que él estimaba como preciada recompensa por sus combates.

23 *bala rasa:* imaginamos se trata de algún tipo de licor.

24 *tegarninas:* cigarros puros de muy mala calidad.

25 *Festina lente* (latín): «apresúrate lentamente». Algunos atribuyen esta expresión a Octavio Augusto, y es utilizada para aconsejar que no se abandone la calma cuando se quiera llegar de prisa al final de un asunto difícil. Esta locución tiene su correspondiente en castellano en el refrán: «Vístome despacio porque voy de prisa.»

Todos los de la tralla, sin distinción de empresas ni categorías, estaban borrachos. Terminada la cena, habíase llegado a la serie interminable de *copas* que había de dar con todos en tierra. En cuanto Pipá, a quien se esperaba, estuvo dentro, se cerró la taberna. Y creció entonces el ruido hasta llegar a infernal. Pipá bailó con la Retreta, mujer de malísimos vicios, que al final del primer baile de castañuelas cogió al pillete entre sus fornidos brazos, le llenó la cara de besos y le prodigó las expresiones más incitantes del cínico repertorio de sus venales amores. ¡Cómo celebró la chusma la gracia con que la Retreta se fingió prendada de Pipá! Pipá, aunque agradecido a tantas muestras de deferencia, a que no estaba acostumbrado, sintió repugnancia al recibir aquellos abrazos y besos asquerosos. Se acordó de la falda de Julia que pocas horas antes le diera blando asiento. Además, estaba allí la Pistañina. La Pistañina, al lado de su padre que tocaba sin cesar, cantaba a grito pelado coplas populares, obscenas casi todas. Su voz ronca, desgarrada por el cansancio, parecía ya más que canto, un estertor de agonía. Aquellos inhumanos, bestias feroces, la hubieran hecho cantar hasta que cayera muerta. Cuando la copla era dulce, triste, inocente, un grito general de reprobación la interrumpía, y la Pistañina, sin saber porqué, acertaba con el gusto predominante de la reunión volviendo a las obscenidades.

Tengo frío, tengo frío,
dijo a su novio la Pepa;
él la apretó contra el pecho
y allí se le quedó muerta

cantó la niña y el público gritó:

—¡Fuera! ¡fuera! ¡otra!

Y la Pistañina cantó:

Quisiera dormir...

—¡Eso, eso! ¡venga de ahí!

La embriaguez estaba ya en la atmósfera. Todo parecía alcohol; cuando se encendía un fósforo, la Pistañina, la única persona que no estaba embriagada, temía que ardiese el aire y estallase todo.

Pipá, loco de alegría, viéndose entre los suyos, comprendido al fin, gracias a la invención peregrina del traje de difunto, alternando con lo mejor del gran mundo de la tralla, hizo los imposibles de gracia, de desvergüenza, de cinismo, olvidado por completo del pobre ángel huérfano que tenía dentro de sí. Creía que a la Pistañina le agradaban aquellos arrebatos de pasión soez, aquellos triunfos de la desfachatez. Tanto y tan bueno hizo el pillete, que la concurrencia acordó, con esa unanimidad que sólo inspira en las asambleas la borrachera del entusiasmo o el entusiasmo de la borrachera, acordó, digo, celebrar la apoteosis de Pipá, como fin de fiesta. Anticipando los sucesos, quisieron celebrar el entierro de la sardina[26], enterrando a Pipá. Éste prometió asistir impasible a sus exequias. Nadie se acordó allí de los antecedentes que tenía en la historia esta fúnebre excentricidad, y lo original del caso los embriagó de suerte —si algo podía ya embriagarlos—, que antes hubieran muerto todos como un solo borracho, que renunciar a tan divertido fin de fiesta.

Pipá, después de bailar en vertiginoso baile con la Retreta, cayó en tierra como muerto de cansancio. Quedó rígido como un cadáver y ante las pruebas de defunción a que le sujetaron los delanteros sus amigos, el pillastre demostró un gran talento en el arte de hacerse el muerto.

—*¡Tonino è moruto!* dijo un zagal que recordaba esta frase oída a un payaso en el Circo, y la oportunidad del dicho fue celebrada con cien carcajadas estúpidas. *¡E moruto! ¡moruto!* gritaban todos, y bailaban en rueda, corriendo y atropellándose hombres y mujeres en derredor

---

[26] *el entierro de la sardina:* fiesta carnavalesca que en algunas partes se celebra el Miércoles de ceniza. Simboliza el entierro de las alegrías mundanas durante la época de Cuaresma. En muchas provincias se utilizaba un pedazo de carne de cerdo al que se le daba la forma de sardina, enterrándolo con gran pompa y ceremonial para recordar que la abstinencia de carne ha comenzado y que el pescado la sustituirá por las seis semanas que siguen.

de Pipá amortajado. Por las rendijas de puertas y ventanas entraba algo de la claridad de la aurora. Los candiles y quinqués de fétido petróleo se apagaban, y alumbraban la escena con luz rojiza de siniestros resplandores las teas que habían encendido los de la tralla para mayor solemnidad del entierro. La poca luz que de fuera entraba en rayas quebradas parecía más triste, mezclada con la de aquellas luminarias que envenenaban el aire con el humo de olor insoportable que salía de cada llama temblorosa. En medio de la horrísona gritería, del infernal garbullo, sonaba la voz ronca y desafinada de la Pistañina, que sostenía en sus hombros la cabeza de su padre borracho. Blasfemaba el ciego, que había arrojado la guitarra lejos de sí, y vociferaba la Pistañina desperada llorando y diciendo:

—¡Que se quema la casa, que queman a Pipá, que va a arder Pipá, que las chispas de las teas caen dentro de la pipa!...

Nadie oía, nadie tenía conciencia del peligro. Pipá yacía en el suelo pálido como un muerto, casi muerto en realidad, pues su débil cuerpo padecía un síncope que le produjo el cansancio en parte y en parte la embriaguez de tantas libaciones y de tanto ruido; después fue levantado sobre el pavés... es decir, sobre la tapa de un tonel y colocado, en postura supina, sobre una pipa llena de no se qué líquido inflamable; acaso la pipa del petróleo. La pipa estaba sin más cobertera que el *pavés* sobre el que yacía Pipá, sin sentido.

—Pipá no está muerto, está borracho —gritó Chiripa, delantero de trece años.

—Darle un baño, darle un baño para que resucite —se le ocurrió añadir a Pijueta, un zagal cesante...

Y entre Chiripa, Pijueta, la Retreta y Ronquera, que estaba en la fiesta, aunque no era de la tralla, zambulleron al ilustre Pipá en el terrible líquido que contenía aquel baño que iba a ser un sepulcro. Nadie estaba en sí: allí no había más conciencia despierta que la de la Pistañina, que luchaba con su padre furioso de borracho. La niña gritaba «¡Que arde Pipá...!» y la danza diabólica se hacía cada vez más horrísona; unos caían sin sentido, otros con él, pero sin fuerza para levantarse; inmundas parejas se refugiaban en los rincones para consumar imposibles liviandades, y ya nadie pensaba en Pipá. Una tea mal clavada en una hendidura de la pared amenazaba caer en el baño funesto y gotas de fuego de la resina que ardía, descendían de lo alto apagándose cerca de los bordes de la pipa. El pillastre sumergido, despierto apenas con la impresión del inoportuno baño, hacía inútiles esfuerzos para salir del tonel; mas sólo por el vilipendio de estar a remojo, no porque viera el peligro suspendido sobre su cabeza y amenazándole de muerte con cada gota de resina ardiendo que caía cerca de los bordes, y en los mismos bordes de la pipa.

—¡Que se abrasa Pipá, que se abrasa Pipá! —gritó la Pistañina.

Los alaridos de la bárbara orgía contestaban. De los rincones en que celebraban asquerosos misterios babilónicos aquellos sacerdotes inmundos salían agudos chillidos, notas guturales, lascivos ayes, ronquidos nasales de maliciosa expresión con que hablaba el placer de la bestia. El humo de las teas, ya casi todas extintas, llenaban el reducido espacio de la taberna, sumiéndola en palpables tinieblas: la luz de la aurora servía para dar con su débil claridad más horror al cuadro espantoso. Brillando como una chispa, como una estrella roja cuyos reflejos atraviesan una nube, se veía enfrente del banco en que lloraba la Pistañina la tea suspendida sobre el tonel de Pipá.

Pronto morirían asfixiados aquellos miserables, si nadie les avisaba del peligro.

Pero no faltó el aviso. La Pistañina vio que la estrella fija que alumbraba enfrente, entre las nieblas que formaba el humo, caía rápida sobre el tonel... La hija del ciego dio un grito... que no oyó nadie, ni ella...

Todos salieron vivos, si no ilesos, del incendio, menos el que se ahogaba dentro de la pipa.

VII

—¡Es un carbón!

—¡Un carbón completo!

—¡Lo que somos!

—¡No hay quien le conozca!

—¡Si no tiene cara!

—¡Es un carbón!

—¿Y murió alguno más?

—Dicen que Ronquera.

—Ca, no tal. A Ronquera no se le quemó más que un zapato... que había dejado encima de la mesa creyendo que era el vaso del aguardiente.

El público rió el chiste.

El gracioso era Celedonio; el público, el coro de viejas que pide a la puerta de Santa María.

El lugar de la escena, el pórtico donde Pipá había vencido el día anterior a Celedonio en singular batalla.

Pero ahora no le temía Celedonio. Como que Pipá estaba dentro de la caja de enterrar chicos que tiene la parroquia, como esfuerzo supremo de caridad eclesiástica. Y no había miedo que se moviese, porque estaba hecho un carbón, un carbón completo como decía Maripujos.

La horrible bruja contemplaba la masa negra, informe, que había sido Pipá, con mal disimulada alegría. Gozaba en silencio la venganza de mil injurias. Tendió la mano y se atrevió a tocar el cadáver, sacó de la caja las cenizas de un trapo con los dedos que parecían garfios, acercó el infame rostro al muerto, volvió a palpar los restos carbonizados de la mortaja, pegados a la carne, y dijo con solemne voz, lo que puede ser la moraleja de mi cuento para las almas timoratas:

—¡Este pillo! Dios castiga sin palo ni piedra... Robó al santo la mortaja... y de mortaja le sirvió la rapiña... ¡Ésta es la mortaja que robó ahí dentro! —todas las brujas del corro convinieron en que aquello era obra de la Providencia.

Y dicha así la oración fúnebre, se puso en marcha el entierro.

La parroquia no dedicó a Pipá más honras que la *caja de los chicos,* cuatro tablones mal clavados.

Celedonio dirigía la procesión con traje de monaguillo.

Chiripa y Pijueta con otros dos pilletes llevaban el muerto, que a veces depositaban en tierra, para disputar, blasfemando, quién llevaba el mayor peso, si los de la cabeza o los de los pies. Eran ganas de quejarse. Pipá pesaba muy poco.

La popularidad de Pipá bien se conoció en su entierro; seguían el féretro todos los granujas de la ciudad.

Los transeúntes se preguntaban, viendo el desconcierto de la caterva irreverente, que tan sin ceremonia y en tal desorden enterraba a un compañero:

—¿Quién es el muerto?

Y Celedonio contestaba con gesto y acento despectivos:

—Nadie, es Pipá.

—¡Pipá que murió quemado! —añadían otros pilletes que admiraban al terror de la pillería hasta en su trágica muerte.

En el cementerio, Celedonio se quedó solo con el cadáver, esperando al enterrador, que no se daba prisa por tan insignificante difunto. El monaguillo levantó la tapa *del féretro,* y después de asegurarse de la soledad... escupió sobre el carbón que había dentro.

Hoy ya nadie se acuerda de Pipá más que yo; y Celedonio ha ganado una beca en el seminario. Pronto cantará misa.

Oviedo, 1879.

Amor'è furbo [1]

Era la época en que el drama lírico, generalmente clásico o bucólico, hacía las delicias de la grandeza romana [2].

Orazio Formi, poeta milanés, educado en Florencia, y después pretendiente en Roma, alcanzaba por fin en la capital del mundo católico el logro de sus esperanzas bien fundadas. Brunetti, su amigo, compositor mediano, escribía para las obras líricas de Formi una música pegajosa y monótona, pero cuya dulzura demasiado parecida al merengue, decía bien con las larguísimas tiradas de versos endecasílabos y heptasílabos que el poeta ponía en boca de sus pastores y de sus héroes griegos.

Formi creía en una Grecia parecida a los paisajes de Poussin [3]; en cuanto a los dioses y a los héroes se los

---

[1] *Amor'è furbo* (italiano): «el amor es astuto».

[2] *Era la época... grandeza romana:* el nacimiento de la ópera en Italia está muy relacionado con el desarrollo del drama pastoril. Muchas de las primeras óperas son simplemente pastorales que siguen el modelo de las obras de Tasso y Guarini. Rinuccini, uno de los primeros libretistas, era discípulo de Tasso. La acción de este cuento debemos situarla hacia mediados del XVII.

[3] *Poussin* (1594-1665): uno de los pintores franceses de mayor renombre en el siglo XVII, gran conocedor del mundo clásico y considerado por sus contemporáneos como el mejor intérprete de la antigüedad entre los pintores de su país. Sus paisajes y motivos de la mitología clásica, durante el período 1629-1633, son representados en un ambiente poético, casi prerromántico, muy influido por los Venecianos, en especial por Tiziano.

figuraba demasiado parecidos al Gran Condé [4], al ilustre Spínola [5] y a Francisco I. Veía a Eurípides a través de Racine; amaba a Grecia según se la imponía la Francia del siglo de oro.

Brunetti, cuya verdadera vocación era la cirugía, pero que acosado por el hambre, había llegado a vivir del cornetín (un cornetín estridente que tocaba el pobre napolitano con todo el furor de los rencores de su vocación paralizada), Brunetti se había dedicado al fin a componer música para óperas y dramas líricos, considerando que las partituras se parecían unas a otras hasta la desesperación del pobre instrumentista, y que vista una ópera, estaban hechas todas. Por consiguiente las inventó él, ni mejores ni peores que las había aprendido de otros, y desde entonces dejó de soplar en el metal ingrato y ganó más dinero aunque no mucho. Cuando Formi se dio a conocer en el teatro de Roma por su *Leandro,* drama sentimental y muy a propósito para las melodías simplicísimas que Brunetti sabía combinar, el compositor le buscó y le propuso su colaboración. Aceptó Formi, que aún no podía escoger músico a su gusto, y su segunda obra se cantó ya con melodías de la fábrica Brunetti. Se llamaba la ópera *Filena;* era una larguísima égloga, extremadamente fastidiosa, falsa, absurda, pero tan del gusto predominante en la corte pontificia, que la fama de Orazio Formi llegó a las nubes, y Brunetti, si no de la gloria, participó de los beneficios contantes y sonantes. Agradecido a su buen milanés, como él le llamaba, el napolitano le procuró la amistad que más podía agradarle al poeta enamorado de todo lo francés, de todo lo que fuera siglo de oro y aun de los días de Luis XV; le hizo amigo de la famosa actriz

---

[4] *El Gran Condé:* sobrenombre por el que es conocido Luis II de Borbón (1621-1688), genio militar francés, virrey de Cataluña, que alcanzó brillantes victorias en los campos de batalla.

[5] *Spínola:* general español (1569-1630), de origen italiano. Con el ejército de Flandes dirigió las campañas del Rhin, de Francia y Holanda, cosechando muchas victorias, que culminaron con la de Maestrich y la de Breda —Velázquez inmortalizó la rendición de esta última plaza en el célebre *Cuadro de las lanzas.*

y tiple ilustre Gaité Provenze, que en Italia quiso llamarse la Provenzalli, y así llegó a ser célebre en la península como antes en su patria lo había sido con su apellido verdadero. Gaité —cuyo nombre de pila no debía ser éste, pero que así decía llamarse— era una encarnación de todo lo que tenía de femenino el espíritu francés de aquellos tiempos. Amaba a Molière y deliraba por Racine, pero prefería a Scarron [6] y aun se deleitaba con los poetas de tercer orden; era la cortesana hecha artista; para ella el galanteo y la poesía se fundían en el arte del *bel canto* y de la declamación académica, afectada, falsa y estirada; no tenía más religión que la del pentágrama y la cesura del alejandrino; desafinar o destrozar un hemistiquio era el colmo del mal; engañar a un amante, tener ciento, burlarse de todos los hombres del mundo, le parecía asunto de poca monta, ajeno por completo a la jurisdicción de la moral.

Tenía Gaité su filosofía. En el principio el mundo era una égloga inmensa; todos los humanos eran pastores o zagalas, según el sexo, vestidos decentemente y adornados con cintas y galones de oro y plata, como en el teatro. La vida era una representación continua de algo como el *Pastor fido o Aminta* [7]. La corrupción vino después, cuando los hombres empezaron a pensar en cosas serias, y prohibieron el amor omnilateral en los campos y en los bosques. Por una aberración, que se explica en una mujer educada como la Provenzalli, el mundo era lo accesorio, el teatro lo principal: en vez de encontrar bien las comedias que se parecían a la vida, le parecía hermosa y buena la vida cuando tomaba aires de comedia; por esto tenía una afición desmedida a los embrollos, y era una excelen-

---

[6] *Scarron* (1610-1660): poeta, dramaturgo y novelista francés de considerable renombre en el siglo XVII —principalmente por sus poemas satíricos y narraciones picarescas, muy influidas por las españolas—, pero en ningún caso comparable al talento artístico de Molière o Racine.

[7] *Il Pastor fido: El pastor fiel;* comedia pastoril italiana, obra de Guarini, escrita en 1590. *Aminta:* drama pastoril compuesto por Tasso en 1573, que sirvió de modelo a muchas composiciones análogas.

te casamentera. Entre las partes de por medio de su compañía, cuyo tirano era, había arreglado varios escándalos eróticos con matrimonios no menos escandalosos, pero que a ella le parecían excelentes por el corte teatral que tenían, por lo que semejaban a tantos y tantos desenlaces de intrigas de la escena. «Yo hubiera querido nacer hombre y ser Sganarelle» [8], decía.

Cualquier asunto sencillo le causaba hastío; sabía complicarlo todo, y cuando llegaba el momento de las explicaciones en los continuos conflictos de sus intrigas, prefería a los diálogos concisos, entrecortados, las grandes y numerosas parrafadas que se parecían a los versos de sus autores amados. Hablaba como un orador inspirado, y había en su estilo mucho de lo que aprendía de memoria en las comedias, tragedias y óperas que representaba. La música le parecía un adorno muy propio y digno de la poesía, pero a pesar de sus excelentes facultades para el *bel canto* no ocultaba que era secundaria vocación en ella. «La melodía ayuda a la expresión del sentimiento; hay motivos en las ideas y en las emociones, que no expresa bien del todo la palabra sola; entonces el canto sirve mucho; pero en cambio, cuando el argumento que se expone es un poco sutil, necesita muchos miembros la oración y la lógica es aguda, complicada, cantar es ridículo y la frase queda oscurecida.» Como se ve por estas opiniones suyas, Gaité pensaba seriamente en el arte. «Era lo principal; el amor un hermoso pasatiempo, que tenía además la utilidad indudable de enseñar mucho para la expresión de los afectos en el teatro.» La gran pasión de la Provenzalli era la égloga representada. ¡Oh, si el público tuviera el gusto bastante delicado para poder sufrir, sin dormirse, cinco actos puramente bucólicos, sin más atractivo que las sentidas quejas de Salicios y Nemorosos y los diálogos tiernos y nunca bastante conceptuosos ni demasiadamente largos de Galateas y Polifemos!

[8] *Sganarelle:* personaje cómico creado por Molière y protagonista de la comedia de enredo *Sganarelle ou le cocu imaginaire.*

¡Polifemo! Éste había sido mucho tiempo su sueño secreto. ¡Cuántas veces, en brazos de un amante, había pensado con tristeza que le sobraba un ojo! y entonces, como acariciándole, le tapaba los dos con las blanquísimas manos, y le miraba a la frente donde ella hubiera querido ver centellear la pupila solitaria del cíclope. En vez del ojo, el amante acababa por tener en la frente la insignia del minotauro, y todo era mitología.

Brunetti había conocido a Gaité en Marsella; de allí habían ido juntos a Florencia; en otras ciudades de Italia se habían visto y tratado mucho. El empresario del teatro de Roma, aseguraba que el gran negocio que estaba haciendo con la contrata de Gaité y compañía debíalo a Brunetti, que le había inspirado la idea de llamar a su coliseo a la gran actriz francesa.

Agradecido el compositor a los servicios del poeta, quiso pagárselos procurándole la amistad, que no tardó en ser íntima, de Gaité. También ella estimó el regalo que Brunetti le hacía facilitándole el trato de un poeta como Orazio Formi, que más de su gusto no podía soñarlo. En las primeras semanas de su amistad el poeta y la cantarina hablaron casi exclusivamente del arte, y de la literatura francesa en particular. Gaité sintió halagado su patriotismo y gozó deliquios puramente espirituales en la conversación de Formi que acertaba a formular, con esplendorosa elocuencia, muchas ideas y sentimientos que ella había creído suyos y que no había sabido nunca expresar cumplidamente.

Brunetti veía crecer más y más la reputación de Orazio; otras dos óperas del ya famoso libretista habían aumentado no poco su gloria y su caudal; el compositor —siempre Brunetti—, era el que no adelantaba gran cosa. El público (especialmente los críticos, que ya entonces los había, aunque no cobraban ni publicaban ordinariamente sus censuras) empezaba a murmurar: ya se decía: ¡lástima que Formi se haya enamorado de ese estúpido de Brunetti, que compone eternamente las mismas romanzas pastoriles! Formi merecía un músico bueno: sus libros morirían necesariamente muy pronto por culpa del músico. Bien comprendía Brunetti, más industrial que artista, que estas censuras las tenía merecidas: ¿cómo no echar de ver que la flauta de Pan, que eternamente tenían en la boca sus tenores y tiples, no bastaba, ni siquiera venía a cuento cuando *Agamenón* (última ópera de Formi) se decidía a sacrificar a Ifigenia, a pesar de las buenas razones del comedido Aquiles? Desde la representación del *Oreste* (otro drama lírico de Formi) Gaité comenzó a unir su nombre al de Orazio en el aplauso público. Ella fue Electra, y en los recitados, que eran muchos, y todo lo conceptuosos y almibarados que a ella le parecía bien, se lució de veras.

Aquella noche, al acostarse, Formi decidió que era llegado el momento de declararse definitivamente enamorado de la Provenzalli.

Pero no se atrevió a decírselo todavía. Tenía miedo que la generosa actriz tomase a mal una declaración que daría un carácter interesado al trato puramente poético y artístico que habían tenido hasta entonces. Además, un poeta predominantemente erótico como él, que había hecho todas las declaraciones amorosas de que dejó memoria la antigüedad clásica en versos fácilmente *cantables,* no podía, así, de buenas a primeras, decir su amor lisa y llanamente. Necesitaba discurrir algo muy nuevo, sonoro, retorcido y alambicado para que tan preciosa confesión fuese digna del autor de Orestes y digna de *Electra.*

Entre tanto pasaba el tiempo. Brunetti temía que a lo mejor se le acercase Formi a decirle en buenas palabras que hasta allí habían llegado, que él necesitaba otro músico. El ex-cornetín se presentaba cada dos o tres días a Gaité y con miel en los labios preguntaba:

—¿Y nuestro autor?

—*Tace* [9] —decía Gaité con la dulzura del mundo y con la malicia más graciosa.

—Pues es necesario que se explique, perla mía. Tu pasión por las artes te pierde. No le hables tanto del teatro. Háblale más de nuestro negocio.

---

[9] *Tace* (italiano): calla.

—¡El negocio, el negocio! Ayax (nombre de Brunetti), ¿quieres que yo le precipite, y yo le seduzca y le fuerce? Además, Ayax, tú sabes que somos amigos del alma; *l'amour gâtera tout* [10] (Gaité hablaba en francés y en italiano según se le ocurría más pronto la frase en una u otra lengua).

—¡Cómo se entiende! —gritaba Brunetti hecho ya acíbar—. ¡Tú quieres mi ruina, nuestra ruina!

—La mía no, Ayax.

—¡Cómo! ¿Te olvidas?...

—No olvido nada, Ayax; pero mi gloria va unida a su gloria, mi fortuna a su fortuna. ¿Tú quieres que seamos amantes? Lo seremos, pero con una condición; consiento en esta infamia si ha de ser una infamia más una pasión verdadera. Yo no te seré infiel por el vil interés.

—¡Cómo vil, señora cantarina! Si Formi no está sujeto por los encantos de Circe [11], si tú no le tienes amarrado, el mejor día se nos escapa, busca otro músico mejor, (sí mejor, porque ya no soy músico, yo soy *a nativitate* cirujano), y me deja en la calle. Es necesario que esto se precipite...

—Pues bien. Ya que tú lo quieres, sea. Me insinuaré.

—Eso, eso.

—Pero te advierto que mi pasión no será cosa de teatro, será verdadera. Le amaré como nunca he podido amar a mi señor y cirujano.

El cirujano Brunetti, enternecido tendió los brazos a la Provenzalli y depositó un casto beso en su boca fresca y sabrosa.

A *Orestes* habían seguido *Antígona, Yocasta, Endimión, Proteo, Calipso,* y la más famosa de todas las óperas de Formi: «*Erato*», obra maestra del poeta más bu-

---

10 *L'amour gatêra tout* (francés): el amor lo echará todo a perder.

11 *Circe:* diosa y hechicera, heroína de uno de los episodios más importantes de *La Odisea,* y famosa por sus encantamientos y hermosura.

cólico del mundo. En ella hizo maravillas la Provenzalli, que ya era, públicamente, la querida de Orazio. Pero... ¡ay! el mísero poeta rabiaba de celos. Gaité era demasiado alegre, y demasiado hermosa, y demasiado célebre y demasiado libre para que la murmuración no se cebase en ella. Se decía que el cardenal della Gamba, el príncipe polaco Froski y un general francés, enviado de la corte de París con una misión especial y de gran importancia, el marqués de Mably, habían puesto sitio a la fortaleza teatral de la Provenzalli y que a todos estos conquistadores se había rendido. Si no lo creía seguro, tampoco lo negaba el mismo Formi, que por propia experiencia había probado la flaqueza de aquella muralla.

Orazio, a pesar de su continuo trato con músicos y danzantes, a pesar de su educación descuidada, en cuanto a la moral, y a pesar de sus aficiones bucólicas, no vivía contento en la *degradación* de aquella vida relajada, unido por lazos *non sanctos* a la Provenzalli; había en él un fondo de honradez que por creerlo ridículo, y sobre todo inoportuno en la sociedad en que vivía, procuraba esconder y hasta olvidar; pero el amor sincero que llegó a sentir por Gaité despertó esos buenos instintos y, en fin, Formi se decidió a casarse con la cantarina.

Pero... necesitaba la seguridad absoluta de su fidelidad.

Una tarde, en el abandono de las caricias suaves que sucedían a los arrebatos de pasión, Orazio tomó entre sus manos la cabeza de Gaité, y quedo, muy quedo, le dijo, besando la bien torneada oreja: ¿quieres ser mi mujer?

Gaité, oculto el rostro bajo la abundante cabellera, sonrió con tal sonrisa, que de haberla visto Formi allí hubieran concluido sus propósitos honestos. Pero el amante no pudo notar aquel gesto de burla mezclada de lástima. La cómica tardó apenas dos segundos en requerir la seriedad necesaria para que en su cara hubiera la expresión propia del caso.

Para mejor contener la risa recordó que al fin y al cabo ella también amaba sinceramente a Formi, aunque no hasta el punto de exponerse a la cólera y la venganza de Brunetti, si por un rasgo de honradez y abnegación declaraba al poeta lo desatinado que era su buen intento. Después de clavarle los labios en la boca, vuelta ya del pasmo de amor, que creyó oportuno en tan grave momento, Gaité dijo así, fija la mirada en la del amante:

—Orazio, lo que me propones sería el colmo de mi dicha. En sueños me he permitido algunas veces gozar de la felicidad que sería llamarme tuya ante Dios y los hombres honrados; pero no sé si merezco tanta gloria; sé de fijo que la opinión de los maldicientes, que son los más de los hombres, me condena sin conocerme, y eso basta para que tu reputación padezca, si me haces tu esposa.

Más se inflamó Orazio con tal respuesta, y sintiendo profundísima ternura en que el amor se mezclaba a las dulzuras de la caridad, dijo con lágrimas en los ojos:

—Serás mía, serás mi esposa amada; de la opinión de los malvados nada me importa; mas ya que tú has sido tan noble y sincera, declarándome que tu fama padece, yo voy a ser no menos franco, diciéndote, que si como caballero me guardaré de ofenderte, creyendo de ti, lo que sería una infamia por el engaño, como amante sí estoy celoso, y de celos muero, o mejor diré, de sospechas; que a celos no llegan, que si llegaran, o yo no estaría ya en Roma, o no estarías tú en el mundo.

Con esta mesura y discreción hablaron mucho y bien los amantes retóricos hasta convenir en que Orazio no ofendía a Gaité sospechando, como amante celoso, que el cardenal della Gamba no iba a confesarla a las altas horas de la noche, que el general diplomático, el gallardo Mably, no traía del rey de Francia misión alguna para la Provenzalli, y que el príncipe Froski no tenía con ella el trato que con una cantante ilustre puede tener cualquiera dilletante. Pero si bien esto era cierto, no lo era menos que Formi ninguna prueba, ni aun indicio, tenía, como caballero, que le permitiera dudar de la virtud de Gaité. Por todo lo cual, convenía que el amante celoso se convenciera por sus propios ojos de la inocencia de su amada. Entonces, y sólo entonces consentiría Gaité en ser su esposa, ante Dios y los hombres honrados. Era preciso buscar una manera de alcanzar esa prueba concluyente de la fidelidad de la Provenzalli, y la prueba se buscaría. Había que dejarla consultar con la almohada.

La almohada era Brunetti.

—¿No te parece que es graciosísimo? —preguntaba Gaité, muerta de risa después de referirle su conversación con Orazio.

—¡Es preciso dar gusto a ese mentecato! Te casarás con él ¡por Baco! ¡Que un hombre tan majadero entusiasme al público! Gaité, es preciso pasar por todo.

—Pero ¿cómo se va a hacer?

—Lo principal, y lo más difícil es demostrarle que no son tus amantes ni el cardenal, ni el general, ni el príncipe. Sin embargo, como sí lo son, a Dios gracias, ¡qué se creería ese majadero! como sí lo son, no será imposible probarle a un necio que no hay tal cosa. Imposible sería si no lo fueran.

—¿Y lo del matrimonio? ¿Cómo se arregla?

—¡Bah! ¡bah! Yo proveeré. Déjame ahora discurrir la traza que necesitamos para engañar a ese estúpido, que cada vez me es más útil... absolutamente necesario.

Pocos días después se puso por obra la traza que discurrió Brunetti.

Orazio, escondido en la alcoba de Gaité esperaba la hora de la cita dada por la cómica al cardenal della Gamba.

Era a las ocho de la noche. El cardenal se hizo esperar diez minutos.

—Su eminencia —anunció Casilda, doncella de la Provenzalli.

Della Gamba penetró en la estancia, en traje negro, mixto de seglar y clérigo, algo a lo abate del tiempo.

Tendría, según la apariencia, de cincuenta a cincuenta y cinco años; pero su talle era arrogante; esbelta la figura, aunque la estatura no pasaba de mediana. Silbaba las eses al hablar muy bajo y con ceremoniosa parsimonia.

Deshízose en galanterías, desde el momento en que estuvo al lado de la cómica, y besó su mano. Hablaba como un pastor de los de Formi, y no tardó en recitar unos versos de la *Filena* que venían a cuento. Formi, que le oía, se lo agradeció en el alma, a pesar de que la conversación aún no había disipado sus sospechas. Gaité estaba colocada de manera que le fuese punto menos que imposible hacer la menor seña sin que Formi desde su escondite la viera. El cardenal estaba en la sombra, detrás de la pantalla de raso que dejaba en tinieblas gran parte del gabinete.

—En fin, señora —decía el cardenal al cabo, para alivio del alma atribulada del poeta— confieso que habéis sido harto imprudente consintiendo estas visitas, que de ser descubiertas os infamarían y os harían perder el amor de ese hombre infausto, cuyos encantos deben de ser grandes cuando yo mismo, su rival, su enemigo, para ensalzar vuestra hermosura me valgo de los poéticos conceptos de sus divinas composiciones; confieso que soy inoportuno, terco, y hasta traidor, abusando de vuestra caridad sublime; sé que por no perder a ese Brunetti, cuya suerte está en mis manos, consentís oírme aunque no rendiros. Mas si todo esto confieso, también os digo, que la paciencia mía está agotada, que la castidad propia de mi estado, y que hasta aquí guardé fielmente, de virtud santa se trueca en aguijón enemigo, y que ya no podré resistir más, y para evitar el escándalo de arrojarme sobre vos, brutalmente, donde quiera que os vea... —y el cardenal se puso en pie y se acercó a Gaité, que retrocedió un paso. Formi dio otro en la alcoba, con ansias locas de arrojarse sobre aquel monstruo, si fue como lo pensó Gaité que notó el ruido. Pero no fue necesario. Pudo seguir oculto. El cardenal se contuvo, volvió a la sombra, y dijo:

—Perdonad, señora; pero muy grande es mi amor cuando aún puedo contener la fuerza del apetito.

—Cardenal —contestó Gaité, digna pero no altiva, con el mismo tono con que Penélope (en el último drama de Formi), rechazaba las tentaciones de sus adoradores—;

cardenal, si consiento vuestras visitas a tales horas, vuestras importunas declaraciones, vuestras galanterías que me enojan, bien sabéis, y vos lo confesáis, que no es por daros esperanzas; jamás seré vuestra ni de nadie más que del hombre a quien sabéis que adoro. Y ahora debo advertiros que hoy concluyen vuestras visitas y mi tolerancia; piérdase Brunetti, y salvemos mi honra y el honor de mi Orazio; si sois tan malvado que delatéis al miserable músico, cuyo sacrilegio es vuestro secreto, yo no seré cómplice; a tanta costa no quiero salvar el cuerpo de un semejante perdiendo mi alma y mi dicha. Por otra parte, vuestra actitud de ha un instante me prueba que de continuar estas visitas peligrosas seríais capaz de un atentado... Cardenal, sois libre; si queréis podéis convertiros en delator infame... yo continuaré siendo honrada.

—¡Honrada y amáis a Formi y sois suya!

—Y ante el altar legitimaré muy en breve este amor santo...

—Y vos mismo, cardenal, seréis testigo, o juro a Dios que no salís de esta casa con vida. Y ahora mismo se haga, que ni mi amor ni vuestra honra, hermosa Gaité, consienten dilaciones. De vuestra alcoba salgo, porque la indignación me venció y más no pude; mas si ésta fue indiscreción, satisfágase lo que con ella padece el decoro, aunque sea a costa de la sangre vil de este monstruo; disponeos a morir o a obedecerme en todo, por extraño que os parezca y por mucho que os mortifique.

Y diciendo y haciendo, Orazio, que espada en mano había salido de repente al gabinete, sujetó por el cuello al cardenal, que antes que a nada acudió a ocultar el rostro con el embozo del manto o capa negra, pues era prenda *epicena* [12] la que le cubría.

---

[12] *prenda epicena:* en gramática, llámase género *epiceno* al de los nombres de animales cuando, con una misma terminación y artículo, designan el macho y la hembra. Por ejemplo: «el milano» o «la perdiz». Clarín, irónicamente, califica de «epicena» la prenda de ambigua apariencia que cubría al cardenal: femenino manto / masculina capa.

Pasmada había quedado la cómica, que no esperaba aquella salida del poeta, y no sabía qué decir, como quien olvida el papel en el teatro, o ve que de pronto le cambian la comedia y se representa otra que no sabe.

Por fin dijo con voz que parecía amenazada de síncope, y dándose a improvisar, inspirada por el susto.

—Mi bien, mi señor; ¿qué haces? no era eso lo convenido, ni tal desmán necesario para probarte mi inocencia.

—Un cordel, señora mía, y no se hable más de eso; que por tener segura tu honra hago lo que hago. Un cordel pronto.

Dudaba la cantarina si el cardenal se prestaría a dejarse ahorcar o poco menos; y vacilaba entre buscar lo que el otro pedía, cada vez con más ira y con más prisa, o impedir a cualquier precio las violencias del furioso Orazio. El cardenal callaba y escondía el rostro.

—Gaité —gritaba entre tanto el poeta—, no temas que mi justa indignación traspase los límites en que me encierra el respeto de tu honra.

—Mira amigo mío que matar a ese hombre es un crimen innecesario, y dejarle con vida y agraviado un gran peligro.

—Nada temas, bien mío, que lo que intento en nada le lastima, si no es que aún persiste en amarte y tenerse por rival mío este mal sacerdote de Cristo. Tráeme un cordel o haré de mis manos tenazas que le ahoguen; y aquí Orazio apretó un poco al cardenal para darle una idea de las tenazas aludidas.

Trajo, en fin, el cordel la cómica; ató a los pies del lecho monumental el poeta al purpurado, y tras esto salió diciendo:

—Aguarda, señora, y aquí me verás en breve acompañado de quien pueda poner fin honroso a todo esto.

—Desátame, que me ahogo —gritó el cardenal en cuanto sintió que el amante estaba fuera.

—No, en mi vida —respondió la actriz mal repuesta del susto—, que luego no sabré hacer los nudos que él hizo y descubrirá el enredo.

—Pues aparéjate a contraer matrimonio con el endiablado poeta, si no prefieres huir conmigo de esta casa; escapemos del peligro y yo te dejaré con Brunetti o quien digas.

—No, y mil veces no; que Formi es mi dueño y si el matrimonio que intenta no pega, porque llueve sobre mojado, bastará que él se crea mi esposo, aunque siga siendo sólo mi amante, que para mi gusto con eso basta; que yo le quiero es seguro y convencido está de que el cardenal en vano me asedia.

—A bien que pronto se dio por vencido, y en confiar tanto da a entender que el casamiento lo tomó por lo serio, pues ya parece marido por lo ciego.

—Ya ves si cree en mi virtud; no aguardó a la segunda prueba siquiera.

—Pues lo siento, no sólo por esta soga maldita que me desuella, sino porque el papel de general francés lo tenía yo muy bien ensayado, y en el de príncipe Froski pensaba lucirme.

—Ay, mi querido Agamenón, que siento pasos; me parece que vuelve tu verdugo.

—Yo me descubro —replicó Agamenón.

—Saldrás de mi compañía si tal haces. Cardenal serás hasta que de mi casa te arrojen, a coces probablemente.

Calló el cardenal Agamenón, porque ya sonaba en la escalera ruido de pasos. Con discreto modo dieron los de fuera golpes suaves a la puerta.

—Adelante —dijo la cantarina— y pasaron dos caballeros, muy bien parecidos y de toda gala vestidos. Hicieron muchos saludos ceremoniosos y el más viejo habló así:

—Somos amigos de Orazio Formi, y por su ruego asistimos en calidad de testigos a un matrimonio clandestino que con la señora Gaité Provenzalli quiere contraer el querido poeta. Suplicamos en su nombre a esta sublime artista, gloria de la escena, se digne esperar breves instantes, que serán los que tarde Orazio en traer consigo al sacerdote facultado para esta clase de funciones.

Poco sabía, o no sabía nada, la Provenzalli de los ritos católicos, ni de las condiciones que para celebrar el sacramento del matrimonio se requieren; y así, empezó a turbarse con la presencia y las palabras de los testigos, y ya sospechaba si aquel matrimonio sería más verdadero de lo que convenía, para no tener que ver luego con la justicia.

Callaba el cardenal atado allá en la alcoba, guardaron silencio y tomaron asiento los testigos, y pasado apenas un cuarto de hora sonaron otros golpes discretos y penetró en la estancia un venerable sacerdote, muy parecido al figurón que todos conocemos por don Basilio, el del *Barbero* [13]. Saludó el eclesiástico de luenga barba; sacó de los pliegues del manteo un libro viejo, un hisopo, una taza con agua bendita y dos cabos de cera. Improvisó un altarcico sobre el tocador de Gaité, encendió los cabos, todo en silencio, y postrado de hinojos ante el espejo, al que había arrimado una cruz de palo, quedóse en oración, murmurando latines.

Sin saber lo que hacía, y dando una importancia real a cuanto veía, Gaité arrodillóse también, y ya que rezar apenas sabía, diose a temblar con todo el fervor de su alma. Los testigos también se arrodillaron.

Poco después entró en la estancia Orazio, vestido de raso blanco, con el traje más cumplido de novio, según el refinado lujo de la época.

—Señor párroco —dijo—, pues autorizado estáis para intervenir y facilitar esta clase de matrimonios, que por deudas de la honra no admiten dilaciones; pues Su Santidad os da el poder de atar estos indisolubles lazos que quiero me unan a Gaité Provenzalli, aquí, en el silencio de la noche, en el secreto de esta ocasión clandestina, os pido y humildemente ruego me déis por esposa a esta señora de mis pensamientos.

Púsose en pie el clérigo, y haciendo una seña al más viejo de los testigos, acercóse a la atribulada esposa, sobre cuya cabeza puso ambas manos. Entonces el testigo requerido exclamó:

---

13 *Don Basilio, el del Barbero:* el clérigo Basilio, profesor de canto de Rosina en *El barbero de Sevilla.*

—Señora, acaso ignoráis, y por eso os advierto que el sacerdote que asiste en un matrimonio secreto no puede hablar, porque el rito le supone mudo, en señal de que le falta lengua para divulgar lo que oculto se quiere.

—Nada sé —respondió la cómica temblando—; disponed de mí como queráis.

—En tal caso, el testigo de más edad lleva la palabra y el sacerdote hace la maniobra (llamémosla así).

Miró Formi con inquietos ojos a su esposa, temiendo que aquello de la *maniobra* la hubiese puesto en cuidado; mas ella todo lo tenía por serio y bueno, y aunque la hubiesen casado por los ritos del *Zend-Avesta*[14] nada hubiera sospechado.

Entonces el testigo viejo preguntó lo que se pregunta en todos los matrimonios. Quisieron, recibieron y otorgaron la cómica y el poeta cuanto hacía al caso, y el clérigo que, en silencio, había hecho mil aspavientos, como sancionando cuanto el seglar decía, apagó los cabos de cera a sendos soplos, recogió el hisopo, con que había hecho quinientas aspersiones, guardó el Cristo y se dirigió a la puerta, después de hacer genuflexiones humildísimas. Fuéronse tras él los testigos, y en cuanto quedaron solos Orazio se arrojó en los brazos de su legítima esposa, de cuya virtud hizo el más cumplido elogio, marcando los superlativos con ardorosos y muy sonoros besos que le repartía por el cuerpo. Tras esto parecióle oportuno tomar fiera venganza del cardenal, que aún yacía bajo el lecho, vacilando entre el miedo de sofocarse y el de perder su plaza en la compañía de Provenzalli, donde representaba papeles serios, tal como el de Agamenón, cuyo nombre le había quedado, el de Néstor, el de Ulises, el de viejo pastor en las comedias bucólicas y otros parecidos.

Discurrió Formi que pasaran la noche primera de sus amores lícitos en aquel lecho que había sido el de sus

14 *Zend-Avesta:* colección de libros sagrados de los persas, escrita en zendo y que contiene la exposición de las doctrinas de Zoroastro, reformador de la religión antigua de los iranos.

devaneos; el cardenal velaría su sueño atado debajo de la cama, como estaba.

Quiso Gaité disuadir al novio, pero fue en vano. El cardenal callaba, porque si por su culpa se descubría la trampa cardenalicia, ¿qué sería de su suerte? ¿En qué otra compañía ganaría lo que ganaba con la famosa cómica francesa?

Formi fue inflexible. Acostáronse en la blanda pluma los amantes, y fue en vano el crujir de dientes del cardenal, como vanas fueron las súplicas de la compasiva esposa, que temblaba temiendo ver concluida a cada instante la paciencia del pacientísimo Agamenón.

El mísero, abrumado con el peso de su cadena, o mejor diré del lecho, que ahora cargaba sobre sus espaldas, y no menos sofocado por la vergüenza, quiso echarlo a rodar todo, cuando creyó a los felices novios más olvidados de su pena y más atentos a la propia dicha. Así, como Titán que siente el peso de un mundo, sacudió la vergonzosa carga, bramó desesperado y dijo con voz que parecía salir de un subterráneo:

—Ténganse allá, ténganse allá, que no quiero más sufrir por culpas que no son mías. Yo diré quién soy.

—No es menester —respondió desde arriba Orazio, ya tranquilo y satisfecho—; no es menester que tú te declares, mal cómico, que por tal te he descubierto. Cardenal Agamenón, mal pensaste creyendo engañar con una comedia al que las inventa. Bien fingida estaba la voz del cardenal della Gamba; cierta es su lascivia que mal se contiene en público, pero aun cuando estalle a solas con su barragana, no será como tú la imitaste, sino meliflua, comedida en la apariencia, y más parecida a la del gato que a la del caballo fogoso: tus groseros instintos de histrión no pueden comprender cómo es el vicio de un príncipe de la Iglesia; superior a tus fuerzas es el remedo que emprendiste, tu lenguaje inverosímil, y así, pronto empecé a dudar que fueras quien decías, y de duda en duda llegué a conocerte, porque al decir aquellas lindezas imitadas de mis comedias, recitábaslas con la falsa entonación que en los ensayos tantas veces te he reprendido; con que ahora, purga con esta pena el delito de mal farsante, ya que no eres el Cardenal culpable; a quien desde luego perdono, y admito como partícipe en las delicias de este tálamo.

—¿Cómo? esposo mío —gritó la Provenzalli—... ¿tú sospechas?... ¿tú sabes?... ¿tú permites?...

—Sí, cara esposa, sospecho que todo es trazas de amor, sé que me engañas, y permito que no a mí solo quieras, pues no es posible otra cosa.

—Pero tu honor...

—Mi honor fuera se queda, que no es prenda el honor para lucida en tales sitios; te confieso que con el engaño descubierto se acabó la fe, mas no el amor, que no por tu perfidia te veo menos hermosa; con que así, me desengaño y quiero ser tu amante preferido, mas no el único, que cardenales, príncipes y embajadores no son para despreciados.

—Pero, esposo mío, ¿y tu honor?

—Así soy yo tu esposo, como este Agamenón que bufa bajo nuestros colchones es cardenal en Roma.

—¿Y el matrimonio clandestino... y el sacerdote mudo... y los testigos, y el hisopo?

—Poco entiendes tú de casar. Todo fue una comedia que yo inventé, y como soy del oficio tuvo mejor apariencia, y tú no pensaste en mi suspicacia. Has de saber que el sacerdote mudo era Brunetti.

—¡Mi marido!

El cardenal Agamenón, que blasfemaba a gritos, soltó una carcajada que hizo saltar a los amantes en el lecho.

Tampoco Gaité pudo contener la risa. Formi se enojó al verse burlador burlado; pero cedió al fin a la influencia de las carcajadas. Por un paje de teatro se envió recado a Brunetti para que viniese a cenar con los novios; Agamenón perdonó lo del cordel y la cama por una opípara mesa. A las doce estaban borrachos Brunetti, Formi, la Provenzalli y Agamenón, dormido debajo de la mesa. Brunetti, prudente aun en su embriaguez, salió con disimulo del gabinete y fue a buscar a la doncella Casilda.

El matrimonio *secreto* quedó solo por fin, y al compás del ruido de las copas que chocaban, cantaron un dúo que empezaba así:

> Amor'è furbo, e nondimeno è amore... [15]

La Provenzalli murió a los cincuenta años, viuda de Brunetti, dejando su fortuna envidiable al poeta Orazio Formi, pobre y paralítico.

Zaragoza, 1882.

---

15 *Amor'è furbo, e nondimen è amore* (italiano): «el amor, aunque astuto, es sin embargo amor».

Mi entierro

DISCURSO DE UN LOCO

Una noche me descuidé más de lo que manda la razón jugando al ajedrez con mi amigo Roque Tuyo en el café de San Benito. Cuando volví a casa estaban apagados los faroles, menos los guías. Era en primavera, cerca ya de junio. Hacía calor, y refrescaba más el espíritu que el cuerpo el grato murmullo del agua, que corría libre por las bocas de riego, formando ríos en las aceras. Llegué a casa encharcado. Llevaba la cabeza hecha un horno y aquella humedad en los pies podía hacerme mucho daño; podía volverme loco, por ejemplo. Entre el ajedrez y la humedad hacíanme padecer no poco. Por lo pronto, los polizontes que, cruzados de brazos, dormían en las esquinas, apoyados en la puerta cochera de alguna casa grande, ya me parecían las *torres negras.* Tanto es así, que al pasar junto a San Ginés uno de los guardias me dejó la acera, y yo en vez de decir —gracias—, exclamé —enroco—, y seguí adelante. Al llegar a mi casa vi que el balcón de mi cuarto estaba abierto y por él salía un resplandor como de hachas de cera. Di en la puerta los tres golpes de ordenanza. Una voz ronca, de persona medio dormida, preguntó:

—¿Quién?

—¡Rey negro! —contesté, y no me abrieron—. ¡Jaque! —grité tres veces en un minuto, y nada, no me abrieron. Llamé al sereno, que venía abriendo puertas de acera en acera, saliéndose de sus casillas a cada paso.

—Chico —le dije cuando le tuve a salto de peón—. ¡Ni que fueras un caballo; vaya modo de comer que tienes!

—El *pollín* * será usted y el comedor, y el sin vergüenza... Y poco ruido, que hay un difunto en el tercero, de cuerpo presente.

—¡Alguna víctima de la humedad! —dije lleno de compasión, y con los pies como sopa en vino.

—Sí, señor, de la humedad es; dicen si ha muerto de una borrachera; él era muy vicioso, pero pagaba buenas propinas; en fin, la señora se consolará, que es guapetona y fresca todavía, y así podrá ponerse en claro y conforme a la ley lo que ahora anda a oscuras y contra lo que manda la justicia.

—¿Y tú qué sabes, mala lengua?

—Que no ponga motes, señorito; yo soy el sereno, y hasta aquí callé como un santo, pero muerto el perro... ¡Allá voy! —gritó aquel oso del Pirineo, y con su paso de andadura se fue a abrir otra puerta. Un criado bajó a abrirme. Era Perico, mi fiel Perico.

—¡Cómo has tardado tanto, animal!

—¡Chist! No grite usted, que se ha muerto el amo.

—¿El amo de quién?

—Mi amo.

—¿De qué?

—De un ataque cerebral, creo. Se humedeció los pies después de una partida de ajedrez con el señor Roque... y claro, lo que decía don Clemente a la señora: «No te apures, que el bruto de tu marido se quita de enmedio el mejor día reventando de bestia y por mojarse los pies después de calentarse los cuernos...»

—Los cascos diría, que es como se dice.

—No, señor, cuernos decía.

—Sería por chiste; pero en fin, al grano. Vamos a ver, y si tu amo se ha muerto, ¿quién soy yo?

---

* *Pollino* en asturiano, y no *pollinu,* como dicen los gallegos convencionales de sainete. *[N. del A.]*

—Toma, usted es el que viene a amortajarle, que dijo don Clemente que le mandaría a estas horas por no dar que decir... Suba usted, suba.

Llegué a mi cuarto. En medio de la alcoba había una cama rodeada de blandones [1], como en *Lucrecia Borgia* [2] están los ataúdes de los convidados. El balcón estaba abierto. Sobre la cama, estirado, estaba un cadáver. Miré. En efecto, era yo. Estaba en camisa, sin calzoncillos, pero con calcetines. Me puse a vestirme; a amortajarme, quiero decir. Saqué la levita negra, la que estrené en la reunión del circo de Price, cuando Martos dijo aquello de «traidores como Sagasta» [3] y el difunto Mata habló del cubo de las Danaides [4]. ¡No supe nunca qué cubo era ése! Pero en fin, quise empezar a mudarme los calcetines, porque la humedad me molestaba mucho, y además quería ir limpio al cementerio. ¡Imposible! Estaban pegados al pellejo. Aquellos calcetines eran como la túnica de no sé

---

[1] *blandones:* grandes candelabros en los que se ponen hachas de cera y que tradicionalmente se colocan junto a los catafalcos.

[2] *Lucrecia Borgia:* drama en tres actos y en prosa, original de Víctor Hugo. Basándose en esta obra escribió Felipe Romano el libreto para la ópera del mismo nombre, compuesta por Donizetti.

[3] *Martos... Sagasta:* Cristino Martos y Balbi (1830-1893), político y jurisconsulto español, fue nombrado para varias carteras ministeriales en los gobiernos del duque de la Torre y Ruiz Zorrilla y, por último, en el de Sagasta. Al advenimiento de la Restauración se hizo republicano, militando en el campo zorrillista. Más tarde, abandonó su filiación republicana para pasar a aceptar los presupuestos de la monarquía alfonsina.

En la época a que se alude en la narración Martos y Sagasta estaban enfrentados políticamente. El primero defendía los principios de la Constitución democrática de 1869; Sagasta, los de la Constitución doctrinaria del 76.

[4] *el difunto Mata... Danaides:* Pedro Mata y Fontanet (1811-1877), médico, escritor y político. Las Danaides es el nombre dado a las cincuenta hijas de Dánao. Figuran en las leyendas heroicas de la Argólida (Peloponeso) entre las deidades acuáticas como ninfas de los manantiales. Como Clarín señala irónicamente, no existe relación alguna en la mitología clásica entre estas ninfas y el supuesto «cubo» del discurso de Mata. Alas, con mucha frecuencia, ejerce también como «crítico higiénico» en sus obras de creación con la misma vena satírica de sus *paliques*.

quién, sólo que en vez de quemar mojaban. Aquella sensación de la humedad unas veces daba frío y otras calor. A veces se me figuraba sentir los pies en la misma nuca, y las orejas me echaban fuego... En fin, me vestí de duelo, como conviene a un difunto que va al entierro de su mejor amigo. Una de las hachas de cera se torció y empezaron a caer gotas de ardiente líquido en mis narices. Perico, que estaba allí solo, porque el hombre que me había amortajado había desaparecido, Perico dormía a poca distancia sobre una silla. Despertó y vio el estrago que la cera iba haciendo en mi rostro; probó a enderezar el gran cirio sin levantarse, pero no llegaba su brazo al candelero... y bostezando, volvió a dormir pacíficamente. Entró el gato, saltó a mi lecho y enroscándose se acostó sobre mis piernas. Así pasamos la noche.

Al amanecer, el frío de los pies se hizo más intenso. Soñé que uno de ellos era el Mississippí y el otro un río muy grande que hay en el norte de Asia y que yo no recordaba cómo se llamaba. ¡Qué tormento padecí por no recordar el nombre de aquel pie mío! Cuando la luz del día vino a mezclarse, entrando por las rendijas, con la luz amarillenta de las hachas, despertó Perico; abrió la boca, bostezó en gallego y sacando una bolsa verde de posadero se puso a contar dinero sobre el lecho mortuorio. Un moscón negro se plantó sobre mis narices cubiertas de cera. Perico miraba distraído al moscón mientras hacía cuentas con los dedos, pero no se movió para librarme de aquella molestia. Entró mi mujer en la sala a eso de las siete. Vestía ya de negro, como los cómicos que cuando tiene que pasar algo triste en el tercer acto se ponen antes de luto. Mi mujer traía el rostro pálido, compungido, pero la expresión del dolor parecía en él gesto de mal humor más que otra cosa. Aquellas arrugas y contorsiones de la pena parecían atadas con un cordel invisible. ¡Y así era en efecto! La voluntad, imponiéndose a los músculos, teníalos en tensión forzosa... En presencia de mi mujer sentí una facultad extraordinaria de mi conciencia de difunto; mi pensamiento se comunicaba directamente con el pensamiento ajeno; veía a través del cuerpo lo más recóndito del alma. No había echado de ver esa facultad milagrosa antes porque Perico era mi única compañía, y Perico no tenía pensamiento en que yo pudiera leer cosa alguna.

—Sal —dijo mi esposa al criado; y arrodillándose a mis pies quedó sola conmigo. Su rostro se serenó de repente; quedaron en él las señales de la vigilia, pero no las de la pena. Y rezó mentalmente en esta forma:

«Padre nuestro (¡cómo tarda el otro!) que estás en los cielos (¿habrá otra vida y me verá éste desde allá arriba?), santificado (haré los lutos baratos, porque no quiero gastar mucho en ropa negra) sea el tu nombre; venga a nos el tu reino (el entierro me va a costar un sentido si los del partido de mi difunto no lo toman como cosa suya), y hágase tu voluntad (lo que es si me caso con el otro, mi voluntad ha de ser la primera, y no admito ancas de nadie —ancas, pensó mi mujer, ancas, así como suena—) así en la tierra como en el cielo (¿estará ya en el purgatorio este animal?)»

A las ocho llegó otro personaje, Clemente Cerrojos, del comité del partido, del distrito de la Latina, vocal. Cerrojos había sido amigo mío político y privado, aunque no le creía yo tan metido en mis cosas como estaba efectivamente. Antes jugaba al ajedrez, pero conociendo yo que hacía trampas, que mudaba las piezas subrepticiamente, rompí con él, en cuanto jugador, y me fui a buscar adversario más noble al café. Clemente se quedaba en mi casa todas las noches haciendo compañía a mi mujer. Estaba vestido con esa etiqueta de los tenderos, que consiste en levita larga y holgada de paño negro liso, reluciente, y pantalón, chaleco y corbata del mismo color. Clemente Cerrojos era bizco del derecho; la niña de aquel ojo brillaba inmóvil casi siempre, sin expresión, como si tuviese allí clavada una manzanilla de esas que cubren los baúles y las puertas. Mi mujer no levantó la cabeza. Cerrojos se sentó sobre el lecho mortuorio, haciéndole crujir de arriba abajo. Cinco minutos estuvieron sin hablar palabra. Pero ¡ay! que yo veía el pensamiento de los infames. Mi mujer pensó de pronto en lo horroroso y criminal que sería abrazar a aquel hombre o dejarse abrazar allí, delante de mi presunto cadáver. Cerrojos pensó lo mismo. Y los dos lo desearon ardientemente. No era el amor lo que los atraía, sino el placer de gozar impunemente un gran crimen, delicioso por lo horrendo. «Si él se atreviera, yo no resistiría», pensó ella temblando. «Si ella se insinuara, no quedaría por mí», dijo él para sus adentros. Ella tosió, arregló la falda negra y dejó ver su pie hasta el tobillo. El la tocó con la rodilla en el hombro. Yo sentí que el fuego del adulterio sacrílego pasaba de uno a otro, a través de la ropa ...Clemente inclinábase ya hacia mi viuda... Ella, sin verle, le sentía venir... Yo no podía moverme; pero él creyó que yo me había movido. Me miró a los ojos, abiertos como ventanas sin madera y retrocedió tres pasos. Después vino a mí y me cerró las ventanas con que le estaba amenazando mi pobre cadáver. Llegó gente.

Bajaron la caja mortuoria hasta el portal y allí me dejaron junto a la puerta, uno de cuyos batientes estaba cerrado. Parte del ataúd, la de los pies, la mojaba fina lluvia que caía; ¡siempre la humedad! Vi bajar, es decir, sentí por los medios sobrenaturales de que disponía, bajar a los señores del duelo. Llenaron el portal, que era grande. Todos vestían de negro; había levitas del tiempo del retraimiento. Estaban allí todo el comité del distrito y muchos soldados rasos del partido, de esos que sólo figuran cuando se echa un guante para cualquier calamidad de algún correligionario y se publican las listas de la suscripción. Allí estaba mi tabernero, que bien quisiera consagrar una lágrima y un pensamiento melancólico a la memoria del difunto; pero la levita le traía a mal traer, se le enredaba entre las piernas, y en cuanto a la corbata le hacía cosquillas y le sofocaba; por lo cual no pensó en mí ni un solo instante. El duelo se puso en orden; me metieron en el carro fúnebre y la gente fue entrando en los coches. Había dos presidencias, una era la de la familia, que como yo no tenía parientes, la representaban mis amigos, los íntimos de la casa; Clemente Cerrojos presidía, a la derecha llevaba a Roque Tuyo, a la izquierda a mi casero, que solía entrar en casa a ver si le maltratábamos la finca. La otra presidencia era política. Iban en medio don Mateo Gómez, hombre íntegro, consecuente, que profesaba este dogma: mis amigos, los de mi partido. Y juraba que Madoz [5] le había robado aquella frase célebre: «Yo seguiré a mi partido hasta en sus errores.» Uno de los títulos de gloria de don Mateo era que no se había muerto ningún correligionario suyo sin que él le acompañase al cementerio. Don Mateo me estimaba, pero valga la verdad, según caminábamos a la que él pensaba llamar en el discurso que le había tocado en suerte, última morada, un color se le iba y otro se le venía; se le atravesaba no sabía qué en la garganta, y maldecía, para sus adentros, la hora en que yo había nacido y mucho más la en que había muerto. Yo iba penetrando en el pensamiento de don Mateo desde mi carro fúnebre, merced a la doble vista de que ya he hablado. El buen patricio, no vale mentir, se había aprendido su discurso de memoria: era sobre poco más o menos y tal como la habían publicado los periódicos, la oración fúnebre de cierto correligionario, mucho más ilustre que yo, pronunciada por un orador célebre de nuestro partido. Pero al buen Gómez se le había olvidado más de la mitad, mucho más, de la arenga prendida con alfileres, y allí eran los apuros. Mientras sus compañeros de presidencia discurrían con gran tranquilidad de ánimo cerca de las vicisitudes del mercado de granos, a que ambos se consagraban, don Mateo procuraba en vano reedificar la desmoronada construcción del discurso premeditado. Por fin se convenció de que le sería necesario improvisar, porque de la memoria ya no había que esperar nada. «Lo mejor para que se me ocurriera algo, pensó, sería sentir de veras, con todo el corazón, la muerte de Ronzuelos (mi apellido).»

---

[5] *Pascual Madoz* (1806-1870): político y publicista. Militó desde joven con los liberales, después fue muy activo en las filas progresistas. Gobernador de Barcelona y varias veces ministro de Hacienda, Madoz fue quien presentó el proyecto de ley sobre Desamortización eclesiástica de 1855. Es autor del conocido *Diccionario geográfico, histórico y estadístico de España.*

Y probaba a enternecerse, pero en vano; a pesar de su cara compungida, le importaba tres pepinos la muerte de Ronzuelos (don Agapito) es decir, mi muerte.

—Es una pérdida, una verdadera pérdida —dijo alto para que los otros le ayudaran a lamentar mi desaparición del gran libro de los vivos, como dice Pérez Escrich [6]—. ¡Una gran pérdida! —repitió.

—Sí, pero el grano estaba averiado, y gracias que así y todo se pudo vender —contestó otro de los que presidían.

—¿Cómo vender? Ronzuelos era incapaz... era integérrimo... eso es, integérrimo.

—Pero ¿quién habla de Ronzuelos, hombre? Hablamos del grano que vendió Pérez Pinto...

—Pues yo hablo del difunto.

—Ah, sí. Era un carácter.

—Justo, un carácter, que es lo que necesitamos en este país sin...

—Sin *carácteres* —añadió el interlocutor acabando la frase con el esdrújulo apuntado.

Don Mateo dudaba si caracteres era esdrújulo o no, pero ya supo desde entonces a qué atenerse.

* * *

Llegamos al cementerio. Entonces los del duelo, por la primera vez, se acordaron de mí. En torno del ataúd se colocó el partido a quien don Mateo seguía hasta en sus extravíos. Hubo un silencio que no llamaré solemne porque no lo era. Todos los circunstantes esperaban con maliciosa curiosidad el discurso de Gómez.

—Es un inepto, ahora lo vamos a ver —decían unos.

—No sabe hablar, pero es un hombre enérgico.

—Que es lo que necesitamos —interrumpía alguno.

---

6 *Pérez Escrich,* Enrique (1829-1897): autor de numerosas novelas por entregas —de inspiración evangélica en su mayoría— que gozaron de bastante popularidad en la España de mediados de siglo y durante los primeros años de la Restauración.

—Menos palabras y más hechos es lo que necesita el país.

—¡Eso!... Eso... Eso... —dijeron muchos—. Esooo!... —repitió el eco a lo lejos.

—Señores —exclamó don Mateo, después de toser dos veces y desabrocharse y abrocharse un guante—. Señores, otro campeón ha caído herido como por el rayo (no sabía que me había matado la humedad) en la lucha del progreso con el oscurantismo. Modelo de ciudadanos, de esposos y de liberales, brilló entre sus virtudes como astro mayor la gran virtud cívica de la consecuencia. Íntegro como pocos, su corazón era un libro abierto. Modelo de ciudadanos, de esposos y de liberales...

Don Mateo se acordó de repente de que esto ya lo había dicho; tembló como un azogado, sintió que la memoria y todo pensamiento se hundían en un agujero más oscuro que la tumba que iba a tragarme, y en aquel instante me tuvo envidia; se hubiera cambiado por el difunto. El cementerio empezó a dar vueltas, los mausoleos bailaban y la tierra se hundía. Yo, que estaba de cuerpo presente, a la vista de todos, tuve que hacer un gran esfuerzo para no reírme y conservar la gravedad propia del cadáver en tan fúnebre ceremonia. Volvió a reinar el silencio de las tumbas. Don Mateo buscaba la palabra rebelde, el público callaba, con un silencio que valía por una tormenta de silbidos; sólo se oía el chisporroteo de los cirios y el ruido del aire entre las ramas de los cipreses. Don Mateo, mientras buscaba el hilo, maldecía su suerte, maldecía al muerto, el partido y la manía fea de hablar, que no conduce a nada, porque lo que hace falta son hechos. «¿De qué me ha servido una vida de sacrificios en aras o en alas (nunca había sabido don Mateo si se dice alas o aras hablando de esto) en alas de la libertad, pensaba, si porque no soy un Cicerón estoy ahora en ridículo a los ojos de muchos menos consecuentes y menos patriotas que yo?» Por fin pudo coger lo que él llamaba el hilo del discurso y prosiguió:

—¡Ah, señores, Ronzuelos, Agapito Ronzuelos fue un mártir de la idea (de la humedad, señor mío, de la humedad), de la idea santa, de la idea pura, de la idea del progreso, el progreso indefinido! No era un hombre de palabra, quiero decir, no era un orador, porque en este desgraciado país lo que sobran son oradores, lo que hace falta es carácter, hechos y mucha consecuencia —hubo un murmullo de aprobación y don Mateo lo aprovechó para terminar su discurso. Se disolvió el cortejo. Entonces se habló un poco de mí, para criticar la oración fúnebre del presidente efectivo del comité.

—La verdad es —dijo uno encendiendo un fósforo en la tapa de mi ataúd—, lo cierto es que don Mateo no ha dicho más que cuatro lugares comunes.

—Claro, hombre —dijo otro—, lo de cajón; por lo demás, este pobre Ronzuelos era buena persona y nada más. ¡Qué había de tener carácter!

—Ni consecuencia.

—Lo que era un gran jugador de ajedrez.

—De eso habría mucho que hablar —replicó un tercero—. Ganaba porque hacía trampas. Guardaba las piezas en el bolsillo.

¡El que hablaba así era Roque Tuyo, mi rival, el infame que enrocaba después de haber movido el rey!

No pude contenerme.

—¡Mientes! —grité saltando de la caja. Pero no vi a nadie; todos habían desaparecido. Empezaba la noche; la luna asomaba tras las tapias del cementerio. Los cipreses inclinaban sus copas agudas con melancólico vaivén, gemía el aire entre las ramas, como poco antes, cuando se *cortó* don Mateo. Llegó un enterrador.

—¿Qué hace usted ahí? —me dijo, un poco asustado.

—Soy el difunto —respondí—. Sí, el difunto, no te espantes. Oye: alquilo ese nicho; te pagaré por vivir en él mejor que si lo ocupara un muerto. No quiero volver a la ciudad de los vivos... Mi mujer, Perico, Clemente, el partido, don Mateo... y sobre todo Roque Tuyo, me dan asco.

El enterrador dijo a todo amén. Quedamos en que el cementerio sería mi posada, aquel nicho mi alcoba. Pero ¡ay! el enterrador era hombre también. Me vendió. Al día siguiente vinieron a buscarme Clemente, Perico, mi mujer y una comisión del seno de mi partido, con don Mateo a la cabeza o a los pies. Resistí cuanto pude, defendiéndome con un fémur; pero venció el número; me cogieron, me vistieron con un traje de peón blanco, me pusieron en una casilla negra, y aquí estoy, sin que nadie me mueva, amenazado por un caballo que no acaba de comerme y no hace más que darme coces en la cabeza. Y los pies encharcados, como si yo fuera arroz.

Zaragoza, 1882.

Un documento

La ilustre duquesa del Triunfo ha dado a sus criados la orden terminante de no recibir a nadie. No está en casa. En efecto, su espíritu vuela muy lejos de la estrecha cárcel dorada de aquel tocador azul y blanco, que tantas veces llamaron santuario de la hermosura los revisteros de la casa. Porque es de notar que la duquesa tiene tan completo el servicio de sus múltiples necesidades, que hay entre su servidumbre muchos que ejercen funciones que el mundo clasifica entre las artes liberales; y así como dispone de amantes de semana, también tiene revisteros de salones, que dedican a los de tan ilustre dama todos los galicismos de su elegante pluma.

Amantes de semana he dicho; ¡ah! Cristina, el nombre de la duquesa, hace mucho tiempo que ha despedido a todos sus adoradores. A los treinta y seis años se ha declarado fuera de combate la que un día antes coqueteaba con toda la gracia de la más lozana juventud.

Uno de sus apasionados ha tenido la ocurrencia de regalarle una edición diamante de los más poéticos libros de la mística española; otro adorador, éste platónico, le ha recomendado las obras de Schleiermacher [1] (la duquesa

[1] *Schleiermacher,* Friedrich (1786-1834): teólogo y filósofo alemán. En sus obras sobre filosofía de la religión pretendió dar una nueva fundamentación a la fe, con absoluta independencia de la ética y de la metafísica. En vez de buscar en la inteligencia o en la voluntad las facultades adecuadas para la recepción de lo

ha sido embajadora en Berlín, y ha vivido en Viena con un célebre poeta ruso). Entre el adorador platónico, natural de Weimar, los místicos españoles y Schleiermacher han conseguido que la duquesa introduzca en su tocador reformas radicales; y ahora se lava nada más que con agua de la fuente, y gasta apenas una hora en su tocado, pero tan bien aprovechada, que este sol que se declara en decadencia es más hermoso en el ocaso que cuando brillaba en el cénit. Ya no mira la duquesa como quien prende fuego al mundo, sino con ojos lánguidos, que fingen, sin querer fingir, una sencillez y una modestia encantadoras; los más bizarros caballeros de la brillante juventud, a que fue siempre aficionada la duquesa, ya no le merecen más que miradas maternales; parece que les dice con los ojos: «Ya no sois para mí; os admiro, os comprendo y adoro como obras maravillosas de la Naturaleza; pero esta adoración es desinteresada; nada espero, nada esperéis tampoco; veo en vosotros los hijos que no tengo y que echo de menos ahora; si aún os agrado, gozad en silencio del espectáculo interesante de una hermosura que se desmorona; pero callad, no me habléis de amor; yo nazco a nueva vida, y el galanteo sería en mí una flaqueza que probaría la ruindad de mi espíritu. Adorad si queréis; pero yo sólo puedo pagaros con un cariño de madre.»

Todo este discurso, que yo atribuyo a los ojos de Cristina, lo había leído en ellos el joven escritor, periodista y novelista, Fernando Flores, muy aficionado, como la duquesa, a los ejercicios de destreza corporal, y abonado al *paseo* del Circo de Price, en Recoletos. La duquesa asistía a las funciones de moda los viernes de todas las semanas. Rodeábanla amigos que tenían la obligación de no requerirla de amores. Esta nueva fase de la sensibilidad exquisita y ya estragada de Cristina no la conocía el público, que había hecho, como suele, una leyenda escan-

---

Absoluto, Schleiermacher propone el sentimiento, esto es, la conciencia espontánea, inmediata. La religión es para este pensador un acto de amor, la unión íntima del hombre con el Universo, y el sentimiento religioso es el sentimiento de lo infinito en lo finito.

dalosa de la vida de aquella mujer. En esta leyenda la calumnia y la malicia habían puesto lo que les inspirara la pasión política, pues el duque era un personaje político de importancia, de esos que los demagogos piensan colgar de los faroles, o no hay justicia en la tierra. La admiración, este homenaje que siempre tendrá la belleza, había prestado las tintas suaves del fantástico cuadro en que Cristina aparecía como un Don Juan del sexo débil. La inmoralidad de su vida y la odiosidad que acompañaba al nombre de su reaccionario y un tanto cruel esposo, la rodeaban de una especie de aureola diabólica: el pueblo, sobre todo las honradas envidiosas de la clase media, hablaban de la duquesa con un afectado desprecio, como de la personificación del escándalo; pero cuando ella pasaba, donde quiera se abría calle, a veces se hacía corro, y ojos y bocas abiertos daban destimonio de la general admiración; el pasmo que causaba el prestigio de la distinción y la hermosura, suspendía en las bocas abiertas las necedades de la hipocresía y de la maliciosa envidia. Muchos con los labios entreabiertos para decir «¡qué escándalo!», acababan por suspirar diciendo «¡qué hermosura!». Los ojos de las damas, que desde la oscuridad de una belleza vulgar y de una corrupción adocenada miraban con las ascuas del rencor a Cristina, pecaban más con sólo aquella mirada, que la ilustre señora había pecado en toda su vida, devorando con las llamaradas de sus pupilas cuanto el amor les diera en alimento y en holocausto a su hermosura. Cristina, en público, conociendo cuanto de ella se pensaba y se decía, presentábase como los reyes, que atraviesan una multitud en que hay amigos y enemigos, odio y admiración; o como los grandes artistas del teatro, que saludan a un público que aplaude y silba; estos personajes aprenden un movimiento singular de los ojos; sus miradas son de una discreción que sólo se adquiere con la experiencia de estas batallas del favor y de la enemistad de la muchedumbre. Cristina fijaba pocas veces los ojos en los individuos de la multitud, cuyos favores, sin embargo, eran los que más agradecía. El público es siempre el rival más temible; la mujer más fiel se distrae y deja de oír al amante por mirarse en los mil ojos del Argos enamorado, de la multitud que contempla. Cristina amaba como ninguna otra mujer al adorador anónimo; a este amante no había renunciado, ni aun después de leer a San Juan y a Schleiermacher; pero temía mirarle cara a cara en los ojos de una de sus personalidades, porque el descaro estúpido, la envidia grosera y cruel y otras cien malas pasiones, le habían devuelto más de una vez miradas de cínica audacia, de repugnante malicia o de irritante desprecio. Esta misma prudencia en el mirar, en el observar el efecto producido, daba más gracia y atractivo a la duquesa.

A lo menos, a Fernando Flores, que había conocido todo esto, le encantaba aquella extraña y misteriosa relación entre la duquesa y la multitud.

Él también era multitud. Apoyado en el antepecho que separa el *paseo* de los palcos, contemplaba todos los viernes a su sabor aquella hermosura célebre, como los verdaderos amantes de la pintura acuden uno y otro día al museo a contemplar horas y horas, en silencio, una maravilla del pincel de Velázquez o quien sea el pintor favorito.

Fernando llegaba a los treinta, y mirando atrás, no veía en sus recuerdos aventuras en que figurasen duquesas. Dábase por desengañado antes de conocer el mundo, del cual sólo sabía por lo que dicen las novelas y por lo poco que le enseñara una observación constante, sobrado perspicaz y hecha a demasiada distancia. Parecíale tan ridícula la idea de enamorarse de Cristina, que sin miedo la miraba y admiraba. No era presumido en cuanto a galanteos, y despreciaba con noble orgullo a los aventureros del amor, que aspiran a subir adonde jamás llegarían por su propio valor, merced a los favores de las damas.

Cierto viernes del mes de mayo llegó a su palco Cristina con su hija única, Enriqueta, de quince años, y dos bizarros generales, que habían sido amantes de la duquesa, a lo menos en la opinión del vulgo. Vestía de negro, como su hija, y su pelo, como la endrina[2] y abundante, recogido en gracioso moño sobre la cabeza, dejaba ver el blanco, fuerte y voluptuoso cuello, tentación irresistible, donde la imaginación del enamorado público daba besos a miles.

La duquesa, al pasar cerca de Flores, tocóle en el rostro con los encajes de una manga, y dejóle envuelto en una atmósfera de olores tan delicados, intensos y dulcísimos, tan impregnada de lo que se puede llamar esencia de gran dama, que Fernando expresó así, allá para sus adentros, lo que sintió al aspirar aquella ráfaga de perfumes soñados: «¡Parece que estoy mascando amor!»

Lo cierto es que el pobre muchacho, con gran vergüenza suya, se sintió conmovido hasta los huesos por una nueva clase de emociones, que le indignaba desconocer a sus años, y siendo un novelista acreditado, y acreditado de escribir conforme al arte nuevo, esto es, tomando de la realidad sus obras.

En cuanto Cristina estuvo sentada en su palco, enfrente de Fernando, pero no tan enfrente, que no tuviese que volver un poco la cabeza en el caso inverosímil, absurdo, de querer mirarle, el novelista consagró todo su espíritu a la contemplación ordinaria, y ¡oh casualidad incomprensible e inexplicable por las leyes naturales y corrientes de la vida! Cristina, no bien hubo sacado de la caja los gemelos, dirigiólos al humilde escritor, que tembló como si le mirase con dos cañones cargados de abrasadora metralla.

Figúrese el lector al amante del arte, que antes suponíamos, enamorado de una virgen de Murillo, y que la contempla embelesado días y días, y uno cualquiera ve que la divina figura le sonríe como sonreiría una virgen de Murillo si, en efecto, pudiera. Pues la impresión de este hombre sintió Fernando al ver que los gemelos de la duquesa se clavaban en él, positivamente en él. El joven contemplaba siempre a la ilustre dama sin más esperanza de correspondencia que la que pudiera tener el que fuera

---

2 *endrina:* ciruela silvestre de color negro; endrino-a (adjetivo), de color negro, parecido al de la fruta de este nombre.

a *hacer el oso* [3] a una de aquellas hermosas y nobles damas que retrató Pantoja [4], que miran en su limpia sala del museo, con miradas de lujuria inacabable, al espectador de todos los siglos. No era, por lo común, descarado nuestro héroe para mirar a las mujeres; pero a Cristina sí la miraba tenazmente, sin miedo, creyéndose seguro en la oscuridad de la multitud. «¡Hay tantos ojos que devoran su hermosura! —pensaba— ¿qué importan dos más?» Y miraba, y miraba, sin que en el placer que mirando recibía entrase para nada la vanidad, que suele ser, en tales ocasiones el principal atractivo. Aunque sabía todos los casos que refieren las novelas, y hasta las historias, de grandes abismos sociales que salta el amor de un brinco, no creía que esto aconteciese en la vida real casi nunca, y la posibilidad lógica de que a él le sucediese encontrarse en una aventura de esta índole parecíale semejante a la de ganar el premio grande de la lotería: jugaba y era posible ganar ese premio; pero ni se acordaba de él. Por más que en Flores protestasen una porción de nobles sentimientos, y hasta el orgullo ofendido con el placer que sentía, antes de que la reflexión pudiera deshacer el encanto, el corazón le latió con fuerza; un sudorcillo tibio, que parecía que le regaba por dentro, le inundó de una voluptuosidad también nueva, y, lo que es peor que eso, sintió en el alma, en el alma espiritual, no en el alma del cuerpo, que dicen que hay algunos filósofos; digo que sintió en lo más íntimo de sí, una ternura caliente, calentísima, que parecía acariciarle las entrañas y aflojar no sé qué cuerdas tirantes que hay en el espíritu de los que se han acostumbrado a sofocar ilusiones, a matar sueños y aspiraciones locas y románticas, decididos a ser unos muy sosos hombres de juicio. De éstos era Flores, y esa

---

[3] *hacer el oso:* galantear, cortejar en público.

[4] *Pantoja,* Juan de la Cruz: pintor español del siglo XVI, discípulo de Sánchez Coello, y como su maestro, pintor de cámara en la corte de Felipe II. Pantoja sobresalió principalmente por sus cualidades como retratista. En el Museo del Prado se encuentran cinco de sus mejores obras —retratos femeninos a los que alude Clarín.

flojedad que digo sintió, y con ella una alegría que le parecía soplada dentro por los ángeles; y a más de este encanto, en que él era pasivo, notó que, por cuenta propia, se había puesto el corazón a agradecer la mirada de la duquesa, y agradecerla de suerte que todas las entrañas se derretían, y era el agradecimiento aquel nueva fuente de placeres, que diputó celestiales sin ninguna duda. El pobrecito quiso apartar los ojos de aquellos que le miraban detrás de dos oscuros agujeros, en que él veía llamaradas; pero la voluntad ya era esclava, y fuese tras los ojos a abismarse en la boca de los cañones que tenía enfrente. ... ...

Bueno será que se sepa cómo recibieron allá dentro la mirada del *joven del Circo,* que era como le llamaba la duquesa hacía algunas semanas; por supuesto, que se lo llamaba para sus adentros, pues con nadie había hablado de tal personaje.

Cristina, que un mes antes estaba enamorada de San Juan de la Cruz, y hubiera dado cualquier cosa por ser ella la iglesia de Cristo, la esposa mística a quien el santo requiebra tan finamente, había cambiado de ídolo y se había dicho: «Lo que yo necesito es un amor humano; pero verdadero, espiritual, desinteresado, en que no entre para nada el deseo de poseerme como carne, que incita, ni la vanidad de hacerse célebre siendo mi amante.» Los adoradores jurados le causaban hastío. Todos le parecían el mismo. Cerraba los ojos y veía un hombre *en habit noir,* como decían ellos, con gran pechera almidonada *(plastrón),* que daba la mano como un clown, que era uniformemente escéptico, sistemáticamente glacial, y que decía en francés todas las vulgaridades traducidas a todos los idiomas. La duquesa esperaba a los treinta y seis años algo nuevo, que no fuese un adulterio más, sino un amor puro, como ella no lo había conocido, como lo deseaba para su Enriqueta.

¡Cuántas veces, mirando con su rápida y prudentísima mirada a la multitud que la rodeaba, se había dicho: «¿Estará ahí?» Una noche, en Price, al decir *bon soir* a un joven aristócrata, a quien llamaban *Pinchagatos*

(Dios sabe por qué), flaco, menudo, casi ciego, pero atrevidísimo con las mujeres, Cristina, que le daba la mano con repugnancia, observó que los ojos de un espectador del paseo se fijaban, se clavaban en el sietemesino insolente. Salió del palco *Pinchagatos,* que se fue saludando a todas las damas que encontraba al paso, y la mirada tenaz le seguía. Cuando el joven aristócrata y mal formado se perdió de vista, la *ojos del paseo* volviéronse a Cristina, y suaves, melancólicos, tranquilos ya, fijáronse en ella, como para saborear un deleite habitual interrumpido. Desde aquel momento, aunque Flores no pudo comprenderlo, ni lo soñó siquiera, su contemplación constante fue espiada. Y ¡qué hubiera dicho el infeliz si hubiese sabido que existía en Madrid una gran dama para quien eran todos los placeres de la corte, y que todos los despreciaba, mientras aguardaba ansiosa la noche del viernes, el *día de moda* de Price! Y ¿por qué? Porque esa noche la consagraba ella, hacía algunas semanas, a un espionaje que le causaba una clase de delicias que tenían la frescura y el encanto fortísimo de las emociones nuevas. Cristina no miraba a Fernando cuando sabía que él la miraba; pero gozaba del placer de sentir, sin verle, que sus ojos estaban cebándose en ella. Veíale y no le veía, mirábale y no le miraba; esto ya saben todas las mujeres cómo se hace. Flores no sospechaba nada; creíase a solas en su contemplación y procuraba saciar el apetito de contemplar sin miedo de ser sorprendido. Bien conocía esto la duquesa; veía que el joven del circo la miraba, como hubiera podido hacerlo un miserable insecto de los que cantan himnos al sol en los prados al mediodía. ¿Qué le importa al insecto que el sol le vea o no? Para gozar de la delicia que le dan sus rayos, y agradecérsela cantando, le basta con la humildad de su oscuro albergue bajo la hierba. Esto del insecto no le había caído a la duquesa en saco roto, como se dice; desde que se le ocurrió tal comparación, tomóse ella por sol, al pie de la letra, y Flores fue el insecto enamorado, que le cantaba con los ojos himnos de adoración. ¡Qué delicadeza de sentimiento, qué divina voluptuosidad, qué caridad sublime, qué *distinción,* en suma, había en preferir bajarse a contemplar el mísero gusano y despreciar a las estrellas de su corte interplanetaria! ¡Qué orgullosa estaba Cristina! ¡Cuán por encima de las coquetas vulgares del gran mundo se contemplaba, consagrando entera su alma a aquel purísimo, delicado placer, que a espíritus menos escogidos les parecía insípido e indigno de una grande de España! Las mil invitaciones que cada día la obligaban a dejar tal o cual proyecto de diversión no la obligaron nunca, desde que vio a Flores, a perder su abono de los viernes. Sus amigos habían llegado a sospechar si estaría enamorada de algún clown o de algún atleta. Lo cierto es que ella gozaba, como en su primera juventud, al llegar la hora del espectáculo, al sentirse arrastrada en su coche hacia el circo de Recoletos, al atravesar los pasillos, al sentarse en su palco, saboreando de antemano las delicias de aquella noche. Si Flores aún no estaba en la primera fila del paseo, casi enfrente del palco, la duquesa se alarmaba seriamente. ¿No vendrá? Pero nunca tardó más de un cuarto de hora. Llegaba con su abrigo al brazo, modestamente vestido, pero con una elegancia natural, que era más del cuerpo que del traje; poco a poco iba abriéndose camino entre los espectadores del paseo, llegaba a la primera fila, pues nadie resistía a la insistencia del que *quería estar allí* (como sucede en los demás negocios del mundo), y dejando el abrigo sobre el antepecho, y apoyando el brazo en el abrigo, y en la mano la cabeza, consagrábase a sus religiosos ejercicios de admiración estática. Ya estaba contenta Cristina; parecíale que habían dado más luz a la cinta de gas que festoneaba las columnas; que la música era más alegre y estrepitosa, los alcides[5] más fuertes, los clowns más graciosos; el olor acre que subía de la pista le encendía los sentidos; las resonancias del circo le parecían voces interiores, y como que se restregaba el perezoso espíritu, sintiendo dulcísimo cosquilleo, contra aquella mirada que era firme muralla de acero. Sí, se apoyaba el alma de la duquesa en la mirada de Fernando, como su espalda

[5] *alcides:* hombre dotado de gran fuerza muscular.

en el respaldo de la silla, en abandono lánguido. Esto no es amor, se decía la duquesa al acostarse. Yo ya no amo; todo eso ha concluido. Pero es mucho mejor que el amor lo que siento. Ese muchacho no me gusta ni me disgusta *como físico;* es otra cosa lo que me encanta en él; es su adoración tenaz, sin esperanza, torpe para adivinar que está vista y que está agradecida. Algunas veces, aunque temerosa de romper el encanto haciendo dar un paso a la sutil aventura, había ariesgado la duquesa miradas que podían llamar la atención de Flores. De repente, cuando sabía que la miraba, volvía ella los ojos hacia los suyos, como un disparo certero, y las pupilas chocaban, desde lejos, con las pupilas. Pero en vano; los ojos de Flores no revelaban ninguna emoción; parecían los de un ciego que están en una mirada eterna fijos, mirando la oscuridad, cual esas ventanas pintadas, por simetría, en las paredes, por donde no pasa la luz. Cristina, perspicaz, llegó a explicarse esta impasibilidad, y al dar con la verdadera causa, sintió más placer que nunca. El joven, que no ponía ni pizca de vanidad en cuanto hacía, que no iba a *hacer el oso a una duquesa,* era bastante modesto para figurarse que su adoración era conocida; creía que Cristina le miraba sin verle, como a tantos otros, por casualidad. Pero, entretanto, ella comenzaba a impacientarse; todo aquello era delicioso, pero no debía ser eterno; y siguiendo, sin darse cuenta, tácticas antiguas, quiso *adelantar algo,* ya que de él no había que esperar nada. No creía ella que adelantando perdería la aventura su carácter ideal, fantástico, su naturaleza etérea, incomprensible para el vulgo de las grandes señoras. Y entonces fue cuando se resolvió *a clavarle los gemelos* al joven del paseo.

La mirada que Fernando dejó caer, sin quererlo, dentro de aquéllos, que se le antojaban dos cañones, debía de ir llena de la expresión de aquellas nuevas, profundas, tiernas y dulces emociones que procuré describir a su tiempo; porque Cristina, al recogerla dentro de sus gemelos, y sentirla pasar por la retina al alma, quedóse como espantada de gozar placer tan intenso en regiones de su ser en que jamás había sentido más que unas ligeras cosquillas.

Separó del rostro los gemelos; viéronse y miráronse cara a cara la gran dama y el humilde escritor... Todavía Fernando aferrado a su modestia, miró hacia atrás, dudando que fuese para él mirada en que había ya hasta palabras... Pero no cabía dudar más; a su espalda estaba un segoviano con la boca abierta, y detrás de éste las gradas vacías. ¡Le miraba a él! ¡La duquesa del Triunfo miraba a Fernando Flores, autor de dos novelas naturalistas vendidas por seis mil reales cada una!

La duquesa solía salir del circo antes de terminar la función. Aquella noche vio hasta el comienzo del último ejercicio; entonces se levantó, se dejó poner el chal, salió del palco, se acercó a Fernando, que no movía ni pie ni mano, nada; al llegar a tocar con el hombro en los bigotes del muchacho, que estaba inclinado sobre el antepecho del *paseo,* se detuvo para esperar a Enriqueta, que estaba en el palco todavía. Fueron pocos segundos; el hombro de la duquesa tocó en el bigote y en la nariz del novelista; él se incorporó un tanto; los ojos estuvieron frente a los ojos, a un decímetro escaso de distancia; la mariposa cayó en la llama; ¡rayos y truenos! La duquesa dejó que en su rostro se dibujara como la aurora de una sonrisa; Fernando, sin querer, sonrió con el encanto; la sonrisa de la duquesa se definió entonces; se besaron los ojos... y mientras la orquesta tocaba la Marcha Real, porque el Rey salía de su palco, Cristina se perdía a lo lejos entre las otras damas que dejaban el circo. Fernando, inmóvil, olvidado del mundo de fuera, se dividía en dos por dentro: uno, el que era más que él, gozaba el placer más intenso de su vida, y el otro, avergonzado, sentía la derrota de la orgullosa modestia. «¡Al fin, soy un necio! —decía este censor de la conciencia—. ¡Creo que le he gustado a una duquesa; estoy enamorado de la duquesa del Triunfo; me ha sonreído y he sonreído; soy su adorador y ella lo sabe! ¡Ridículo! ¡Eternamente ridículo!... Y huyó del teatro; y creía, huyendo, que el sonar del bombo y los platillos era una gran silba que le daba el público, una silba solemne, con los acordes de la Marcha Real, que es, en ocasiones, una gran ironía, un sarcasmo...

* * *

Fernando llegó a su modesta habitación de la fonda, como escritor silbado que huye del público cruel. Sobre el velador de su gabinete estaban esparcidas infinidad de cuartillas, en blanco unas, y otras ennegrecidas por apretados renglones; un *Musset, poesías,* asomaba entre aquel cúmulo de papeles sueltos. En aquel desorden estaba su pensamiento de pocas horas antes, y parecíale que ya le separaban de él siglos: al ver todo aquello, recordó el estado de su espíritu según era antes de haber ido al circo. ¡Malhadada noche! Adiós el artista, diosecillo egoísta que vivía para sí y de sus propios pensamientos, viendo en el mundo nada más que una serie de hermosas y curiosas apariencias, cuya única razón de ser era servir al novelista de modelo para sus creaciones. Pensó en su libro, en el que estaba esparcido sobre el velador; parecíale obra de otro, insulsa invención, sofistería fría y descarnada sin vida real. Su voluntad le pedía otra cosa ahora: acción, lucha; quería ser actor en la comedia del mundo, y esto era lo que avergonzaba a Flores; al verse caer en un abismo, en el abismo de la vida activa, para la cual sabía perfectamente que no tenía facultades. ¡Esa mujer me arrastrará al mundo; seré un necio más; al rozarme, al chocar con las pasiones vulgares, pero fuertes, de que hoy me burlo, me contagiaré y seré un vanidoso más, un ambicioso más, un farsante más! No temo tanto el desengaño infalible que me espera, no sé cómo ni cuándo, pero que siempre viene como temo el remordimiento, el amargo dejo que traerá consigo, cuando vuelva a buscar en el arte, en la muda y pasiva observación, un consuelo tardío... Y se acostó. No leyó aquella noche para dormirse. Apagó la luz y se quedó pensando: «Allá va don Quijote; ésta es la segunda salida...», y se despreciaba y se burlaba de sí propio de todo corazón. Ya se figuraba como su amigo Gómez, eternamente *en habit noir,* mendigando de palco en palco sonrisas de mujeres, apretones de manos de ilustres damas, sufriendo desaires que había de disimular, como Gómez, con una plácida sonrisa de ángel hecho a todo... «¡Oh, sí!, y como ella lo exija, llegaré a escribir crónicas de salones, y describiré trajes de bailes y *bibelots* de chimenea... Después de todo, esa mujer no ha hecho más que mirarme y sonreír. Sí, pero me ha mirado toda la noche y me ha sonreído de un modo... y no atendía a los que la rodeaban; no pensaba más que en mí, esto es seguro. ¿Y yo estoy enamorado? El interés que esa mujer singular, quizá no tan singular como yo imagino, ha despertado en mí, ¿es amor? ¿merece este nombre? Pero ¿qué es el amor? ¿No sé yo que hay mil maneras de padecer, de creerse enamorado, y ninguna quizá de estarlo de veras? El caso es que yo no sabré resistir si ella insiste... El ridículo es inevitable. A mis ojos ya estoy en plena novela cursi. ¡Conque suceden estas cosas! Y ella se creerá una mujer *aparte,* y a mí me querrá no por mis escasos merecimientos, sino porque soy el amante cero, el amante de la multitud.» Y, sin querer, empezó a recordar muchos casos parecidos de novelas idealistas. Pero también recordó algo parecido en Balzac; recordó a la princesa que se enamora de un pobre republicano que la contempla estático desde una butaca del teatro... y recordó también *La Curée,* de Zola, donde *Renée,* la gran dama, cede a la insistencia de un amante de azar, de un transeúnte desconocido, sin más títulos que su audacia... «Yo soy el capricho, quizá el último capricho de esa mujer.» Casi dormido, y como si en él funcionase de repente otra conciencia, pensó con tranquilidad: «¿Si lo único ridículo que hay aquí será que he visto visiones?...»

* * *

A la misma hora, reposando en un lecho cuya blandura, suavidad y olores voluptuosos Fernando Flores no podía imaginar siquiera, Cristina pensaba en el joven del circo, decidida a que fuera el último y el mejor amante: lo principal era que aquel encanto, desconocido hasta entonces, no degenerase en aventura vulgar, como todas las de su vida. Había que huir de la seducción de la materia: Schleiermacher y San Juan, de consuno, exigían que aquel amor fuera por lo divino. Ya se figuraba la duquesa a Fernando acudiendo a misteriosa cita todas las noches; ella le recibiría con un traje que no hablase a la materia; ya discurriría ella cómo puede una bata estar cortada de modo que no hable más que al espíritu: tomaría por figurín algún grabado en que estuviera bien retratada Beatriz, y aún mejor sería recurrir a la indumentaria griega; algo como la túnica de Palas Atenea o de Venus Urania [6]. Y ¿de qué se hablaría en aquellas sesiones de amor místico? La verdad es que a ella no se le ocurría ningún asunto propio de tan altas relaciones amorosas. Pero, en fin, ello diría... ¡El amor espiritual es tan fecundo en grandes ideas!... y en último caso, hablarían los ojos. Este espiritualismo, que hoy apenas se usa, se le representaba a la duquesa como el manjar más escogido del alma, porque ella había vivido en plena realidad, envuelta siempre en aventuras en que predominaba el sentido del tacto; y las quintas esencias del amor ideal, los *matices* delicadísimos de las pasiones excepcionales, con sus encrucijadas de sentimientos inefables, de adivinaciones y medias palabras, eran lo más nuevo que se pudiera ofrecer al gusto de aquel paladar acostumbrado a platos fuertes. Cristina se durmió pensando en el amor de Flores. En sueños tuvo el disgusto de notar que el joven del circo se propasaba, procurando una mezcla de deleites humanos y divinos, principio de una corrupción sensual que era preciso evitar a toda costa.

A la mañana siguiente, el pensamiento de Cristina y el de Fernando al despertar fue el mismo. Era necesario buscarse.

---

[6] *Venus Urania:* estatua de la diosa esculpida en oro y marfil por Fidias.

Y se buscaron y se encontraron. La aventura se pareció, mucho más que la duquesa deseara, a todas las aventuras en que son parte una gran señora y un joven de modesta posición. Tuvo ella que animarle, y luchó no poco entre el encanto que le causaba la vaguedad, la indecisión de los poéticos comienzos, y el miedo de asustar al amante con un fingido retrato. Él, estaba visto, no había de atreverse sin grandes garantías de buen éxito, y fue ella quien tuvo que arriesgar más de lo justo. Al fin se hablaron. Fue en un coche de alquiler. No hubo mejor medio, aunque lo buscó la duquesa, que sentía, en su nueva vida espiritual, una gran repugnancia ante semejantes vehículos. Hubiera sido mucho más a propósito una gruta, con o sin cascada; pero fue preciso contentarse con un simón. Flores pensó: «¿Habrá leído Mme. Bovary esta mujer?» [7] No, infeliz, no ha leído tal cosa; Cristina lee a Scheleiermacher y a Fray Luis de Granada, no temas. El novelista acudía a las citas de amor como si fuera a fabricar moneda falsa. Estaba avergonzado hasta el fondo de la conciencia. Era un cursi más definitivamente. Gómez, con su gran pechera, su *clack* [8] bajo el brazo, ya le parecía un héroe, no un ente ridículo. ¡También él era Gómez!

Pasaba el tiempo y los amantes estaban como el Congreso de Americanistas y otros por el estilo, siempre en las cuestiones preliminares. Se había convenido: 1.°, que aquel amor no era como los demás; 2.°, que la duquesa no podía ofrecer a Fernando la virginidad de la materia; pero que, en rigor, hasta la fecha no había amado de veras, y, por consiguiente, podía ofrecerle la virginidad

---

[7] *Habrá leído... esta mujer:* se pregunta Flores si la duquesa habrá leído *Mme. Bovary,* pensando en la conocida escena de amor entre Emma y León en un coche de alquiler (final del capítulo primero, tercera parte). Además de tratarse de uno de los más bellos episodios de la novela de Flaubert, esta escena gozó siempre de celebridad porque en base a ella se originó el proceso al que fue sometido el autor por presunta inmoralidad.

[8] *clack:* sombrero de copa alta que por medio de muelles puede plegarse con el fin de llevarlo sin molestias en la mano o debajo del brazo.

del alma, y váyase la una por la otra; 3.º, que aunque la modestia de Flores protestase, estaba averiguado que él era un hombre superior, excepcional, que tenía en su espíritu tesoros de belleza que no podría comprender ni apreciar jamás una mujer vulgar. Afortunadamente, la duquesa no era una mujer vulgar, sino muy distinguida, singular, única, y leía en el alma de Fernando todas las bellezas que había escrito Dios en ella; 4.º, que no siendo puñalada de pícaro el contacto de los cuerpos, se conservaría el *statu quo* en punto a relaciones carnales, sin que esto fuese comprometerse a una castidad perfecta, toda vez que nadie puede decir de esta agua no beberé.

Fernando estuvo alucinado algún tiempo. Llegó a creer en la verdad de los sentimientos de Cristina y a sí propio se juzgó enamorado; así que, de buena fe, buscó y rebuscó en su imaginación, y hasta en su memoria, alimento para aquellos amores en que tan gran papel desempeñaban la retórica y la metafísica. Días enteros hubo en que no pensó, siquiera una vez, que todo aquello era ridículo. Con toda el alma, sin reservas mentales, acudía a dar *la conferencia* de sus amores; y explicaba un curso de amor platónico, como si no pudiera emplearse la vida en cosa más útil. Cristina estaba en el paraíso; se había creado para ella sola un mundo aparte: sus amigos nada sabían de estos amores. Aquel romanticismo místico-erótico, que es ya en literatura una antigualla, era un mundo nuevo de delicias para la pobre mujer que desertaba de la vida grosera del materialismo hipócrita, de buenas formas y bajos instintos y gustos perversos, del gran mundo de ahora. Mientras él mismo participó del engaño, Flores no pudo ver que era interesante, al cabo, aquella mujer tan experimentada en las aventuras corrientes de la vida mundana, pero tan inexperta y cándida en aquellas honduras espirituales en que se había metido.

Una noche, Fernando oyó en el café a un amigo una historia de amores que, aunque no lo era, se le antojó parecida a la suya. En ella había un amante que jamás llegaba al natural objeto del amor, al fin apetecido (tomando lo de fin, no por lo último, sino por lo mejor).

Flores se puso colorado; casi creyó que hablaban de él, y volvió al tormento de verse en ridículo. Si hasta allí había sido tímido y había respetado la base 4.ª del tratado preliminar, porque él mismo creía un poco en la posibilidad de los amores en la luna (aunque como literato y hombre de escuela los negaba), desde aquel momento se decidió a ser audaz, grosero si era necesario. La duquesa había agradecido a Fernando su delicadeza, aquel respeto a la base 4.ª; pero no dejaba de parecerle extraño, quizás un poco humillante, acaso algo sospechoso ese firme cumplimiento de convenciones que, al fin, no eran absolutas, según el mismo texto de la ley; repito que ella agradecía esta conducta tan conforme con su ideal, pero no la hubiera esperado.

Fernando fue todo lo brutal que se había propuesto. Todo antes que el ridículo. Pero la duquesa resistió el primer asedio con una fortaleza que sirvió para encender de veras los sentidos del amante. Mas ¡ay! al mismo tiempo que en Fernando brotaba el deseo que daba a sus devaneos un carácter más humano, se le cayó la venda de los ojos, y vio que si antes había sido ridículo, menos acaso de lo que él creía, ahora comenzaba a ser un bellaco. ¿Amaba él de veras a aquella mujer? No, decididamente no; ya estaba convencido de ello. En tal caso, ¿tenía derecho a exigir el último favor, a llevarla hasta el adulterio? ¡Bah, la duquesa! Una vez más, ¿qué importaba? —respondía el sofisma—. Pero ¿aquella mujer no estaba arrepentida? ¿No se había arrancado, por espontáneo esfuerzo, a las garras del adulterio material, grosero? ¿No estaba aquella mujer en camino de regeneración? ¡Bah!, era una Magdalena sin Cristo; su arrepentimiento no era moral, era un refinamiento de la corrupción; su espiritualismo, su misticismo, ¡eran falsos, eran ridículos! ¡Ridículos!, ¿quién sabe? Lo parecían sin duda; pero ¿no había alguna sinceridad en aquel arrepentimiento, aunque pareciese otra cosa? ¿No había, por lo menos, una buena intención? Si Cristina hubiese tenido un verdadero director espiritual, ¿no hubiera buscado salvación por mejor camino?... Arrastrar otra vez a aquella mujer a la concupiscencia del cuerpo era un crimen; no era un adulterio más; era el peor de todos, peor acaso que el primero. «Sí, sí —acabó por pensar Fernando que mantenía esta lucha con su conciencia—; ¡ahora me vengo con escrúpulos! Lo que tengo yo, que soy un cobarde, que no se me logra nunca nada de puro miedo; todos estos tiquismiquis morales no son más que el miedo de dar el segundo ataque a esa fortaleza restaurada...» Y otra vez el pánico del ridículo le llevó a ser atrevido, brutal, grosero. Cristina sucumbió; el deleite material despertó en ella todos sus instintos de

Montón de carne lasciva,

que dijo el poeta. Schleiermacher y los místicos se fueron a paseo, según expresión brutal de ella misma. Quince días de embriaguez de los sentidos bastaron para que Flores llegara al hastío. Empezaba a saber la gente algo de aquello, y el novelista, apagada ya la sed del placer, y satisfecho como hombre de aventuras, quiso villanamente coger velas y huir del abismo que iba a tragarle. La posición de amante oficial de la duquesa del Triunfo obligaba a mucho. ¡Oh, infamia! Flores hizo, contando por los dedos, el presupuesto ordinario de los gastos a que aquella vida le obligaba; no daban los libros para tanto. Además, los salones le ocuparían demasiado tiempo, «y él era, ante todo, un artista». Una mañana, que durmió hasta muy tarde, arrojó en un bostezo el resto de su falso amor. «¡Ea! —se dijo, revolviendo las cuartillas desordenadas de la novela, que esperaba en los primeros capítulos al distraído autor de sus páginas—. ¡Ea! esto se ha concluido; yo no soy un Don Juan, ni un sietemesino, ni un hombre de mundo siquiera; yo soy un artista. Es necesario que lo sepa Cristina. No se ha perdido el tiempo al fin y al cabo. Hágome cuenta que he trabajado en la preparación de un libro; he observado, he recogido datos; creí un momento haber encontrado el amor: ¡no! es algo mejor; he encontrado un libro... La mujer no es para mí, no podía ser; pero tengo... el documento. Cristina me servirá en adelante como *documento humano*. Hagamos su novela; es un caso de gran enseñanza. Los necios dirán que es inverosímil; pero yo le daré caracteres de verdad cambiando el original un poco.» Y escribió cuatro renglones a la duquesa despidiéndose de ella. «La inspiración le había visitado. Iba a encerrarse con la inspiración algunos meses fuera de Madrid, y en todo ese tiempo no podrían verse. Acaso les convenía. ¿No se acordaba de aquella Dalila de Feuillet[9], que tanto le gustaba antes de que él, Fernando, le hubiese hecho despreciar a los escritores de la escuela idealista? Pues bien; el ejemplo de Dalila era una lección. El verdadero amor exigía este sacrificio. Ella sería la primera que leyese el libro que le mandaba escribir el *deus in nobis*...»

Cristina leyó esta carta con pena; pero no con tanta pena como hubiera tenido si el desengaño hubiera precedido a la *caída*. Llamaba ella la caída al momento en que sus amores con Fernando dejaron de ser metafísicos. «¡Al fin estas relaciones iban pareciéndose a las otras! ¡Oh, no; ni estas ni otras... Basta... basta... El amor es así!... ¿Sintió despecho? Eso sí; siempre se siente en tales casos.

Pasó cerca de un año. Cristina no tuvo amante; se dejaba adorar, pero no admitía confesores. Una noche recibió un libro encuadernado en tafilete. Era la novela de Flores, con una dedicatoria del autor: «A mi eterna amiga.» Cristina despidió a Clara, su doncella, y sin acostarse, pasó la noche, de claro en claro, devorando el libro. Era la historia de su vida, según ella la había dejado ver, en el abandono del amor ideal, al redomado amante. ¡Qué infamia! Fernando no la había amado, la había estudiado. Cuando sus ojos se clavaban en los de Cristina para anegarse en ellos, el traidor no hacía más que echar la sonda en aquel abismo. Como obra de arte,

---

9 *Dalila de Feuillet:* protagonista de la obra dramática del mismo nombre, original de Octave Feuillet. Véase también la nota 18 de *Pipá*.

el libro le pareció admirable. ¡Cuánta verdad! Era ella misma; se figuró que se veía en un espejo que retrataba también el alma. En algunos rasgos del carácter no se reconoció al principio; pero reflexionando, vio que era exacta la observación. El miserable no la había embellecido: cuestión de escuela. Al amanecer se quedó dormida, después de leer dos veces la última página...

A las doce, despierta; arregla apenas su traje desaliñado con el desasosiego de aquel sueño de pocas horas, y vuelve a leer... Pero antes ha dado orden terminante de no recibir a nadie. Quiere estar sola. «Es verdad, sola está; ¡qué sola! Aquel hombre implacable, artista sin entrañas, observador frío como un escalpelo, le ha hecho la autopsia en vida y le ha hecho asistir a ella. ¡Una vivisección de la mujer que se creyó amada!» A las tres almuerza Cristina, y bebe para alegrarse, para animarse. A los postres pide un frasco de *benedictino,* del cual solía probar Fernando. Se sirve una copa; pide a Clara recado de escribir, y manda esta carta a Flores:

«Fernando: He recibido tu libro. Como novela, es una obra maestra; pero, de todas maneras, tú eres un plebeyo miserable. *La duquesa del Triunfo.*»

¡Ah, sí, un plebeyo! —se quedó pensando—. ¡La multitud, esa multitud que me admira y me espía! De ahí le saqué... ¡Por algo la miraba yo con miedo!

* * *

El libro de Fernando gustó mucho a los inteligentes; la crítica más ilustrada y profunda le consagró largos análisis psicológicos. Alguien dijo que el tipo de aquella mujer no existía más que en la imaginación del novelista. Fernando contestaba a esta censura con una sonrisa amarga. «¡Oh, sí, existía la mujer; era la que se había vengado de muchas injurias llamándole plebeyo!»

Madrid, junio 1882.

Avecilla

I

Don Casto Avecilla había pasado del Archivo de Fomento [1], pero sin ascenso, a la dirección de Agricultura, y de todos modos seguía siendo un escribiente, el más humilde empleado de la casa. Los porteros, cuyo uniforme envidiaba don Casto, no por la vanidad de los galones, sino por el abrigo de paño, despreciábanle soberanamente. Él fingía no comprender aquel desprecio, creyéndose superior en jerarquía a tan subalternos personajes, siquiera ellos cobrasen mejor sueldo y tuvieran gajes que a don Casto ni se le pasaban por las mientes, cuanto más por los bolsillos. Cuando se le preguntaba la condición de su nuevo empleo, decía con la mayor humildad y muy seriamente que estaba en pastos, palabra con que él sintetizaba, por no sé qué clasificación administrativa, la tarea a que consagraba el sudor de su frente.

Era una tarde de las primeras frías de octubre. El concienzudo Avecilla terminaba la copia de una minuta conceptuosa escrita por el oficial de su mesa, y mientras

---

[1] *Fomento:* el Ministerio de Fomento, creado en 1847, tuvo a su cargo promover los adelantos y mejoras de la agricultura, comercio, industria, obras públicas e incluso, hasta 1900, el fomento de la instrucción pública. En 1931 fue sustituido por el Ministerio de Obras Públicas.

limpiaba la pluma en la manga de percal inherente a su personalidad oficinesca, sonreía a la idea de un proyecto que desde aquella mañana tenía entre ceja y ceja. Almorzaba don Casto en la oficina y sin vino, por lo común, pero aquel día un compañero aragonés habíale dado a probar un Valdiñón que de Zaragoza le enviaron los suyos, y don Casto, que no solía probarlo, con una sola copa se había puesto muy contento, y hasta la tinta la veía de color de rosa. Y por cierto que decía: —¿Quién ha traído esta tinta tan clara? Es bonita para cartas de lechuginos, pero no es propia de la dignidad del Estado—. Por que es bueno advertir de paso, que Avecilla, muchos años después de haber comenzado su vida burocrática, había averiguado que lo que él había llamado el Gobierno siempre, no era precisamente quien le pagaba ni a quien él servía; supo, *en suma,* que existía *una entidad superior llamada Estado,* y que el Estado, es decir, yo, usted, el vecino, todos los *ciudadanos, en suma,* eran los verdaderos señores, pero no como particulares, sino *en cuanto entidad Estado.* Saber esto y engreírse el señor Avecilla fue todo uno. Desde entonces, se creyó una ruedecilla de la gran máquina, y tomó la alegoría mecánica tan al pie de la letra, que casi se volvía loco pensando que si él caía enfermo, y se paraba, por consiguiente, en cuanto rueda administrativa, las ruedecillas que engranaban con él, se pararían también, y de una en otra, llegaría la inacción a todas las ruedas, inclusive las más grandes e interesantes. Muchas veces, cuando salía el buen escribiente a paseo con su cara mitad y con su querida Pepita, hija única, de diecisiete años, iba pensando cosas así. Reparaba con pena el color de ala de mosca de la mantilla de su mujer; bien comprendía que el abrigo de Pepilla era raquítico, muy corto y atrasado de moda y desairado; y ¡qué lástima! precisamente la chiquilla tenía un cuerpo hecho a torno. Pero por muy bien torneado que tuviera el cuerpo, cuando apretaba el frío no había más remedio que recurrir al abrigo desairado y tristón. Los pobres no siempre pueden lucir la hermosura. —Para ver a Pepilla hay que verla cosiendo en su guardilla, pensaba el padre, cosiendo en su guardilla, en verano, en enaguas, con un pañuelo de percal al cuello, la camisilla algo descotada, sudando gotitas muy menudillas por el finísimo cuello... y canta que cantarás... En invierno, la ropa mal hecha y no siempre hecha para ella, le roba a la vista algunos encantos... Pero todas estas tristezas que iba pensando por el paseo el señor don Casto se le olvidaban como cosa baladí, cuando volvía a parar mientes en su propia personalidad administrativa. —En cuanto a mí, decía, soy un miembro intrínseco de la sociedad de que formo parte. Y se detenía un momento, y dejaba que madre e hija siguieran un poco adelante, para contemplarse a su sabor en su calidad de miembro integrante (que era lo que él quería decir con lo de intrínseco) de la sociedad de que formaba parte. Llevaba siempre a paseo un gabán ruso, de color de pasa, del más empecatado género catalán que fue en el mundo protegido de aranceles. Ocho duros decía don Casto que había sido el precio de tan hermosa prenda, pero esto era una de las pocas mentirijillas que él creía necesario decir en *holocausto al decoro*. El gabán había costado cinco duros y ya se había reenganchado varias veces, pues más de seis años atrás había cumplido el servicio y merecido la absoluta. Decía don Casto que no el Gobierno, sino los particulares eran los que debían proteger la industria nacional. —¿Que cómo? declamaba en su oficina, dando un puñetazo, no muy fuerte, al pupitre (en ausencia del oficial). ¿Que cómo? Es muy sencillo; usando, como yo uso siempre, géneros españoles; y señalaba con el dedo índice de la mano derecha a su gabán ruso colgado de humilde percha; y en esta actitud permanecía mucho tiempo. —No es el Estado, no, como entidad, el que debe cuidar las industrias; somos nosotros los que debemos consumir constantemente, y cueste lo que cueste, los productos nacionales. Así se hermana la libertad con la prosperidad nacional. Es preciso confesar que Avecilla, aunque modesto por condición, sentía gran orgullo al contemplarse inventor de esta graciosa componenda del libre cambio y el proteccionismo. Leía los periódicos, y al llegar el verano solía encontrar noticias como ésta: «Los duques de las Batuecas han sido para Biarritz.» —¡Fuego en ellos! gritaba don Casto; esta nobleza, esta respetable nobleza, sí, muy respetable, por otra parte, no conoce sus intereses: ¡así se protege la prosperidad nacional! Ir al extranjero... dejar allí todo el dinero de la nación... no, en mis días, no iré yo a vestirme al extranjero. ¿Pues y las modas? ¿Y las señoritas que encargan sus trajes a París? Aborrecía don Casto *Le bon marché* y *Le Printemps* [2] con toda su alma, tanto, que una vez que le hablaron del Barbero de Beaumarchais: —¡No me hablen de ese comerciante! —gritó tomando al poeta por el comercio parisiense. —Mi hija no encarga, no, sus vestidos a esos establecimientos, que viste a la española, y como española... lo mismo que su padre.

Decía antes que iba don Casto con su mujer y con su hija a paseo, y que las dejaba adelantarse un poco para considerar su personalidad jurídico-administrativa a sus anchas. Esas palabrejas compuestas, separadas por un guión le encantaban; cuando empezó a saber de ellas, que no hacía mucho, las extrañó bastante, y creía que no era castellana esa concordancia de lírico-dramática, por ejemplo. —Será lírica-dramática, sostenía don Casto; pero cuando se convenció de que era lírico-dramática y democrático-monárquica, encontró un encanto especial en esta clase de vocablos, y a cada momento los usaba, bien o mal emparejados.

Considerando, pues, su personalidad, o dígase entidad, que lo mismo le daba a él, jurídico-administrativa, don Casto sentía lo que se llama pasmos y hasta llegaba al deliquio. Tenía soberbia imaginación; cuantas metáforas y alegorías andan por los lugares comunes de la retórica periodística y parlamentaria, tomábalas al pie de la letra Avecilla y veía los respectivos objetos en la forma material del tropo. V. gr.: el equilibrio de los poderes se lo

---

2 *Le bon marché* y *le Printemps:* dos de los más conocidos almacenes de París.

figuraba él en forma de romana; el rey o jefe del Estado, o sea poder moderador (nombre que daba a S. M.), era el que tenía el peso; y no por falta de respeto, ni menos por mofa, sino por inevitable asociación de ideas, se le representaba como poder moderador el carbonero de la calle de Capellanes, su amigo, todo negro de tiznes, pero imparcial y justo; el poder judicial era el fiel; el poder legislativo estaba colgado de los ganchos, y el ejecutivo era la pesa. Pensando en la arena candente de la política se le aparecía la plaza de toros en un día de corrida en agosto y desde tendido de sol. En cuanto a él, don Casto Avecilla, era, como dejo dicho, una rueda de la máquina administrativa, siquiera fuese una rueda del tamaño de un grano de mostaza. No por esto se afligía, pues sabía que no por ser tan pequeña era esta ruedecilla menos importante que las otras. Tan al pie de la letra tomaba esto de la rueda, que dos o tres veces que tuvo tercianas [3] soñó que tenía dientes por todo el cuerpo, y delirando dijo a su mujer:

—Dejad todas esas medicinas; lo que yo necesito es aceite, que me unten, que me den la unción y veréis como corro.

Iban delante su mujer y su hija Pepita, y él quedábase atrás, como ya dije dos veces; poníase el sol en el ocaso, como suele; los celajes de grana, inmenso incendio en el horizonte, daban a la fantasía de don Casto inspiración para sus sueños administrativos; él llevaba en la cabeza una epopeya burocrática; sentíase crecer; dentro de él, por una especie de panteísmo oficinesco, veía la esencia de cuanto es el Estado, en sus ramos distintos, pero enlazados. «Que me muero yo ahora, de repente —pensaba—, pues no sólo dejo en la miseria a esas dos pobres mujeres, sí que también (este giro lo había aprendido en un periódico) sí que también, y esto es lo más interesante, por mí se detiene el general movimiento del bien concertado mecanismo del Estado; se para esta ruedecilla, y se debe quedar en el lecho; acto continuo se detiene la rueda

[3] *tercianas:* calentura intermitente que repite al tercer día.

inmediata superior; el oficial, al detenerse ésta, tropieza y también se detienen los demás oficiales y escribientes del negociado...» Y de una en otra llegaba a ver detenidas todas las direcciones del ministerio, y detenido el ministerio de Fomento, parábase el de Gobernación *et sic de cæteris*... «¡Qué importancia la mía! —exclamaba abrochándose el gabán para que una pulmonía no viniese a interrumpir el juego de las instituciones—. ¡Qué importancia! Y mirando al sol que se escondía, no se creía inferior por su destino al astro rey, pues si por él vivía la república ordenada de nuestro sistema planetario, en el orden sociológico era don Casto no menos indispensable que el luminoso rayo que se perdía... Todo es uno y lo mismo, había leído una vez, creo que en Campoamor, y desde entonces, sin entender este, que a su buen sentido parecía un disparate, lo repetía en las grandes ocasiones, sobre todo cuando le faltaban argumentos.»

Vengamos al día en que había bebido una copa de Valdiñón y estaba muy contento.

El oficial acababa de abandonar su puesto, quedaban allí varios auxiliares y los escribientes.

—Yo sostengo que el teatro no es la escuela de las costumbres —decía un joven auxiliar, que parecía oficial de peluquero, y tenía una instrucción y un escepticismo de peluquero también.

—Yo al teatro voy a reírme y nada más —exclamó un escribiente gordo y calvo que dormía más que escribía.

Don Casto levantó la cabeza, y mientras se desataba la manga de percal negro dijo, porque creyó llegada la hora de decir algo:

—Caballeros, yo confieso que prefiero las comedias de magia que encierran un fin moral. Cuando veo a la virtud triunfante en lo que llaman los inteligentes la apoteosis, rodeada de ángeles y alumbrada por luces de bengala, comprendo que el teatro, bien entendido, es un elemento de educación y entra de lleno en la esfera que llamaré artístico-administrativa, merced a los recursos de la literatura lírico-dramática-escenográfica.

Calló don Casto, convencido de que no en balde había dicho tanta palabra compuesta. No replicaron los circunstantes, que veían en Avecilla el oráculo del negociado; y él, con paso majestuoso, con modestia que sienta bien a la sabiduría, se fue derecho a su gabán, que estaba en la percha de siempre, y bien envuelto en aquella querida prenda, salió de la oficina diciendo:

—Buenas tardes, caballeros.

—Se le había ocurrido una idea: que aquella noche debía llevar a su mujer e hija al teatro. A pesar de lo mucho y bien que discurría don Casto en materias líricodramáticas, como él decía, era lo cierto que en once años había visto dos veces el teatro Español por dentro. No había visto más que *La vida es sueño* y *La redoma encantada*[4]. «¡Cómo se va a alegrar Pepita» —iba pensando camino de su casa. Este era el proyecto que le tenía preocupado hacía algunas horas. ¡Ir al teatro toda la familia! Idea tentadora, pero que iba a costar muy cara... En cambio, ¡qué alegría la de Pepita, tan sensible, tan aficionada a la comedia! ¡Oh, el alegrón que con esta noticia dio don Casto Avecilla a los suyos, artículo aparte merece, así como las vicisitudes de aquella noche consagrada al arte! Estos despilfarros de los pobres, que llevan la economía hasta el hambre, tienen un fondo de ternura que hace llorar. Cosiendo está en casa doña Petra, la digna esposa de don Casto, bien ajena de que el demonio tentador va a entrar diciendo, con heroico arranque de valor:

—¡Ea, vamos a echar una cana al aire. Pepa, esta noche al teatro!

—¡Una cana al aire! —gritará Pepita, que tiene el pelo negro como la endrina. Las canas de los pobres son los ochavos. Dejemos a don Casto colgado del cordón de la campanilla, jadeante, anhelando comunicar a sus queridas *esposa e hija* su resolución temeraria. —¡Tilín, tilín, tilín!...

---

[4] *La redoma encantada:* comedia de Hartzenbusch (1806-1880), autor del famoso drama *Los amantes de Teruel.*

—Es él —dice Pepita levantándose.
—Él —repite la madre, y ninguna sospecha nada.
—¡Abramos!

II

¡Él era! Radiante como debió de estar César después de pasar el Rubicón; desafiando al mundo entero con una mirada de... no se puede decir de águila, porque si a la de algún volátil tiene que parecerse la mirada de don Casto, será a la de la codorniz sencilla. Don Casto iba decidido a vencer, a no dejarse dominar por la excesiva parsimonia económica de doña Petra, su dulce pero demasiado cominera esposa.

Avecilla expuso su atrevido proyecto en pocas palabras, sin andarse con circunloquios. Pepita abrió unos ojos como puños; su madre una boca como quinientos ojos de Pepita.

Don Casto repetía lo de la cana al aire y se adelantaba a todas las objeciones.

—¡Se me dirá que el teatro no educa! Pues yo digo que sí. Educa relativamente —y se detuvo un momento, procurando acordarse de un latín que él había oído usar en casos análogos—. *Secundum quid* era lo que quería decir.

—Casto, mejor sería que guardáramos esos cuartos para reunir el traje de franela que te ha recomendado el médico; mira que el invierno se echa encima...

Don Casto tembló del frío que le dio acordarse del reúma y del invierno.

—No niego yo la importancia del abrigo —replicó—, pero el espíritu también necesita su refrigerio; tú no sabes, Petra, y eso explica tu incalificable tenacidad, que así como hay ciencias que se llaman físico-matemáticas, otras existen con el nombre de político-morales.

—¿Y qué tenemos con eso, Avecilla?

—Tenemos que Pepita se compone, como todo ser racional y libre, de alma y cuerpo, y se pasa el santo día y gran parte de la noche igualmente santa consagrada a las tareas propias de su sexo, que más embrutecen que elevan el espíritu; es necesario que, de vez en cuando, dé reposo al cuerpo y trabajo al alma, con la contemplación de lo bello, lo bueno y lo verdadero.

Doña Petra estaba muy acostumbrada a no entender palabra de cuanto decía su querido esposo; pero lejos de burlarse de estos discursos, creía firmemente que a ellos debía don Casto la conservación de su destino a través de todos los ministerios y formas de gobierno. Aquella garrulería incomprensible representaba a los ojos y a los oídos de doña Petra el pan de cada día; creía con fe ciega que tales sentencias y palabrotas eran la ordinaria tarea de su marido en la oficina de pastos. Preciso es confesar que don Casto en ninguna parte como en su casa abusaba de las palabras compuestas, del tecnicismo que no entendía y de las citas inoportunas; recreábale la música de sus párrafos y «¡Aquí que no peco», pensaba, disparatando en el *hogar doméstico* más graciosamente que en la *plaza pública* y *sin trabas ni cortapisas.*

Pepita, que saltaba en su silla de costura deseando apoyar la resolución de su padre, se contuvo ante el argumento de la franela. ¡El pobre viejo necesita tanto aquel abrigo! En cambio su madre comenzó a rendirse ante la consideración de que Pepita tenía alma y cuerpo y todo lo demás que había dicho el sabio. La madre miró a la hija, con los ojos llenos de lágrimas. ¡Si sabría ella cual era la pasión de Pepa! No en balde tenía la niña un padre *tan fantástico.* Lo que a él se le iba en imaginar máquinas administrativas, fábricas de gobernar al vapor, la niña empleábalo en crear poéticas figuras y sucesos de inverosímil grandeza. Poco había leído porque le faltaba tiempo; pero de restos de personajes y de intrigas que en malos libros recogiera, iba formando todo en su rica y sana fantasía que inspiraba un corazón tierno y ardiente en el amor de lo que llamaría don Casto lo bueno, lo bello y lo verdadero.

Doña Petra no tenía fantasía. «Los de mi tierra (una de las Cinco villas)[5], no son *imaginativos*», decía ella; pero respetaba el sagrado fuego que ardía en los dos seres que más amaba. Nunca había engañado a su marido; mas tenía un secreto deseo que por nada de este mundo le hubiera revelado: volver a ver las figuras de cera. Todos los teatros de la tierra daba ella por el placer de contemplar aquellos hombres que parecían de carne y hueso y eran de la materia misma con que ella suavizaba el hilo. En el teatro los hombres eran hombres efectivamente ¡vaya una gracia!, el caso era parecerlo y no serlo. El encanto del engaño, de la imitación de lo humano, era el único placer estético que comprendía doña Josefa. Aunque ella oculte el deseo de que hablo, porque sabe que a su marido le parece indigno de la esposa de un Avecilla, bien recuerda don Casto el placer intenso que experimentó Petra en Zaragoza durante las ferias de la Pilarica, contemplando la exposición de figuras de movimiento de Mr. Brunetière.

—Ya se sabe —exclamó el esposo—, para ti no hay comedia, drama, ni tragedia que valga lo que uno de esos cuadros de la *cerámica* (así llamaba don Casto al arte que encantaba a su esposa). Comprendo que guste la escultura... pero ¡la cerámica!

—¿Pues qué mejor escultura que las figuras de cera? —se atrevió a replicar la buena señora.

—¡Profanación!

—Las estatuas, vamos a ver, ¿no quieren imitar a las personas? Pues las personas no andan en cueros vivos, por poca vergüenza que tengan, ni con esas ropas menores ceñidas al cuerpo. Si alguna estatua me gusta es la de Mendizábal[6].

---

[5] *Cinco villas:* lugar de la provincia de Madrid, en el término municipal de Monjirón.

[6] *Mendizábal:* Juan Álvarez Mendizábal (1790-1853), político y hacendista español, especialmente conocido por sus leyes desamortizadoras, 1835-1837, que tanto influyeron en el cambio de estructuras sociales y económicas en la España del siglo XIX.

—¡Ilustre patricio y estatua detestable! —exclamó el marido.

Pues esa, a lo menos, tiene capa, como se usan y no un camisón de once varas. Pero mejor están las figuras de cera que traen ropa como las personas; vamos, de tela y de paño y a la moda del día. Pues ¿y la color? ¿y los ojos? y ¿qué me dices de aquéllas que alientan y se quejan como cristianos? ¿No te acuerdas de la madre de Cabrera en la prisión? ¡Qué lágrimas vertía la pobrecita! [7] ¿Y aquel oficial moribundo? ¡Qué estertor aquél! Así se mueren las personas de verdad; dímelo tú a mí... Pues ¿y el czar cayendo más mucrto que vivo de su coche? ¿Y aquel señor chiquitín que se llamaba el señor Tres o Tries? [8]...

—Thiers, Josefa, el gran repúblico.

—Pues ése. ¿Y el papa Pío IX dándole la mano al que hay ahora y los dos risueños como ángeles?

—Basta, basta... Recuerdo, sí, recuerdo todas aquellas ignominias del arte; y volviéndose a la hija continúa: Figúrate, hija mía; anacronismo sobre anacronismo (Pepita no sabía lo que era esto); un *tutunvulutum* (totum revolutum), un *vademecum* (pandemonium) [9], una caja de

---

[7] *No te acuerdas... la pobrecita:* doña María Griñó, madre del general carlista Ramón Cabrera y Griñó (1806-1877), fue fusilada en Tortosa el 16 de febrero de 1836, sin formación de proceso, después de sufrir prisión durante dos años. El encarcelamiento y ejecución de la madre de Cabrera fue un acto de torpe represalia por parte de las fuerzas liberales, concretamente del Capitán General de Cataluña, en respuesta a la crueldad y saña que Cabrera había demostrado con los prisioneros milicianos en el curso de la primera guerra carlista.

[8] *Thiers:* Luis Adolfo Thiers (1797-1877), político e historiador francés. Uno de los más conocidos estadistas de su tiempo, desempeñó varias veces el puesto de presidente del Gobierno y en 1871 fue nombrado jefe del Poder Ejecutivo. El mismo año reprimió la insurrección de la Comuna y fue elegido presidente de la República francesa, cargo que ocupó durante tres años hasta que fue derribado por los conservadores y monárquicos.

[9] *Pandemonium:* en sentido figurado, cosa incoherente y confusa; reunión numerosa de gentes discordes.

Pandorga (Pandora)[10], en suma... Allí vi ¡horror! a don Alfonso XII, al poder moderador, vestido de capitán general, con su difunta esposa Mercedes del brazo derecho y la reina Cristina[11] del izquierdo, ambas en traje de boda. ¡Bigamia espantosa, cuyo ejemplo hubiera bastado para desmoralizar toda la administración!... Después Rita Luna[12] codeándose con Julio Fabre[13], el Empecinado[14] mano a mano con la emperatriz Eugenia[15], Mariana Pi-

---

10 *Pandora:* en la mitología griega, Pandora fue la primera mujer que existió en la tierra. Contrajo matrimonio con Epimeteo, quien le prohibió abrir una caja que había en su casa; pero Pandora, no pudiendo resistir su curiosidad, la abrió y de ella salieron todos los males que afligen a la humanidad. Sólo quedó en la caja la Esperanza.

11 *Mercedes... reina Cristina:* María de las Mercedes de Orleáns y Borbón, primera esposa de Alfonso XII. Contrajeron matrimonio en 1878, pero doña María de las Mercedes falleció seis meses más tarde, y al año siguiente el rey se casó en segundas nupcias con doña María Cristina, archiduquesa de Austria.

12 *Rita Luna* (1770-1832): actriz de teatro que protagonizó gran número de las obras clásicas de la literatura española. A pesar de su éxito, pidió la jubilación en 1804 y se retiró a vivir una vida austera y devota hasta su muerte.

13 *Julio Fabre:* Julio Fabre d'Envieu (1821-1901), filólogo y pensador francés. Canónigo y catedrático de historia sagrada en la Sorbona. Como filósofo, Fabre se distinguió por sostener la causa del ontologismo contra escolásticos, sensualistas y eclécticos.

14 *el Empecinado:* Juan Martín Díaz (1775-1825), militar español conocido también con el sobrenombre de *El Primer Guerrillero* durante la guerra de Independencia. Cuando Fernando VII entró en España, aboliendo la constitución de 1812, Juan Martín fue desterrado a Valladolid. A partir de entonces, y exceptuando el corto paréntesis del trienio liberal, el Empecinado fue objeto de todo tipo de persecuciones. Encarcelado desde 1823 hasta el momento de su muerte, los días de mercado se le sacaba de la prisión para meterle en una jaula y exponerle a la befa, silbidos y pedradas de los absolutistas. El 19 de agosto de 1825, después de ser literalmente cosido a bayonetazos, elevaron su cadáver sobre un tablado para someterlo a la horca. La ejecución tuvo lugar en Roa, aquella misma población que Juan Martín había liberado años antes con la ayuda del cura Merino.

15 *Emperatriz Eugenia* (1826-1920): nacida en Granada, hija de los condes de Montijo, casó con Napoleón III en 1853, convirtiéndose en emperatriz de los franceses.

neda [16], a partir un piñón con el obispo Caixal [17]... y por último, Calderón de la Barca, con un libro encarnado entre las manos, un libro, hija mía, titulado, bien lo recuerdo, *Voyage sur les glaces* [18] (como suena)... En fin, Petra, tú estás dispensada de tener ideas estéticas. Vamos al teatro.

Vencidos los últimos escrúpulos, más económicos que estéticos de la digna esposa, aquella honrada familia procedió a los preparativos de la extraordinaria fiesta. Era preciso cenar antes de salir; después hacer el tocado, como con gran afectación decía don Casto, cuyo proteccionismo se extendía al idioma. «¡Yo no uso galicismos!», gritaba ardiendo en la pura llama del patriotismo gramatical. Y era verdad que no los usaba a sabiendas, que es el único modo de usarlos que consiente la gramática de la Academia [19].

---

16 *Mariana Pineda* (1804-1831): nacida en Granada, a los quince años contrajo matrimonio con Manuel Peralta, joven muy adicto a las ideas liberales. Viuda tres años después, dedicóse al auxilio y protección de los liberales perseguidos durante la época absolutista. Con ocasión de una bandera que ella, con otras, bordaba para que sirviera de enseña en un movimiento liberal revolucionario, fue detenida, condenada a muerte y ejecutada. Cien años después la figura de Mariana Pineda sería inmortalizada por otro granadino asesinado también por la reacción de turno, Federico García Lorca.

17 *el Obispo Caixal:* José Caixal y Estradé (1803-1879), obispo español que participó en la última guerra civil del siglo XIX como vicario general castrense del ejército carlista.

18 *Calderón de la Barca ... Voyage sur les glaces:* no he podido localizar el que imagino será libro de aventuras, quizá con pretensiones científicas. En todo caso, la asociación *Voyage sur les glaces* - Calderón de la Barca debe entenderse dentro del contexto general del párrafo, en el que se nos describe el «totum revolutum» de la exposición de figuras de cera.

19 La gramática de la Academia decía, en relación con el uso de galicismos y otros barbarismos:

> *No se ha de estimar barbarismo el empleo intencional de alguna palabra o frase extranjera, hecho por gala o bizarría de quien conoce a fondo su propia lengua y la domina.* El barbarismo proviene siempre de ignorancia, de cortedad de instrucción o entendimiento, o de estéril y ridícula vanidad. Los que hablan y escriben mal, empiedran

Lo más interesante que sucedió aquella noche en casa de Avecilla fue el *tocado* de Pepita. Lector, si eres observador y, además, tienes un poco de corazón, alguna vez te habrá enternecido espectáculo semejante.

¿Cómo se compone y emperejila, si don Casto permite la palabra, la hija de un pobre, en la ocasión solemne y extraordinaria de ir al teatro? Veamos esto.

El tocador de Pepita era muy sencillo, tal vez demasiado: un espejo de marco negro colgado de un clavo en la pared. Su luna recordaba un día de borrasca en el mar por lo profundas que eran las ondulaciones aparentes de la superficie. Pepita se veía allí en zig-zags, pero acostumbrada ya a ello, mediante una rectificación que su fantasía acertaba a imaginar en un instante, la niña se servía de aquel mueble cual si fuese hermosa luna de Venecia. Debajo del espejo había un costurero antiguo con un agujero grande en el medio, obra de la industria casera; en aquel agujero se colocaba la palangana de barro pintado. Sobre el costurero había un acerico [20] de terciopelo carmesí muy raído, unas flores de trapo procedentes de algún ramillete de confitería, varios frascos vacíos y algunos peines muy limpios.

Pepita acaba de peinarse; como ya es de noche, ha encendido una vela de sebo y ensaya distancias entre la luz y el espejo, la cabeza y la luz, para poder contemplarse.

> la conversación y el discurso con palabras, construcciones y formas viciosas; mientras el docto, o suele sacarlas a plaza para mofarse de ellas, o las echa a volar de intento en sus escritos, adivinando las que pueden con el tiempo arraigar en el idioma. Concédese, además, lícita y amplia libertad a los maestros del buen decir; y por ello se permiten italianismos a Garcilaso y a Cervantes, como a Quevedo y a los novelistas de los siglos XVI y XVII alguna dicción o frase tudesca, especialmente de las que se prodigaban en convites y saraos.
> (Los subrayados son nuestros.)

La alusión es irónica y el tono muy próximo al afán satírico que solía caracterizar los comentarios que Clarín hizo sobre la Academia y los académicos en sus artículos de crítica.

20 *acerico:* almohadilla que sirve para clavar en ella agujas y alfileres.

Está satisfecha. La verdad es que en el espejo parece un monstruo; se ven unos ojos muy estirados de arriba abajo, una frente deprimida y un moño que parece un monte; pero Pepita no ve eso, ve la Pepita que lleva en la cabeza, la que ha visto en los espejos de las tiendas, y esa es bonita y de facciones correctas. Valga esta vez la verdad, no es tan bonita como ella se lo figura, no por vanidad, sino por optimismo que nace del alegrón que le ha dado su padre. ¡Ir al teatro! ¡Para Pepita el teatro es una cosa tan distinta de lo demás del mundo! ¡Cuánto más hermoso! Pocas veces lo ha visto, pero ni el pormenor menos digno de recuerdo se le ha escapado de la memoria. ¡Si este pícaro mundo fuese como el teatro o parecido siquiera! Allí los amantes son apasionados, tiernos, caballeros y leales; ella no ha tenido más que un novio, pero hubo de darle calabazas, porque el papá decía que era un holgazán, que nunca podría sustentar una familia. ¡Oh vergüenza! ¡un novio a quien es preciso dejar porque no tiene pan que dar a su mujer! En el teatro también los novios son pobres a veces, pero en tales casos la novia respectiva resulta princesa, y ella lo paga todo, y otras veces es el novio el que sale siendo hijo de un banquero riquísimo, algo tacaño y severo, pero que al fin se ablanda y todos quedan contentos. Y en último caso, si el trance no tiene arreglo —Pepita prefiere que lo tenga—, el amante se desespera, y se muere o se mata, y aunque esto es una atrocidad, un pecado muy grande, ello prueba mucho amor. Pues, ¿y las comidas del teatro? ¡Qué lujosa mesa! ¡Cuántas damas y señores! ¡Qué de criados con librea! ¡Qué ramos de flores sobre la mesa! y ¡cuántos vinos exquisitos! Pepita nunca ha comido mejor que en su casa. ¡Oh, el teatro es una ventana por donde se ve desde la triste vida las alegrías del cielo! Pues, ¿dónde dejamos aquel hablar en versos tan bonitos, sin que falte nunca la copla? (el consonante). ¡Y qué bien recitan todos, hasta los graciosos más zafios!... Pepita se vuelve loca de alegría sólo con pensar en lo que se va a divertir.

Una vez decidido que se va al teatro cueste lo que cueste (y costará poco), Pepita ya no se contiene; canta, habla deprisa, casi llora de entusiasmo, dice mil tonterías... ¡está la pobre tan nerviosilla! Desde la alcoba donde se está mudando las enaguas y toda la ropa interior, habla con su padre, que se pasea muy satisfecho por la salita única de la casa. En la otra alcoba, la del matrimonio, la señora de Avecilla se está mudando el traje también, y al mismo tiempo reza las oraciones de su devoción, segura de que al volver del teatro el sueño no le dejará concluir ni un *Padre nuestro*.

—Papá —grita la joven—, ¿a qué teatro vamos?

—Eso lo pensaremos, hija mía; es necesario saber distinguir de arte y arte; y, como yo decía hoy en la oficina a aquellos señores, el teatro puede moralizar, sí, señor, puede moralizar y puede desmoralizar, de modo que lo pensaremos.

—Papá, ¿llevarás la corbata que no has estrenado, por supuesto?

—Sí, hija mía, por más que te confieso que todavía no he comprendido bien el mecanismo de la tal corbatita. Cuando la compraste en la esquina del Principal, ¿no te dijeron cómo se ponía?

—Sí, papá; verás, yo misma te la pondré.

Y Pepita sale con la corbata de su padre entre manos.

Don Casto contempla a su hija con cierta melancolía. «Mi hija —piensa— está más bonita cuando no viste sus galas. Ese abrigo, ese maldito abrigo me la desfigura.»

Y es verdad, Pepita no viste bien la ropa mala. Es posible que si entregaran su cuerpo bonito a una buena modista, hiciera con él maravillas, pero la muchacha, que se pone tan pocas veces el vestido bueno (el más viejo porque no se usa nunca), semeja una lugareña mal pergeñada con los trapos de cristianar. Hasta el peinado parece mal, afectado, estirado, *relamido*. Là poca práctica no la permite ser hábil en su tocado, y tarda en peinarse y se soba demasiado; está muy colorada y tiene un poco untada la frente de no sé qué, pero ello es que tiene reflejos nada agradables: no es aquella la Pepita de todos los días, y bien lo conoce su padre; pero se guarda de comunicar su pensamiento.

La niña se cree más guapa que nunca, o acaso no piensa en tal cosa: piensa en el teatro. La corbata de *plastrón* [21] ya está puesta. Don Casto se ha quitado el ruso [22], la americana y el chaleco, y con el cuello estirado, mordiendo con el labio superior el inferior, como si pretendiese estirar la piel y evitar un pellizco del resorte de la corbata que, francamente, le ahoga, permite que Pepita medio le sofoque con el pretexto fútil de engalanarle. Don Casto no se ha dado cuenta del procedimiento; para él es un misterio cómo se ponen esas corbatas, que entran y salen tantas veces en unos ganchos que tienen, no sabe él dónde.

—Pues, sí, hija mía, el teatro moraliza, pero es necesario saber elegir. El cán-cán perdió a París, perdió a Francia; en cambio, ¿sabes quien ganó a Sedán? [23]

—Los alemanes —dice Pepita.

—¡De ninguna manera!

—¿Pues quién?

—El maestro de escuela —dice la mamá saliendo de la alcoba.

—¿Cómo sabes tú eso? —pregunta Avecilla asombrado.

—¡Toma, porque te lo he oído decir cien veces!

—Los franceses se lo tienen merecido. Ellos han corrompido la Europa latina... Por ejemplo: estas corbatas, ¿quién las ha inventado sino ellos?

—Don Casto está irritado; aquella prenda de *importación francesa* le da tormento.

Al fin salen de casa.

—¿Adónde vamos? —pregunta la mamá.

---

21 *corbata de plastrón:* especie de corbata, impuesta por la moda francesa y que cubría casi totalmente la parte superior de la pechera de la camisa.

22 *el ruso:* gabán de paño grueso.

23 *Sedán:* población francesa donde capituló el emperador Napoleón III durante la guerra franco-prusiana. A raíz de esta capitulación (1870) se produjo la caída del Segundo Imperio y poco después se firmó la paz con los alemanes.

—¿Quieres que vayamos al «Español»?

—¿Qué representan allí?

—*El pelo de la dehesa*...[24] Comedia culta; yo la he leído... y ahora que recuerdo, tú, niña —habla con su mujer—, haz memoria, ¿no te acuerdas de que la vimos en Zaragoza?

—¡Ah, sí! Es aquella comedia tan larga y tan pesada, donde todo el tiempo se están los cómicos en una habitación, y pasa un acto, y nada, la misma habitación... ¡Reniego de ella!

—Sí, verdad es que renegaste y me hiciste abandonar el teatro antes del cuarto acto.

—Pues claro; cuando una es pobre y se divierte pocas veces, quiere divertirse de veras. Mira tú, que para ver no más que una sala y un señor de pueblo, una especie de baturro... y precisamente en Zaragoza... ya ves, eso es muy aburrido.

—Pues, bien; da tu voto, mujer.

—Yo opino... que vayamos a la Zarzuela.

—¡Ay, sí, sí, a la Zarzuela, papá! —exclamó Pepita.

Don Casto se detiene. Siente decírselo a su señora e hija, siente contrariarlas pero... lo dice al fin, con tono solemne y misterioso:

—¡La zarzuela es un género híbrido!

Pepita no insiste. Su papá es para ella una autoridad; no sabe lo que significa híbrido, pero no debe de ser cosa buena.

La digna esposa de Avecilla exclama:

—Entonces, no digo nada; lo primero es que a la chica no la abran los ojos con picardías...

Sin embargo, en su fuero interno, la austera dama protesta, porque ella ha visto muchas zarzuelas que no eran *híbridas,* sino muy inocentes y morales... Poco después, piensa: «Eso de híbrido, acaso signifique otra cosa.»

—¿Quieres que vayamos a la ópera, papá? Allí hay muy bonitas decoraciones y eso le gustará a mamá.

---

[24] *El pelo de la dehesa:* comedia de Manuel Bretón de los Herreros, en cinco actos y en verso, estrenada en 1840.

—Te diré, Pepita: la ópera no es híbrida, pero... ya sabes cuál es mi sistema económico; soy libre-cambista como gobierno, en mi entidad Estado, pues ya sabes que todos formamos parte intrínseca del Estado, pero en cuanto particular, creo deber mío consumir productos nacionales; el arte es producto, luego yo debo proteger el arte nacional, y en la ópera cantan en italiano.

—Y lo peor es que no se entiende —observó la digna esposa.

—Y además, ahora recuerdo que está cerrado el «Real» —concluyó Pepita.

—¿Qué les parece a ustedes de irnos a los caballitos, a «Price»? —propuso la madre.

—Eso no es arte, es decir, no es arte bella.

—A mí no me gustan los títeres, yo quiero teatro.

—Pero el teatro... el teatro... ¡Si no hay ninguno que os agrade!

—A mí, todos, madre.

—Pero tu padre no acaba de decidirse.

Estaban en la Puerta del Sol; el reloj del Principal señalaba las nueve en punto.

—¿En qué quedamos, papá?

El entusiasmo artístico de don Casto se había enfriado un poco. Al valor de gastarse doce o veinte reales, protegiendo el arte nacional, había sucedido en su espíritu una serie de reflexiones relativas a las ventajas del ahorro en las clases pobres.

Mientras su hija decía que era tarde y que ya no se llegaría a ningún teatro serio a buena hora, Avecilla recordaba lo que había oído y leído de las excelencias del interés compuesto de las cajas de ahorro, de lo que llega a ser el *óbolo* del pobre en una de estas instituciones benéficas que hay en el extranjero.

—Después de todo, hija mía, el arte está perdido.

La señora de Avecilla notó la reacción que experimentaba su amante esposo, y quiso aprovecharla en bien de la economía doméstica, asegurando que, en efecto, estaba perdido el arte, y añadiendo:

—¿Vamos un rato hacia la feria?

—¿A qué feria, mamá, a estas horas?

Era el año en que el ayuntamiento de Madrid procuró atraer a la capital toda la riqueza de España, haciendo en el Prado una feria digna de Pozuelo de Alarcón.

Más arriba del Prado, entre el Dos de Mayo y el Retiro, habían sentado sus reales una multitud de artistas errantes, de esos que van de pueblo en pueblo y de gente en gente, enseñando monstruos de la fauna terrestre a la asombrada humanidad. Una ciudad de barracas se había plantado a las puertas del Retiro. Don Casto lo sabía, y aprobando el proyecto de su esposa, dirigió sus pasos y los de su familia a la feria de maravillas zoológicas.

—¿Pero qué, ya no se va al teatro? —preguntó tímidamente Pepita.

—A la vuelta de la feria, veremos una pieza en «Variedades» o en «Eslava»... todo es arte. Pero antes vamos a ver si tu madre satisface esa curiosidad que siente ante lo fenomenal y supra... y supra... En fin, vamos a ver *la mujer gorda.*

El matrimonio, sin decirse nada se había puesto de acuerdo para gastar poco. Buscaban sofismas que les sugería el espíritu del ahorro, para conciliar las altas aspiraciones estéticas de la familia Avecilla con la parsimonia en los gastos extraordinarios, como pensaba don Casto.

Llegaron a las barracas. Pasaron sin manifestar la menor curiosidad delante de la casa de fieras, en que se enseñaba un tigre de Bengala, un oso blanco algo rubio, y dos lobos. En vano, en otro de aquellos cajones de madera, gritaba el hombre de las serpientes; y hasta se oyó con indiferencia el pregón de la ternera con dos cabezas. Algo llamó la atención de la señora de Avecilla; una voz que exclamaba:

—¡Aquí, aquí, a la mona que da de mamar a un gato vivo!...

Pero la mirada imperiosa de don Casto, que iba un poco avergonzado, hizo que el deseo de su señora muriese al nacer.

Siguieron adelante. Por fin, entre rojas teas, que arrojaban al espacio ondulantes columnas de humo pestífero, la señora de Avecilla vio en un gran lienzo pintado una arrogante figura de mujer con barbas, la cual, castamente, cultivando el arte por el arte, enseñaba al ilustrado público una arrogante pantorrilla, ceñida de una liga en que pudo leer don Casto difícilmente: *Honni soit qui mal y pense* [25]. Había leído en voz alta, y el público indocto que rodeaba la barraca (soldados y paletos, mozuelas y pillastres), se acercaron para oír la traducción que iba a hacer de la misteriosa inscripción aquel señor tan estirado.

—¿Qué significa eso, Casto? —le preguntó su esposa muy hueca, facilitándole la ocasión de lucirse en público. La buena señora creía que su esposo sabía, por adivinación, todas las lenguas, incluso el griego, idioma a que sin duda pertenecía aquel letrero. Don Casto se puso muy colorado y metió tres dedos entre la corbata, que le ahogaba, y la nuez.

—Eso —dijo por fin— es... una divisa que... que... que habréis visto en los forros de los sombreros... No tiene traducción literal... pero está en inglés... de eso estoy seguro.

El redoble de un tambor cubrió su voz, como la de Luis XVI en el cadalso.

Desde una doble escalera de mano, de pie en el más alto peldaño, un charlatán, cubierto de larguísima camisa que llegaba al suelo, comenzó a predicar la buena nueva de *Mademoiselle Ida,* la señorita gigante de *Maryland,* en los Estados Unidos de *l'Amerique.*

El hombre de la escalera, después de contar la historia de nuestra mujer gorda, se atribuyó su personalidad, y para acreditarla decía:

—¡Señores, aquí tienen la gran camisa y las fenomenales medias!

Y por medias enseñaba dos grandes sacos por donde metía la cabeza.

---

25 *Honni soit qui mal y pense* (francés): «Infame sea quien piense mal de ello.» Célebre divisa de una orden militar inglesa, suele citarse para dar a entender que no debe formarse mal juicio de algo o alguien, a pesar de sus apariencias.

Después le echaron desde abajo una almohada de regular tamaño, y con ella quiso imitar las turgencias más apreciables y escultóricas de la mujer gorda.

—¡Oiga usted, caballero! —gritó, al llegar aquí, don Casto Avecilla, colorado como una amapola, tanto por el rubor cuanto por el apretón que le daba la corbata, que le estaba degollando.

—¡Oiga usted, caballero, delante de mi hija no se hacen esas indecencias, y esto es engañar al público, que tiene derecho a que se le indemnice!...

En aquel momento se acordó de que nada le había costado el espectáculo, que era al aire libre y sin entrada, en medio de la feria.

—*Pardon, monsieur, mais nous sommes ici chez nous, s'il vous plait*[26], —dijo el de la camisa, en francés, con acento catalán.

—Si no le gusta la función puede usted marcharse —dijo un soldado cuyas castas orejas no lastimaban aquellas alegorías pornográficas.

Avecilla replicó:

—Y sí, señor, que me marcharé; y si la autoridad fuese en todo como en lo que yo me sé, si el Estado tuviese sus representantes en todas partes, esto no pasaría, no, señor; esto es desmoralizar al pueblo, al pobre pueblo, que no puede permitirse el lujo...

—¡Fuera, fuera! ¡Que baile Don Quijote! —gritó la chusma por cuya moralidad volvía angustiado Avecilla.

Pepita había vuelto la cara con asco y sin remilgos; en el rostro de doña Petra había una sonrisa triste y amarga, pues en el fondo se reconocía culpable. Por *codicia,* esa codicia del pobre que se parece tanto a una virtud, no había querido ir a un teatro de los caros, y así había llegado, en su afán de economía, hasta a contentarse con el espectáculo gratuito... ¡Y el espectáculo gratuito era un hombre en camisa de once varas, imitando lúbricos movimientos y formas abultadas de mujer gorda y desnuda...!

---

26 *Pardon... s'il vous plait* (francés): «disculpe, señor, pero, si no le importa, estamos en nuestra casa».

Ausentóse de aquel sitio la honrada familia, y a los pocos pasos vio don Casto en otro barracón un letrero que decía: «*La verdadera mujer gorda, no confundirla con la de enfrente*. Entrada, quince céntimos personas mayores. Niños y militares, perro chico.» Don Casto consultó a su dignísima esposa con la mirada. Ello había que cumplir a Pepita lo ofrecido, un recreo para el espíritu, para la imaginación de la muchacha sobre todo... y aquel que se ofrecía delante de los ojos era barato... *La verdadera mujer gorda.*

Valga la verdad, el mismo matrimonio tenía ardientes deseos de ver un fenómeno. Entraron, pues, no sin dejar a la puerta cuarenta y cinco céntimos. La mujer gorda, vestida de pastora de los Alpes, estaba sobre el tablado, que tanto tenía de escenario como de nacimiento; en el fondo había una decoración de paisaje alpestre, cuyas montañas más altas llegaban a la mujer gorda (Mlle. Goguenard) a las rodillas. Estaba sentada en una silla de paja, y en la mano derecha tenía, en vez de cayado, una enorme tranca; la mano izquierda acariciaba en aquel momento una barba de macho cabrío que descendía por las turgencias hirsutas que revelaban de manera indudable la autenticidad del sexo.

Las candilejas de pestífero aceite estaban a media luz; el público llegaba poco a poco, y en pie todos, en semicírculo, se colocaban cerca del escenario con religioso silencio. Predominaba aquí también el elemento militar, y no faltaban cinco o seis muchachuelas de la hez del pueblo, andrajosas, que procuraban vestir sus harapos con la rigidez manolesca, y que reían y cuchicheaban y se decían al oído mil picardías que les inspiraba la presencia del monstruo.

Mlle. Goguenard hablaba en francés con una mujer de la barraca inmediata que iba a visitarla de vez en cuando. Decía, pero no lo entendía el público, ni el mismo don Casto, que el oficio era horroroso y que ya estaba cansada de aquella estupidez. Las miradas que repartía por la asamblea eran de desprecio y de cólera.

—¡*C'est bête!* ¡*C'est bête!* [27] —repetía la mujer gorda, y gruñía moviendo la feísima cabeza.

En tanto, don Casto, en voz baja, daba explicaciones a su familia, que le escuchaba, olvidada ya la vergüenza de la barraca de las falsificaciones, con ojos llenos de curiosidad, una curiosidad puramente científica. Doña Petra presentaba a su marido las más difíciles cuestiones fisiológicas y etnográficas, segura de que Avecilla lo sabía todo. Era su creencia fija: su esposo estaba al cabo de la calle de cuanto se puede saber en este mundo, y la tenía indignada que todo esto no bastara para lograr un mal ascenso en Pastos.

—Pues bien —decía don Casto—, los gigantes van desapareciendo poco a poco; pero hubo un tiempo en que ellos dominaban y tenían al mundo entero en un puño. La historia registra varios gigantes célebres, por ejemplo, Goliat, Gargantúa...

—Y el gigante chino —se atrevió a decir Pepita, interrogando con la mirada.

—Y el gigante chino —repitió su padre, que no recordaba más gigantes registrados por la historia.

—Pero ésta no es gigante —objetó doña Petra, cuyo buen sentido, sin querer ella, presentaba argumentos invencibles a la sabiduría de su esposo.

—Distingo, señora mía, distingo —dijo don Casto—. No es gigante en sentido longitudinal; pero has de saber, esposa mía, de aquí en adelante, que hay tres dimensiones: longitud o largo, latitud o ancho, y profundidad o grueso... pero grueso vale tanto como gordo, luego esa señora es gigante en sentido lato, o mejor diré, en cuanto a la gordura o profundidad.

Esta vez triunfó el amo de la casa por completo.

—¡Y pensar que a este hombre no le llega el sueldo al último día del mes! —se dijo a sí misma doña Petra suspirando.

Un redoble de tambor que resonó fuera anunció al público que empezaba la exposición.

---

[27] ¡*C'est bête!* (francés): ¡es estúpido!

—Cuarenta y ocho veces me *he ensenado* al ilustrado público —dijo la mujer gorda a su amiga. Y después de dar al aire un suspiro, acercó la silla a las candilejas y comenzó su relato en un mal español y con voz ronca y gesto displicente.

La familia de Avecilla se había colocado en primera fila, y como don Casto era a todas luces la persona de más representación y más estatura de las del teatro, a él se dirigían las miradas y las palabras de la Goguenard. Doña Petra sintió un asomo de celos. Atribuyó aquella predilección al aire de salud de su marido.

La relación de la mujer gorda era muy sencilla. No había en ella, como en la del farsante de marras, asomo de lubricidad; se trataba la cuestión de sus buenas carnes desde un punto de vista puramente antropológico. Don Casto así lo comprendió, prestándose gustoso a ser el Santo Tomás de la reunión, es decir, el testimonio vivo del concurso, mediante el sentido del tacto [28].

La Goguenard decía:

—Señores, esta pantorrilla —y levantando la falda de color de rosa y las enaguas mostró una mole cilíndrica de carne que se transparentaba bajo media de seda calada—, esta pantorrilla ha llamado la atención de las dos Américas, de las colonias inglesas, de la India y de toda la Europa; es de carne verdadera, aquí no hay nada falso, puede palpar el señor y se convencerá de ello...

Don Casto, como dejo dicho, no tuvo inconveniente en palpar, previa una mirada de consulta a su esposa, que aprobó orgullosa y muy contenta.

Bien sabe Dios que don Casto iba a tocar aquella carne libre de todo mal pensamiento, pero fuera que su vida exageradamente casta, si en tal virtud cabe exageración, le hubiera conservado fuegos interiores ocultos, apagados

---

28 *Don Casto... sentido del tacto:* compara el narrador a don Casto con el apóstol Santo Tomás, que tuvo que poner su dedo en las llagas de Cristo para convencerse de la resurrección del Maestro.

generalmente en los de su edad, fuera la emoción de la notoriedad, o lo que fuera, Avecilla se puso pálido, tragó saliva y por sus ojos pasó una nube que los oscureció por un momento. Lo que sintió don Casto es un misterio, pero es lo averiguado que tardó algunos minutos en reponerse, y no sin trabajo pudo decir al numeroso público:

—¡Carne, carne y dura!

Y todos creyeron bajo la palabra de *abuelo,* como le llamó inoportunamente una chula en embrión.

Para doña Petra no pasó sin ser notada la turbación de su esposo; Pepita sintió otra vez la repugnancia de poco antes al ver a su padre palpar pantorrillas de fenómenos del *sexo débil.* Además, el espectáculo, hasta entonces compatible con el más recatado pudor, cambió de aspecto cuando dos o tres mozalbetes se acercaron a repetir la experiencia de don Casto. Como durase la prueba del tacto más de lo que parecía regular a la mujer gorda, ésta levantó la tranca y amenazó con ella, diciendo a la vez a los atrevidos y concupiscentes mancebos:

—¡Fuera, canalla!... ¡Id a palpar!...

¡Y añadió horrores!

Carcajadas del cinismo, epigramas de la desvergüenza, todo el repertorio de los lupanares se cruzó entre el concurso hasta entonces comedido y la robusta pastora de los Alpes... Los Avecilla salieron a paso largo, corridos, muy disgustados, sin hablarse, y llenos de remordimientos el esposo y la esposa.

Dejaron la feria, atravesaron el Prado y subieron por la Carrera de San Jerónimo; callaban los tres. Don Casto no se conocía, renegaba de sí. Nada de aquello era digno de una rueda del Estado, de una entidad que no debe, que no puede tener pasiones vergonzosas. Y no cabía duda, a sí propio tenía que confesárselo, por más que hasta la hora de la muerte se lo ocultase a su pobre Petra: él, don Casto, la rueda, había sentido un extraño, profundo deleite, al tocar la carne dura y fresca entre las mallas de seda... Sí, esta era la verdad, la verdad desnuda.

Doña Petra subía la calle un poco amostazada, pero reprimiéndose; no quería manifestar sus recelos; no había forma decorosa de hacerlo delante de la niña.

¡La niña! Esto era lo peor. ¡Qué cosas había visto la niña! ¡Y eran ellos, sus padres, los que le habían abierto los ojos, los que habían puesto la provocación de la lascivia ante su virginal mirada!

Pepita iba un poco avergonzada. No se atrevía a mirar a su madre; temía que le conociese aquella excitación en que la tenían los repugnantes espectáculos que dejaba atrás.

En la esquina de la calle del Príncipe fue necesario hablar algo.

—¿Y ahora? —se atrevió a decir doña Petra.

—A donde queráis —respondió Pepita, resignada.

—¿A casa?

—Es temprano —dijo apenas don Casto, hablando como aquel que no tiene saliva.

—¿Vamos a ver una piececita a «Variedades»?

—Está lejos.

—Pues a «Eslava», que está al paso.

—Vamos a «Eslava» —y fueron.

Por el camino ya se habló algo, para olvidar, o procurando a lo menos, las escenas de los barracones. Don Casto, a quien la corbata se le iba metiendo carne adentro, aparentó jovialidad. ¡En vano! Estaban todos tres cortados, se miraban unos a otros con miedo. ¡Si algún pensamiento poco honesto, que lo dudo, había ocupado jamás a aquellos tres espíritus sencillos, no había sido ciertamente comunicado entre ellos, pues en todas sus relaciones había reinado siempre la castidad más perfecta! ¡Y ahora tenían aquel fango, aquella vergüenza en común, en la sociedad de su vida íntima! La incomodidad de esta repugnancia la sentían ellos con mucha más fuerza que yo la explico.

En «Eslava» les tocó ver una zarzuela llena, también, de pantorrillas y de chistes verdes. Cada alusión iba derecha a lo que guarda más el decoro del contacto de los labios. Muchas las entendía Pepita, por demasiado transparentes; otras, a fuerza de discurrir, sin poder contener el pensamiento, lo que significarían aquellos chistes que el público recibía con carcajadas maliciosas... Acabó la zarzuela y empezó el baile.

—¡Más pantorrillas! —gritó don Casto sin poder contenerse y a punto de ser estrangulado por la corbata. Y puesto en pie, intimó a los suyos la orden de retirada.

Cogieron las mujeres sus abrigos y salieron a la calle, no sin que les acompañara el público de las alturas con ese castañeteo de la lengua con que se echa a los perros de todas partes y a los espectadores impacientes de los teatros, según moderna costumbre, menos culta que bien intencionada.

Salieron los Avecilla abochornados, llegaron a su casa, que estaba cerca, y sin hablar de las emociones de la noche, Pepita se fue a su alcoba, después de dar un beso en la frente de su padre. A su madre no se atrevió a besarla. Don Casto observó que la niña estaba agitada, descompuesta, que tropezaba con las sillas; y el color encendido, el sudor que le caía en copiosas gotas por sienes y frente, notó que le sentaban muy mal. Aquella noche su hija no era la de siempre, la tranquila hermosura que cosía a la máquina en enaguas, durante el verano, enseñando la hermosa garganta, nada más que la garganta, y alegre y sin aquellas brasas en las mejillas.

Cuando don Casto estuvo solo con su esposa, en esa hora en que los matrimonios bien avenidos y de larga vida conyugal se acarician comunicando ideas, hablando de los hijos y de la hacienda, en esa hora, resumen del día, Avecilla miró, por fin, a Petra cara a cara. Ella bajó los ojos, perdonando y pidiendo perdón a un mismo tiempo. Se sentía culpable de una sordidez que era una virtud necesaria para su miserable hacienda.

—¡Pobre hija mía! ¡Poco se ha divertido esta noche! —dijo el padre.

—¡Poco! —contestó la madre.

Y sin decírselo, pensaron los dos a un tiempo: «¡La hemos ultrajado!» Don Casto, exagerado en todo y amigo de la hipérbole, hasta de pensamiento, fue más allá; pensó también así: «¡La hemos prostituido!»

Silencio otra vez. Doña Petra se acostó primero; volvió a rezar, porque le pareció que las oraciones de aquella tarde ya no servían, y quiso purificarse con otro rosario de coronilla. En tanto, don Casto paseaba por la sala en mangas de camisa, con los tirantes colgando, y así estuvo hasta que se le ocurrió una frase que reputó oportuna porque no decía nada y decía mucho. Mientras procuraba, maquinalmente y en vano, quitarse la corbata, mirándose al espejo, exclamó en voz alta, para que doña Petra le oyera:

—¡Lo barato es caro!

Este aforismo económico-alegórico-moral, como para sí le llamó Avecilla, no mereció respuesta ni comentarios por parte de doña Petra, sin embargo de que lo había entendido perfectamente.

—¡Acuéstate, Avecilla! —fue lo que ella dijo.

—Bien quisiera; pero, la verdad, esta maldita corbata... estos malditos resortes, esta industria transpirenaica... ¡No sé por dónde metió la niña esta punta de acero! ¡Ay!

—¿Qué es eso, Avecilla?

—Nada, un pinchazo... ¿Pero, Señor, por dónde se saca eso?... Y lo peor es que me aprieta, me ahoga... ¡Parece un remordimiento esta corbata!... ¡Puf! ¡Renuncio, renuncio!

—¡Ven acá, hombre, a ver si yo puedo!

Doña Petra tampoco pudo.

Avecilla va y viene del espejo a la cama, de la cama al espejo; ni él ni su digna Petra son capaces de encontrar el resorte de aquella condenada máquina del plastrón.

—Comprendo lo de Sedán —gruñe don Casto, dando pataditas en el suelo—. No se parece la mecánica de esta corbata a la del Estado; en la máquina pública todo es armonía, relación; aquí... ¡no hay diablos que den en el intríngulis de este artefacto!... Si por aquí, nada; si tiro de aquí, menos —y sudaba sangre el buen señor.

—¡Llama a Pepita! —dijo doña Petra.

—¡No en mis días! ¡Déjala dormir en el sueño de la inocencia! —y continuó:

—Estoy resuelto, ¡me acostaré con corbata y con camisa! ¡Yo, que no he consentido jamás que me hicieran dormir con ropa almidonada! ¡Pero, en fin, me sacrificaré! ¡Todo, antes que interrumpir el sueño de la inocencia! Porque aún será el sueño de la inocencia, ¿verdad, Petra mía?

—¡Pues claro, hombre!

Ambos esposos pensaban en lo mismo, en la pantorrilla de Mlle. Goguenard.

Don Casto se acostó sin quitarse la corbata. Apagó la luz.

—Duerme —dijo a su señora.

—¿Y tú?

—¡Yo! ¿Quién duerme con este lazo al cuello?... ¡Soñaría que me daban garrote!

—¿Pues por qué no quieres despertar a Pepita?

—¡Que duerma, que duerma la inocencia... su padre vela!

Reinó el silencio en la oscuridad. Don Casto, sentado en la cama, apoyada la espalda en los almohadones, daba suspiros al viento con la fuerza de muchos fuelles. Doña Petra no suspiraba, pero tampoco dormía. Un reloj dio las dos.

—¡Si hubiéramos ido a la Zarzuela! —se atrevió a decir doña Petra, como continuando una conversación entablada de espíritu a espíritu, sin necesidad de palabras, entre los cónyuges.

—¡Sí; debimos haber ido a la Zarzuela!

—Pero como tú dices que es un espectáculo *híbrido.*

—Eso es cierto, *híbrido.*

Nueva pausa. Nuevo atrevimiento de doña Petra.

—¿Y qué significa eso de *híbrido?*

—Petra —respondió el viejo, ocultando mal su enfado—, diversas y varias veces te tengo reprendido, en el tono de la más cordial amistad, ese espíritu concupiscente de preguntarlo todo. Y sobre que más pregunta un necio que responde un sabio, debo advertirte que yo no recuerdo en este momento lo que esa palabreja significa; pero ten por seguro que la zarzuela es un espectáculo *híbrido,* pues yo lo he leído en críticos famosos y a ellos me atengo. Y duerme y calla, que harto tengo yo con esta maldita corbata para martirio de esta noche, y si no fuera un absurdo en el terreno de la economía, ya habría cogido unas tijeras...

—¡Jesús, hombre! ¡Una corbata que costó tantos reales!

—¡Pues por eso digo que sería un absurdo!

Durmió doña Petra y al cabo don Casto también, y soñó que le llevaban al patíbulo, como había previsto, y que por el camino del patíbulo había tendidas mujeres gordas, entre cuyas piernas mal cubiertas tenía que pasar don Casto, pisando carne por todos lados... Doña Petra no soñó nada. A la mañana sigiente, la rueda administrativa se despertó en don Casto con grandes ansias de funcionar. Pepita, contra su costumbre, no se había levantado todavía. Avecilla se alegró en el fondo del alma. Salió muy temprano, sin hacer ruido, y como las oficinas no estarían aún abiertas, se fue al Retiro. «¡Oh! ¡La naturaleza —pensaba don Casto—, único espectáculo gratuito y moralizador! Cuando quiera que Pepita se distraiga y dé libre vuelo a su imaginación, la traeré al Retiro por la mañana, en vez de llevarla al teatro por la noche. Aquí las flores deleitan el sentido del olfato, las aves el del oído, la naturaleza entera el de la vista, las brisas el del tacto, que según aseguran los sabios, está esparcido por todo el cuerpo, y por último, podemos corrernos con un cuartillo de leche de vaca, recreo sabrosísimo del gusto, leche con bizcochos...» Y siguió perdiéndose en aquel idilio y entre las enramadas del Retiro.

Cuando entró en la oficina, ya estaban trabajando, es decir, leyendo periódicos, algunos compañeros.

—¡Hola, hola, Casto! —se permitió decirle un vejete, el único que le tuteaba—. ¡Parece que se trasnocha!...

Sero venis[29]. ¡Y qué cara, qué palidez, qué ojos hinchados! ¡Ah, Casto, Casto! ¡Me parece que andas en malos pasos!...

—Señores, ¿quién ha contado aquí?...

—¡Todo se sabe! —dijo el viejo con malicia, para descubrir algo.

«¡Me han visto en la barraca de la mujer gorda!», pensó Avecilla horrorizado.

—¡Pues bien, señores, juro con la mano puesta sobre el corazón, por mi honor y por los Santos Evangelios, que mi curiosidad era puramente artístico-científica! Es cierto que la pantorrilla de aquella robusta señora...

—¡Bravo, bravo, confiesa! —gritaron todos a coro.

No se le dejó proseguir; ya no pudo en su vida explicar aquellas palabras, y quedó como artículo de fe en la oficina que don Casto Avecilla era como los demás, que tenía una querida y era robusta.

—En fin, caballeros —dijo don Casto, renunciando a explicarse porque no le dejaban—, todo lo que ustedes quieran será; pero yo les ruego por caridad que alguno que entienda estas trampas de las corbatas con resorte, me libre de este dogal que me sofoca.

—¡Uf! —respiró don Casto, moviendo la cabeza, sacudido ya el ominoso yugo.

Respiró con libertad; ¡pero ay! su reputación de casto esposo, de modelo de padres de familia, había desaparecido para siempre.

—¿Y su hija? Su hija... ¿había perdido la inocencia aquella noche?

Yo le diré al lector, en secreto, que no hubo tal cosa.

Pero cuando, años después, la pobre Pepita, como tantas otras, sucumbió a los pérfidos halagos del amor de infantería y fue víctima de los engaños de un subteniente, huésped de la casa, don Casto, llorando su deshonra, se atribuyó toda la culpa de tan grande infortunio...

—Sí, sí! —exclamaba medio loco, mesándose las venerables canas—. ¡Yo la prostituí aquella maldita noche,

---

29 *Sero venis* (latín): «llegas tarde».

por no llevarla a un teatro clásico, por querer ahorrar ocho reales! ¡Lo barato es caro, lo barato es caro!... ¡Yo bien decía!

Y doña Petra, por todo consuelo, repetía cien y cien veces:

—¡Si hubiéramos ido a la Zarzuela!

Zaragoza, 1882.

El hombre de los estrenos

Yo le conocí una vez que mudé de fonda, que, como diría don Juan Ruiz de Alarcón:

«Sólo es mudar de dolor.»

Entré en el comedor a las doce del día, y me vi solo. Habían almorzado ya todos los huéspedes, menos uno, cuyo cubierto, intacto, estaba enfrente del mío.

A las doce y cuarto entró un caballero robusto, alto, blanco, de grandes ojos azules claros, con traje flamante, si bien de corte mediano, pechera reluciente, bigote engomado. Parecía un elegante de provincia.

Me saludó con una cabezada, y con voz sonora, rimbombante, gritó, mientras daba una palmadita discreta:

—¡Perico, fritos!

Pedía huevos fritos, según colegí del contexto, o sea de los huevos que aparecieron acto continuo, fritos efectivamente.

El caballero, a quien sin más misterio llamaré desde ahora don Remigio, pues éste era su nombre, don Remigio Comella, para que se sepa todo, colocó a su lado, a la derecha, sobre el terso mantel, cinco periódicos, uno sobre otro. Desenvolvió el primero, después de hacer igual operación con la servilleta, que puso sobre las rodillas, no sin meter una punta por un resquicio del chaleco de piqué blanco. Paseó una mirada de águila... del Retiro por la plana primera del papel impreso, que olía así como a petróleo; dio la vuelta a la hoja con desdén, miró todas las columnas de la segunda plana de arriba a abajo, y al llegar a la tercera, respiró satisfecho; me miró a mí casi sonriendo, dobló otra vez el periódico a su modo y se abismó en la lectura de aquellas letras borrosas, que apestaban.

Por cada bocado de pan mojado en la yema de huevo leía media plana. Terminó su lectura, cogió otro periódico y volvió a las andadas. Al llegar a la plana tercera, siempre doblaba el papel y me miraba a mí como aquel que está reventando por decir algo. Así leyó todos los periódicos. ¡Y los huevos, fríos, sin acabar de cumplir su misión sobre la tierra!

Yo soy muy aprensivo, sin que esto sea pretender bosquejar mi biografía, soy muy aprensivo; y por aquel tiempo escribía en los periódicos de Madrid revistas de teatro [1], que Dios me haya perdonado. Aquellos huevos fríos se me estaban indigestando a mí. ¿Dónde hay cosa más contraria a la higiene que comer y andar, es decir, comer y leer al mismo tiempo? Yo, que tengo el estómago un poco averiado [2] —olviden ustedes este dato en cuanto quieran— y que ya por la época a que me refiero estimaba mucho más la salud que *el veredicto del público ilustrado y el fallo de la crítica en la prensa periódica,* estaba sintiendo las náuseas que debiera sentir aquel señor que devoraba párrafos incorrectos en vez de almorzar

---

[1] *Y por aquel tiempo... revistas de teatro:* se refiere Clarín a sus años de estudiante en Madrid, durante la década de los setenta. Desde muy joven, Alas colaboró en periódicos madrileños de considerable circulación y con cierta frecuencia en calidad de crítico de teatro.

[2] Ya desde joven Clarín sufría dolencias estomacales. Las referencias a éstas son frecuentes en su obra narrativa, crítica y comunicación epistolar. Recuérdese también que Alas muere a los cuarenta y nueve años de edad, a causa de una tuberculosis intestinal.

como Dios manda. Dos o tres veces estuve tentado a recitar aquello de

> Bebiendo un perro en el Nilo,
> al mismo tiempo corría.
> —Bebe quieto —le decía
> un taimado cocodrilo.

Pero es claro que contuve mi deseo. No temía yo hacer el papel de cocodrilo inocente, pero al *desconocido* no le gustaría el de perro. Más adelante, cuando fuimos amigos *íntimos,* de esos que se insultan, le llamé muchas veces animal, y él a mí *crítico apasionado,* que era, en su opinión, el mayor improperio. Pero entonces todavía no teníamos confianza. No habíamos cambiado ni una palabra.

Yo conocí por la *topografía* de los periódicos, que el otro leía las revistas de teatros. La noche anterior había habido un estreno. Demasiado lo sabía yo, que no me había acostado hasta los dos por cumplir mi deber, mal pagado, de llamar majadero en buenas palabras al autor del drama.

Entre los periódicos que se tragó mi comensal estaba el mío. Fue el último que leyó. Mi revista le hizo torcer el gesto varias veces y convertir las cejas en acentos circunflejos. Y de vez en cuando me miraba a mí, distraído, como consultándome, como preguntando qué me parecía aquello que estaba leyendo él.

Un incidente del servicio nos obligó a cambiar algunas palabras; él las enganchó en otras relativas ya a la prensa, y yo aproveché la ocasión para decirle —o reventaba— que se le habían enfriado los huevos y que era malo leer y comer. No sé si fue indiscreción, pero se lo dije.

Él, agradecido, empezó a abrirme su corazón y me preguntó si había visto «el drama de anoche».

Dije que sí.

Qué tal me parecía.

—Muy bien —respondí—; así deben ser los dramas.

Lo mismo opinaba él, y se le antojaba que algunos críticos eran sobrado exigentes.

—En el drama de anoche hay moralidad, hay verosimilitud, hay exposición, enlace y desenlace imprevisto. ¿Qué más querrán estos periodistas?

Sin embargo, me confesó que él no podía pasar sin leerlo todo, absolutamente todo lo que decía la prensa acerca de un drama al día siguiente del estreno; leía, comparaba, juzgaba; no había mayor placer.

—¿Es usted literato?— le pregunté.

—No, señor; soy de Cuenca. He venido en alzada [3], quiero decir, me han traído ante el Tribunal Supremo; vengo a ver si consigo, a fuerza de recomendaciones, que se haga justicia, que casen [4] una sentencia; y al mismo tiempo pienso asistir a la boda de un hermano de mi mujer, empleado en Hacienda.

—Todo es casar.

—¡Ja, ja, ja! Eso es. No está mal. Eso es... casación... casamiento... perfectamente... Equívoco o juego de palabras... ¿Usted escribe?

Vacilé un momento; pero como no estoy acostumbrado a mentir, así Dios me salve, respondí al cabo:

—Sí, señor... por cobrar... Y como no sé hacer otra cosa... No, y eso... lo hago mal, pero es lo único que puedo hacer...

Me embrollé en mis alardes de modestia. Quería yo decir que escribía sin ilusiones, y que cualquier otro oficio sería más difícil para mí.

—¿Es usted escritor festivo? —preguntó el comensal abriendo mucho los ojos, creo que dispuesto a soltar una carcajada si yo decía que sí.

—¿Festivo?... No, señor; por mi desgracia soy escritor de todos los días...

---

[3] *alzada:* apelación.

[4] *casen:* casar una sentencia alude a la acción y efecto de anularla.

—¡Ja, ja, ja! Muy bien, juega usted muy bien con el vocablo...

—Crea usted que es sin querer.

—Yo he querido decir si era usted autor satírico... humorístico... vamos...

—Sí; ya sé, ya sé. Pues diré a usted. Según caen las pesas. Cuando hay que llamar tonto a un escritor, sería muy feo decírselo con seriedad; entonces soy satírico o humorístico, como usted quiera.

—¿Es usted crítico según eso?

—Algunos amigos de la prensa me lo han llamado, pero yo no puedo asegurárselo a usted; pero crea usted que si lo soy es sin intención. Y usted, ¿cómo tiene esa afición al teatro y a la crítica viviendo en Cuenca, donde no creo yo que la escena...

—Diré a usted, yo vivo y no vivo en Cuenca. Quiero decir, que vengo a Madrid muy a menudo y paso aquí grandes temporadas. A veces traigo a mi mujer.

—¿Tiene usted niños?

—Cuatro. El mayor es así... (una vara).

—¿Y la señora es también aficionada?...

—A la Dulce Alianza y a los pastelillos del Suizo. Pero si la llevo en coche, va al teatro también. A los estrenos no me gusta llevarla. Ya ve usted, siempre hay exposición.

—¿Exposición?...

—Claro... con esto del naturalismo y el idealismo, y lo de si el teatro moraliza o no... yo he tenido ya tres lances y varias bofetadas. Mire usted, aquí para entre nosotros —bajando la voz para que no le oiga Perico—, tengo pensado trasladarme a Madrid. Cuenca se me cae encima. Allí no saben lo que es arte. No se discute nada. Si casamos la sentencia y se casa mi cuñado... es lo más probable que cojamos los trastos y nos vengamos aquí todos. El suegro de mi cuñado es persona de buenas aldabas, y yo... creo que, sin alabarme, en Contribuciones soy un espada. He rematado los consumos una vez en

Cuenca. Me arruiné y arruiné a mi mujer; pero práctica no me falta... En fin, que me casen el pleito y que se case Ángel, y Dios dirá.

El señor Comella había comido ya los huevos fritos, unos langostinos a la vinagreta y un *bisté,* rociándolo todo con Burdeos de su uso particular. Estaba colorado, se limpiaba los bigotes a cada trago y se incorporaba muchas veces para hablarme.

—Mire usted, no tengo inconveniente en decir a usted todo esto, porque me ha inspirado confianza desde el primer momento, y basta que sea usted crítico...

—Le advierto a usted que además soy doctor en Derecho civil y canónico, y tengo algunas tierras... aunque pocas...

—Bien; eso no importa...

—Se lo digo a usted por lo de la confianza.

Me levanté; Comella hizo lo mismo; me tendió la mano derecha y me ofreció los objetos siguientes:

Él.

Su mujer.

Los cuatro niños.

Una casa, una choza, en la calle... núm...., en Cuenca.

Alguna renta consolidada.

Y una fábrica de papel si se casaba la sentencia de marras.

Yo no le ofrecí a él más que mi humilde persona.

Ocho días después no me lo podía quitar de encima. Iba conmigo a la redacción, al *Bilis-Club* [5], en la «Cerve-

[5] *Bilis-Club:* con este nombre bautizó Ortega Munilla al grupo de jóvenes intelectuales de Oviedo que se reunaín en la «Cervecería Inglesa» de la Carrera de San Jerónimo. Formaban la tertulia, entre otros, Clarín, Tomás Tuero, Pío Rubín y A. Palacio Valdés. Con frecuencia se sumaban actores, escritores y críticos como Antonio Vico, Luis Taboada y Sánchez Guerra. Más tarde, la tertulia se trasladó a la «Cervecería Escocesa» de la calle del Príncipe, en donde el dueño les habilitó un local independiente.

cería Escocesa» (no sé si irá todavía), y siempre que yo tenía dos butacas para un teatro, una era suya sin remedio. Él me obsequiaba a mí tanto, me pagaba tantos cafés, tanta cerveza, tantas cosas, por más que yo protestaba, y hasta me enfurecía, que no había manera de desairarle. Había que pagarle con algo. Yo, billetes de Banco no los tenía; le daba billetes de teatro. Le pagaba con *tifus*, según la jerga corriente, sus numerosas atenciones. Así como a otros les da un poco de vergüenza presenciar gratis las comedias, a Remigio (le quito el don por la confianza que ya teníamos) a Remigio le gustaba mucho; se daba tono, y no paraba hasta que se lo hacía entender a los circunstantes. Estar ocupando las butacas *del Tal* o *la Cual*... ¡qué honor! ¡Si lo supieran en Cuenca!

Con una semana de anticipación se enteraba de la noche en que había un estreno.

Él iba a la redacción a buscar las butacas. Si el autor del drama en capilla era tan amable que me regalaba los billetes, el orgullo de Remigio rayaba en insoportable. Se sentaba en la butaca, molestando sin ninguna consideración al vecino, «mísero mortal, que ni conocería al autor probablemente, y habría pagado un dineral por sentarse allí».

Antes de tratarme era enemigo de Echegaray. Me confesó que era de los que gritaron «¡Fuera!» la noche del estreno de *Mar sin orillas*[6]. También me confesó que cuando iba al teatro por su dinero no tenía criterio fijo; solía arrimarse disimuladamente a los grupos de críticos que disputaban; y si había entusiasmo en la sala y en los pasillos, se metía en medio del corro a que acudía, sin disimulo.

---

[6] *Mar sin orillas:* drama en tres actos de José Echegaray, estrenado en Madrid en 1879 con éxito dudoso y mal resultado en conjunto.

—Más de una vez me vi rodeado, sin saber cómo, de Revilla [7], Bofill [8], Cañete [9], Picón [10], Llana [11], Bremón [12], Alfonso [13] y otros muchos, a ninguno de los cuales tenía el honor de tratar. Pero todos me tomaban por amigo de los demás, y como yo era el único que no hablaba, todos se dirigían a mí. Francamente, esto me ponía loco de orgullo. ¡Qué lástima no conocer a cualquier de aquellos señores para hacerle presentarme a los demás!

—Por regla general —continuaba Remigio— yo prefería el teatro moral y optimista. Cuando un padre rico,

---

[7] *Revilla,* Manuel de (1846-1881): quizá el crítico de mayor renombre a comienzos de la Restauración. Su trabajo, *Principios generales de la literatura* (1872), ejerció gran influencia en los estudios estéticos del último tercio de siglo. Clarín, aunque expresó repetidas veces su disconformidad con varios de los principios y criterios sostenidos por Revilla, sintió siempre admiración y respeto por su persona y obra.

[8] *Bofill,* Pedro (1840-1894): periodista y escritor español. Estuvo encargado por muchos años de la sección de crítica literaria y teatral del periódico *La Época.* Sus artículos, escritos en lenguaje castizo y estilo muy personal, eran muy populares, sobre todo aquellos en que daba cuenta de los estrenos.

[9] *Cañete,* Manuel (1822-1891): literato y crítico, más conocido por sus revistas teatrales que como autor dramático. Clarín se refirió con frecuencia en sus escritos a la tarea crítica de Cañete. En general, solía estar en contra de sus criterios estéticos e ideología reaccionaria. No obstante, en el artículo necrológico que le dedicó en *Ensayos y Revistas* (1892) Alas comentaba que Cañete era de «los menos malos» y de erudición poco común en España.

[10] *Picón,* Jacinto Octavio (1852-1923): compañero de Clarín en la Universidad de Madrid, cuando ambos estudiaban Derecho; Picón sobresalió principalmente en la novela amorosa. Por las fechas en que se sitúa la acción del cuento, Picón empezaba a ser conocido en el mundo del periodismo.

[11] *Llana:* no hemos podido identificar a ningún escritor o artista de la Restauración con este nombre.

[12] *Bremón,* José María: periodista español nacido en 1829; desempeñó también importantes cargos públicos. La obra periodística de Bremón fue objeto varias veces de la «crítica higiénica» que Clarín aplicaba a quienes gozaban inmerecidamente de reconocimiento en el mundo de las letras.

[13] *Alfonso,* Luis (1845-1892): crítico de varios periódicos y revistas ilustradas, muy combativo en sus ataques al movimiento naturalista español. Clarín le consideró siempre como un incapaz.

v. gr., perdonaba a su hijo la calaverada de haberse casado con una pobre honrada, y todo se volvía contento y bromitas inocentes en el escenario, a mí se me caían lágrimas así, y lloraba y reía; y salía del teatro diciendo: «Esto edifica.»

Pero semejantes ideas, contra las cuales esgrimía yo entonces mi pluma en los periódicos, fueron pronto ridículas a los ojos de mi amigo el de Cuenca.

Era yo —y sigo siendo, aunque más prudente —muy entusiástico partidario del teatro de Echegaray; y mi buen Remigio, sea porque creía pagarme así las butacas, o por conciencia, se convirtió en un defensor temerario e imprudentísimo de mis aficiones.

Y tan allá fue en lo de sostener que el teatro de Fulano era *ñoño,* y el de Zutano inverosímil, y el de Mengano inocente, que al fin juzgó que yo era tibio, y luchaba por su cuenta en los pasillos. Mientras estábamos en las butacas, yo procuraba contenerle... y buena falta le hacía.

Se levantaba el telón. Ya empezaba Remigio a batirse, a comprometerse; él, un padre con cuatro hijos.

—¡Chis! ¡chitón! ¡silencio! ¡esas toses! —gritaba, y clavaba unos ojos insultantes en un pacífico espectador que buscaba su butaca inútilmente cerca de las nuestras.

—¡Silencio! ¡dejar oír!

—Caballero, busco mi sitio.

—No es aquí.

—Número siete, fila tercera... mire usted.

—¡Pero de orquesta, señor; pero de orquesta! —gritaba Remigio furioso, con voz apagada.

—¡Chis! ¡chitón! —le decían a él entonces los vecinos.

—Usted dispense... —murmuraba el de la orquesta.

¡Qué había de dispensar Remigio!

—¡Valiente animal! —decía a media voz, casi deseando que lo oyera el otro—. Será un envidioso...

Y volviéndose a mí, furioso porque había perdido una escena:

—¿Qué ha pasado? ¿Quién es su padre? —me preguntaba—. Entéreme usted en dos palabras.

Y yo, con gran paciencia, me ponía a enterarle, aunque sin poder decirle quién era el padre, porque tampoco yo lo sabía...

Remigio ponía la atención en mi relato y los ojos en el escenario, y de repente me interrumpía y me asustaba, gritando como un loco:

—¡Bravooo! ¡Bravooo! —con unas asonancias en la boca que daban miedo. Era que otros entusiastas aplaudían *un pensamiento,* y Remigio, que no lo había oído, repetía los aplausos como un eco.

—¡Bravooo! ¡Bravooo! —insistía en gritar, y acto continuo, volviéndose a otro espectador, preguntaba:

—¿Qué ha dicho? ¿Qué ha dicho? ¿Por qué hemos aplaudido?

Pero en aquel instante tosían en los palcos y en las butacas de atrás; tosían de buena fe probablemente, pero Remigio se volvía, miraba con descaro, desafiando al mundo entero, comprometiéndose; miraba a los palcos y gritaba:

—¡Esas toses! ¡Silencio!

—¡Que calle él!

Y callaba; pero una frase de Calvo [14] le entusiasmaba inmediatamente, y Remigio se levantaba estrujando los adornos del sombrero de una señora ¡pobre señora! que tenía delante.

—Señora, usted dispense —tenía yo que decir—; porque mi amigo, que ya no se sentaba en todo el acto, lo que se llama sentarse, aplaudía, aplaudía sin cesar; todo, todo era sublime, lo que oía y lo que no oía.

Ya habían llegado los tiempos ominosos en que empezó a ser moda llamar al autor en medio de un acto para aplaudirle alguna ocurrencia, y Remigio era de los primeros en pedir el careo de Echegaray con el público, sobre todo si había habido toses, que a él, a Comella se le an-

---

[14] *Calvo,* Rafael (1842-1888): eminente actor dramático español, protagonista de las más importantes obras de teatro del Siglo de Oro. Clarín, que sintió viva admiración por él, le dedicó una semblanza en su folleto *Rafael Calvo y el teatro español* (1890).

tojasen maliciosas, o una voz imprudente de ¡fuera! o ¡silencio!

—¿Cómo silencio? ¿Cómo fuera? Ahora verán ustedes...

—¡No irritarle! —decía yo a los vecinos muerto de vergüenza. Pero ya no era tiempo.

—¡El autor! ¡Ahora mismo el autor! ¡Él solo, que salga él solo! ¡Fuera Calvo, fuera Vico! [15] ¡Fuera el apuntador! ¡El autor solo!...

Terminado el primer acto, Remigio se proponía *sacar* al poeta cinco o seis o veinte veces, y le sacaba. Cuando por la ley de la inercia el público seguía aplaudiendo y llamando al poeta, Comella salía a los pasillos. La felpa del sombrero, que él se había puesto al revés, estaba erizada como símbolo del entusiasmo y del cabello de Remigio. Claro que no era por tal cosa, sino porque, distraído, Comella había peinado a contra pelo su *chistera,* como él decía, mientras oía extático los versos de Echegaray.

En los pasillos y en el *foyer* [16] era ella. Remigio ya no callaba cuando los críticos se dirigían a él; es más, se dirigía él a los críticos, y los trataba con una confianza inmotivada.

Los críticos le conocían todos por las disputas de los estrenos. Ya no le creían amigo de un colega, sino crítico *lui-même.* Citaba a Shakespeare, y a Sardou [17], y a *San Sardou,* como un condenado.

«¡Para él no había ídolos!»

---

[15] *Vico,* Antonio (1840-1902): actor español, considerado como el mejor intérprete de las obras de Echegaray; primer galán del Teatro Español, junto con Rafael Calvo. Gozó también de la estima y admiración de Alas.

[16] *foyer:* palabra francesa que alude a la sala de descanso en los teatros.

[17] *Sardou,* Victoriano (1831-1908): autor dramático francés, triunfó en casi todas las formas del drama. Como ya indicamos en la introducción, el joven Clarín debió ser entusiasta del teatro político de Sardou en su época de estudiante en Madrid y, en colaboración con otros compañeros de Oviedo, fundó un periódico llamado *Rabagas,* título de una obra del dramaturgo francés, que por aquellos años produjo mucho revuelo en casi toda Europa

Gritaba como un energúmeno.

«En el teatro no debía haber moralidad. ¡Abajo el teatro casero! ¡Abajo la moral en el teatro!»

«En último caso, él, Remigio, estaba dispuesto a batirse por sus creencias artísticas.»

Volvía a la butaca. Ya tenía echado el ojo a dos o tres *enemigos del autor;* ya sabía dónde se sentaban.

Comenzaba otro acto. Había lucha.

Un espectador decía:

—¡Chisss!

—¡Animal! —vociferaba mi hombre, mi energúmeno.

—¡Silencio!

—¡Fuera! ¡a la cárcel! ¡envidiosos!...

Si el otro, allá lejos, insistía en no encontrar aquello bueno, Remigio, que no podía sufrir más (llamaba él sufrir a lo que había hecho), se ponía en pie, y volviéndose del lado de su *enemigo,* decía más alto:

—¡Calle la cábala! ¡Será algún cesante!... ¡Que calle ese cesante! ¡Le habrá dejado cesante Echegaray!

—¡Fuera ése! —decían los de atrás.

—¡No me da la gana!

Las señoras le miraban con miedo; algunas, jóvenes, con cierta curiosidad benévola; aunque todas se inclinaban a creer que estaba algo loco.

Al salir del teatro yo tenía que taparle bien, sobre todo, la boca. Sudaba a mares. Su sombrero sudaba también, con todos los pelos tiesos. Nos metíamos en un coche; si no, pulmonía segura para Remigio.

Llegábamos a casa. Se acostaba. A la mañana siguiente se presentaba en mi cuarto con cercos morados en los ojos, y pálido.

No había podido dormir en paz. Había soñado que se había batido con Fernanflor [18], el cual le había cortado las narices con una pluma.

Y añadía:

---

[18] *Fernanflor:* seudónimo de Isidoro Fernández Flórez (1840-1902), literato y crítico español que ocupó también cargos públicos como militante republicano. Figura respetada por Clarín.

—Vea usted lo que son los sueños; porque precisamente el señor Fernanflor esquivó una disputa que yo le proponía.

—Le tendrá a usted miedo.

—Probablemente. Verá usted cómo fue. Tenía él que pasar por donde yo estaba, entre dos butacas.

—«¿Me permite usted?» —me dijo, muy fino.

Yo, antes de permitirle, le pregunté:

—«¿Qué le parece a usted? ¿Qué opina usted?»

Calló Remigio.

—¿Y qué contestó Fernanflor? —pregunté yo después de un rato.

—Nada... subterfugios.

—Usted dijo: «¿Qué opina usted?», y él, ¿qué contestó?

—¿Él? «Opino... que me deje usted pasar.»

* * *

Pasó tiempo. Remigio Comella fue y vino de Madrid a Cuenca, de Cuenca a Madrid cinco o seis veces, y tras el último viaje, se presentó en la fonda con su mujer y los chicos.

Buscó casa; un piso tercero en la calle de Ferraz, a lo último, cerca del Guadarrama. Allá se fue, no sin despedirse con abrazos de todos sus amigos de la fonda.

—Lo que usted sentirá ahora —le decía un senador vitalicio, que la estaba entregando por culpa de la gota— lo que usted sentirá ahora será no poder frecuentar tanto los teatros.

—¿Por qué? ¿Por qué he de perder yo una sola función?

—Hombre, como se va usted tan lejos...

—¡Bah! Eso no importa. ¿Y el tranvía? Y en último caso tengo buenas piernas. Mire usted, más fácil es venir a los estrenos desde la calle de Ferraz que desde Cuenca... y sin embargo...

Ya no me acompañaba Remigio ni al café, ni al teatro. Nos veíamos pocas veces. Yo le creía muy ocupado con negocios. Pero, por supuesto, a los estrenos no faltaba. Ya no le entusiasmaba Echegaray.

Dejaba hacer, dejaba pasar, como los economistas [19]. Le vi muy preocupado, y le pregunté una noche:

—Oye —nos tuteábamos ya; fue una exigencia suya— ¿qué te pasa? ¿Te ha salido mal lo del pleito?

—¿Qué pleito?

—Aquella sentencia... la que te traía a Madrid, ¿la casaron o no?

—¡Qué la habían de casar, hombre!... es decir, si la casaron, demasiado que la casaron...

—Pues entonces estás de enhorabuena.

—¡Qué he de estar! ¡quita allá! Figúrate que yo lo había entendido al revés. Yo creía que casar una sentencia era conformarse con ella. La Audiencia había sentenciado a mi favor; yo manejé mis influencias, pidiendo que casaran la sentencia... y la casaron. Cuando fui a dar las gracias a los magistrados, me enteré de que me habían arruinado. Casar, casar... una sentencia... yo creía que era como en las comedias, arreglarlo todo a pedir de boca. Pero esos curiales todo lo entienden al revés. Casar una sentencia no es decir que está bien, que se aprueba, como yo creía *.

—De modo que por eso andas cabizbajo... tristón...

—¿Por eso? Chico, poco me conoces. Tengo yo más ánimos...

—¿Y entonces? ¿Es que no se casó tu cuñado?

—Ese sí que no se casó; de modo que he quedado sin recomendación, sin destino...

—¡Ah, vamos! Ahora me explico tu melancolía.

—¡Quita allá, hombre! ¿Por no ser presupuestívoro había de estar yo triste? No faltaba más. ¿Qué son los empleados? Sanguijuelas... lacayos... Yo no me ahogo

---

[19] *Dejaba hacer... como los economistas:* alusión a la fórmula *laissez faire, laissez passer,* que sirvió de lema a la escuela clásica liberal en Economía.

* Histórico. *[N. del A.]*

en tan poca agua... ¡Empleado! ¿Quién puede servir aquí? ¡Si en este país no hay Gobiernos!...

—Y entonces, ¿por qué diablos andas preocupado, tristón?...

—¿Que por qué? ¿Y tú que eres crítico me lo preguntas? ¿Te parece a ti que esto es teatro ni nada? No tenemos autores, no tenemos actores, no tenemos público, no tenemos sentido común... Esto no es teatro... Y vosotros no sois críticos. Se acabó el teatro; eso tengo.

Y dio media vuelta y se fue.

Le encontré otra noche en el «Español».

Se paseaba en el *foyer* con unos caballeros a quienes yo no conocía, pero con los cuales le había visto ya varias veces.

Me acerqué a él, le pregunté primero qué noticias tenía del drama (había estreno, claro).

—¡Psh! —escupió con desprecio—. Como todos. ¿Qué se ha de esperar de un idealista como Sánchez? (el autor). Mucho lirismo, mucho hablar del honor y del deber... pero ¿verdad? ni pizca... Es como los demás. El teatro agoniza. Mejor diré; ya ha muerto. ¿Y los actores?

Me le habían vuelto naturalista. No sabía yo quién, pero me le habían vuelto. Debían de haber sido aquellos señores taciturnos y mal vestidos que le acompañaban.

—Oye —le pregunté—, y en vista de que no hay teatro, de que ha muerto el teatro, y de que te casaron la sentencia y no se te casó el pariente, ¿no piensas volverte a Cuenca?

—¿A Cuenca? No, hombre, no. Vete tú. ¿Quién se mete en una provincia? Aquí no hay teatro, es claro; pero en Cuenca menos. Además, de un día a otro puede haber una revolución.

—No lo creo, nadie se mueve.

—Una revolución en el teatro, hombre. Yo me río de la política. En la política no andan más que medianías. Yo hablo del teatro siempre.

—¿Y quién va a hacer esa revolución, y qué va a hacer esa revolución?

—¿Qué va a hacer? Pues no dejar títere con cabeza. ¿Te parece a ti que esos caracteres son caracteres? ¿Que ese lenguaje es lenguaje?... Y en cuanto a quién va a hacer la revolución... pues, ¿quién sabe?... Tal vez el que menos se piense...

Nos interrumpió el timbre. Empezaba el primer acto.

* * *

Después del final de la comedia:

Remigio, con el sombrero puesto a guisa de solideo (el sombrero ya no tiene erizada la felpa), sujeta a un idealista muy bien vestido y perfumado, por las solapas de la levita.

El idealista se defiende como puede, y procura salvar la gardenia del ojal que amenazan los dedazos de Comella.

—Pero, ¿qué aplaude usted ahí, santo varón? —y sacude al idealista como si pudiera dar peras—. ¿Aplaude usted los caracteres? No puede ser, porque esos personajes son de cartón.

—¿Cómo de cartón?

—Sí, señor; de cartón —sin soltar—, de cartón-piedra, si usted quiere, pero al fin cartón. Son unos personajes que dan ganas de tirar al blanco.

(Estoy seguro de que Remigio hubiera fusilado a los actores sin remordimiento; hasta tal punto estaba convencido de aquella teoría del cartón de los personajes *idealistas.*)

Y continuaba mi amigo:

—¡Si se le ven los hilos!

—¿Qué hilos?

—Los alambres; los hilos de que están colgados esos polichinelas... Vamos a ver: a usted cuando le pisan un callo o le seducen a su mujer...

—¡Caballero, mi mujer...

—Bueno, su señora...

—No, si no es eso; es que la hipótesis...

—Bueno, pues la hipótesis... en fin, cuando se la *birlan* a usted ¡caramba! —echaba fuego naturalista por los ojos—, cuando se la *birlan* o le pisan el callo de que dejo hecho mérito, ¿prorrumpe usted en décimas calderonianas, ni se acuerda para nada de que hay fango en la tierra y de que el crimen es un lodazal? Responda usted sí o no.

—Pero, hombre, el arte... el teatro...

—¿Es natural que en una situación apurada de la vida nos pongamos a escoger las palabras y a buscar consonantes y vocablos de tantas o cuantas sílabas?

—Y diga usted, y usted dispense —contestó el idealista, salvando al fin la gardenia del ojal y librándose de las manos *al natural* de Remigio—; y diga usted, y cuando usted suelta un taco, porque le pisan un callo, un par de blasfemias en prosa porque le pisan la mujer (como usted diría), ¿le pagan a usted tres o cuatro duros todos los presentes por la gracia y se la mandan repetir?

—No, señor; pero ya sé a dónde va usted...

—Pues claro; voy a que para oír ternos secos y hablar como usted habla ahora conmigo, nadie querrá pagar su dinero. ¿No dice usted que *todo el mundo* habla en prosa? Pues por eso queremos que el poeta nos hable en verso en la escena. ¿Que cuesta trabajo escoger las palabras, buscar los consonantes y la medida? Pues que cueste, mejor. ¿No se le pagan al autor sus derechos? ¡Pues que los sude! Lo dice la Biblia: ganarás el pan con el sudor de tu rostro...

—¡Bravo! ¡bravo! —gritan los del corro.

Remigio, antes de retirarse, vencido, pero no humillado, en compañía de sus siniestros nuevos amigos, me preguntó al oído:

—¿Te parece que debo desafiar a ese hombre?

* * *

Cada vez marchaba peor el teatro en concepto de Remigio, que se iba haciendo un desaseado. Ya no era un elegante de provincia. Era un Adán de Madrid. No pensaba en su mujer, ni en sus hijos, ni en peinarse. No pensaba más que *en la realidad*.

Había que llevar la realidad al teatro; lo demás era perder el tiempo.

—Yo autor —decía— primero me dejaba quemar que consentir que se representara una obra mía en esos escenarios tan pequeños. ¿Qué realidad de carne y hueso puede *desarrollarse* en esas cuatro tablas?

—¿De modo que, según tú, debiera representarse en la plaza de toros?

—Pues claro. Y otra cosa. Quieren que una acción verosímil se *desenvuelva* en tres actos y en tres horas. Pasemos por eso de que haya acción, aunque no debe haberla; pero ¿cómo ha de suceder cosa importante en tan poco tiempo?

—¿Pues cuánto tiempo pedirías tú?

—¡Yo! Todo el que hiciese falta. Y el público, si se preciaba de ilustrado, se aguantaría en su sitio. ¿Hacían falta cuarenta días con sus cuarenta noches, como cuando lo del Diluvio? Pues eso. Allí se estarían los espectadores, en sesión permanente, todo el tiempo necesario, o sea novecientas sesenta horas. Lo demás es gana de divertirse, profanar el arte. El teatro ha de ser así, o no tiene razón de ser.

—Pero, dime, ¿quién iba a ser el innovador?

Remigio encogió los hombros. Sonrió con misterio, como hacen en las novelas idealistas. (Por cierto que si él lo hubiera sabido no hubiera sonreído así.)

Y se fue.

—Éste algo trama —me quedé pensando.

El *hombre de los estrenos* suele tener mal fin: acaba muchas veces (no todas) por echar su cuarto a espadas, su cana al aire... por escribir él el drama de sus sueños. No todos, no todos, repito, acaban así; pero... el corazón me daba que Remigio se proponía restaurar el teatro español, haciéndole pasar al mundo, a la realidad, como él gritaba furioso al hablar de sus locuras.

* * *

Lo que yo temía.

Remigio acabó por ahí, por reformador del teatro. No cabe negar que en su obra, que me leyó (para eso son los amigos), hacía entrar el mundo, todo el mundo, en el escenario.

Lo llevó aquello (lo llamaba siempre así; no era drama, ni comedia, ni nada representable; era... *aquello*), lo llevó a un empresario que había contratado muchas veces compañías extranjeras y que tenía sus ribetes de realista.

El empresario le dijo:

—Amigo, *eso* está pefectamente; *ahí* entra toda la creación, punto más, punto menos; cada cual habla el lenguaje que le es propio; pasa por la escena todo el mundo; pero por lo mismo, por lo mismo que en esa obra entra el mundo entero... su obra de usted no puede entrar en mi teatro; no cabe. Ya ve usted, el contenido no puede contener el continente... Esto no es disculpa de empresario; son habas contadas.

Remigio, muy a su pesar, se avino a reducir el cuadro.

Ya cabía *aquello* en el escenario.

Pero hubo otro inconveniente.

Él me refería así, casi llorando, su nueva desgracia:

—En mi obra pasa un acto en una alcantarilla, y el empresario se niega a presentar esa especie de catacumbas urbanas.

—Pero ¿por qué? Yo he visto una zarzuela *idealista* en que hay un escalo y salen a escena las alcantarillas...

—No, si por eso ya pasa él. Alcantarillas como las de esa zarzuela las admite el empresario.

—¿Entonces?...

—Soy yo quien no puede admitirlas. Me lo prohíbe mi dignidad, mi credo artístico. Esa zarzuela, tú lo has dicho, era *idealista.* Alcantarillas idealistas también las consiente mi hombre; pero yo...

—¿Pero tú?...

—Ya ves; yo necesito que haya... *olor local.*

* * *

Así se volvió loco mi amigo Remigio Comella, que como él decía, hubiera sido un buen empleado en Contribuciones, a... a no haber estrenos en el mundo.

Oviedo, 1884.

Las dos cajas

I

Ventura había nacido para violinista. Fue ésta una convicción común a todos los de su casa desde que tuvo ocho años el futuro maestro. Nadie recordaba quién había puesto en poder del predestinado el primer violín, pero sí era memorable el día solemne en que cierta celebridad de la música, colocando una mano sobre la cabeza de Ventura, como para imponerle el sacerdocio del arte, dijo con voz profética: «Será un Paganini [1] este muchacho.» A los doce años Ventura hacía hablar al violín y llorar a los amigos de la casa, complacientes y sensibles. La palabra *genio,* que por entonces empezaba a ser vulgar en España, zumbaba algunas veces en los oídos del niño precoz. Un charlatán, que examinaba cráneos y levantaba horóscopos a la moderna, estudió la cabeza del músico y escribió esto en un papel que cobró muy caro:

—Será un portento o será un imbécil; o asombrará al mundo por su habilidad artística, o llegará a ser un gran criminal embrutecido.

La madre de Ventura comenzó a inquietarse. El pavoroso dilema la obligaba a desear, más que nunca, la gloria del artista para su hijo.

---

[1] *Paganini,* Nicolás (1784-1840): violinista italiano de gran fama, apareció por primera vez en público a la edad de nueve años.

—¡Cualquiera cosa, decía, antes que malvado!

El padre sonreía, seguro del triunfo. Cierto tío materno, aficionado también a estudiar chichones, que era la moda de entonces en muchos pueblos de poco vecindario, exclamaba con tono de Sibila [2]:

—¡El templo de la gloria o el presidio! ¡El laurel de Apolo o el grillete!

Ventura estaba seguro de no ir a presidio, a lo menos por culpa suya.

Mucho amaba la música, pero no era un maníaco del arte, y cultivaba sus buenos sentimientos leyendo muchos libros de esos que confortan la voluntad recta, y haciendo todo el bien que podía. Su inteligencia era precoz como su habilidad de artista, y a los quince años ya tenía bastante juicio para comprender que, ante todo, era hombre y que aquellas teorías que le predicaban parientes y amigos respecto a la misión excepcional del artista, a la moral especial del genio, eran inmorales y muy peligrosas.

Débil de carácter, se dejaba imponer las *costumbres* y el *uniforme* de genio; pero en el fondo de su alma no se dejaba corromper. Tenía vanidad como todos, y se creía y se sentía un gran músico; pero no por lo que ya sabía hacer, que era lo que admiraban los necios, sus paisanos, parientes y amigos, sino por lo que llevaba dentro de sí, y no podían comprender sus imprudentes admiradores. Amaba mucho más sus sueños que los triunfos ruidosos que iba alcanzando. Por amor a su padre, que era el encargado de cobrar y tener vanidad, Ventura daba conciertos, que le valían ovaciones nunca vistas. Y el buen muchacho, con una sonrisa un poco triste, inclinaba la cabeza, llena de rizos negros, sobre el violín, como un amante se reclina sobre el seno de su amada; saludaba al público y miraba después al rincón en que se escondía su padre, como consagrando a éste todos aquellos aplausos y diciendo: «Son tuyos, para ti los quiero nada más.» Para sí prefería otros placeres menos vanos. Él había

---

[2] *Sibila:* mujer sabia a quien los antiguos atribuyeron espíritu profético.

descubierto en sus soledades de artista misterios de la música, que eran expresión de las profundidades más bellas e inefables del alma. Creía, con fe inquebrantable, que de su instrumento querido podían brotar notas que dijesen todo lo que él inventaba en sus deliquios de inspiración solitaria; pero también sabía que buscar esas notas era empresa superior a sus fuerzas actuales. No bastaba lo que enseñaban los maestros para expresar aquello. Cuanto cabe en la técnica de cualquier arte bello era inútil para aprender aquella misteriosa manera de ejecución, que era necesaria para llegar al último cielo de la poesía que él columbraba en la música. Si le hubiesen mandado escribir todo lo que él comprendía de aquella nueva estética aplicada a la música, ni aproximadamente hubiera sabido explicar sus ideas. Ni podía hablar con nadie de aquello. Músicos muy celebrados, hasta artistas verdaderos algunos, no le comprendían.

Un célebre compositor llegó a decirle muy seriamente:

—Ventura, déjate de ilusiones y estudia. Puedes ser un grande hombre, y te vas a convertir en un maníaco. Toca lo que tocan los demás, procurando tocarlo mejor, y así conseguirás la gloria y la fortuna.

Lo que se consiguió con esto fue que el soñador no hablara más a nadie de sus sueños, pero no quiso abandonar aquella esperanza de encontrar lo que él llamaba «la música sincera». Se le había metido en la cabeza y hasta en el corazón, que todos los usados recursos de la instrumentación eran falsos, afectados; que los efectos de la armonía, y más aún los de las combinaciones melódicas, eran lo más contrario de la sencillez verdadera, que no es la rebuscada. Como para él era el arte religión, pero no en el sentido pedantesco y trivialmente impío en que esto suele decirse, sino como formando parte la expresión artística de la religión misma, como una especie de oración perpetua del mundo, creía que era profanación, pecado, blasfemia la falta de ingenuidad en las formas musicales; halagar los sentidos, expresar lo que quiere referirse a los sentimientos puros con voluptuosas caricias de aire en los oídos, le parecía traición del arte. No quería inventar una música nueva en absoluto; dejaba para quien tuviera las facultades del compositor esta gran empresa; pero pensaba que aun lo que está escrito, lo bueno, que era poco según él, se podía ejecutar de modo que esa noble y santa sinceridad apareciese en ello. Esto era lo que él procuraba. Pero no acababa de encontrar el medio. Consagraba a tan peregrino intento el tiempo y el trabajo que otros dedicaban a perfeccionarse en el tecnicismo del arte, según corrientemente se entendía y ponía por obra. Hubo ya quien empezó a decir que había violinistas de menos fama que Ventura superiores a él.

—Ese chico se duerme sobre el violín —exclamó un crítico famoso, de esos que hablan de música porque los demás no entienden, no porque ellos sepan.

Hizo mucha fortuna la frase, y algún gacetillero la repitió mejorada en tercio y quinto por la ocurrencia de darla en latín: *Quandoque bonus dormitat Homerus* [3].

El padre de Ventura quiso contestar con un comunicado en el mismo periódico, y sólo se contuvo persuadido por los argumentos del tío, aficionado a la craneoscopia.

—Ríete de cuentos, Rodríguez —decía el tío—, todos los gacetilleros del mundo, con todos los latines del mundo, no pueden impedir que tu hijo tenga muy desarrollado el órgano de la *filarmonitangibilidad*.

Esta palabreja, que el tío había compuesto, pareció a la familia un argumento indestructible.

—Que hablen los envidiosos lo que quieran —exclamaba el sabio— todo lo que puedan decir no impedirá que *filo* signifique amo; *armonía,* lo que ello mismo dice, armonía, y *tango, gis, ere, tetigi, tactum,* tocar. Son habas contadas; latín y griego. Pero, amigo, el estudio de las lenguas sabias no se improvisa.

---

[3] *Quandoque bonus dormitat Homerus:* «Algunas veces dormita el buen Homero.» Fragmento de un verso de Horacio con que quiso expresar que los más grandes ingenios pueden cometer alguna que otra falta. En otras palabras, que no hay obra humana perfecta.

II

Pasaban los años. Ventura había alcanzado muchos triunfos, ya era célebre. Pero aquella fama no crecía. Sobre todo, los sueños del padre respecto a la precocidad del chico se habían desvanecido. Como todos los que no tienen un conocimiento justo de lo que vale el talento, ponía el señor Rodríguez la mayor importancia de la gloria en conseguirla muy pronto. Lo que él necesitaba era que su hijo fuese una celebridad europea a la edad en que otros juegan al marro. Pero el muchacho había llegado a los veinte años y el emperador de todas las Rusias no le había llamado todavía para que enseñara a tocar el violín a *czarewich* [4]. Rodríguez leía un diccionario de celebridades todas las noches como si fuera la *Leyenda de Oro* o el *Año Cristiano*. Sabía la vida y milagros artísticos de todos los músicos, pintores, poetas y escritores precoces.

La anécdota de César llorando ante la estatua de Alejandro, porque a la edad del griego él no había conquistado el mundo, le llegaba al alma al señor Rodríguez. Quería despertar en su hijo la noble emulación, como él llamaba a la envidia, y le recordaba los triunfos del inmortal Rafael, y la inspiración precoz de muchos eminentes compositores; y aun de Jesús disputando en el templo con los doctores, quería sacar una provechosa enseñanza. Hasta el niño campanólogo le echaba en cara y ponía por ejemplo. Otras veces era la situación económica de la familia la que sacaba a relucir; hablaba de los sacrificios, del capital anticipado para hacerle un violinista eminente. De este argumento no se reía Ventura como de los otros. Contestaba con dinero. ¿No estaban desahogados todos? ¿No vivían como unos príncipes? ¿No tenía Rodríguez un caballo de paseo?

—Bueno, bueno —decía el padre, torciendo el gesto— pero... eso es poco.

La envidia seguía trabajando. Había algunos periódicos que, sistemáticamente, combatían el *amaneramiento* y la

[4] *czarewich:* hijo del Zar, heredero de la corona.

incorrección del violinista Rodríguez. Era una notabilidad, ¿cómo negarlo? Pero el mundo marcha, y él se empeñaba en no estudiar, y Pérez y Gómez, francamente, iban proyectando una triste sombra sobre la fama de Rodríguez...

Esto decían los periódicos enemigos. Se fundó una revista profesional, *Euterpe* [5], para desacreditar a Ventura. La dirigía un *señor de la orquesta* y la pagaba Gómez, el otro violinista famoso. Rodríguez, padre, quiso desafiar a Gómez, pero Ventura amenazó con romper el violín si no se despreciaba aquella ignominia de las calumnias.

El tío, el de los cráneos, dudó entonces que fuese Ventura un verdadero artista. Se preciaba de conocer el corazón humano ni más ni menos que la cabeza, y dijo tristemente en secreto a Rodríguez:

—Tu hijo no es un artista; no le lastiman las censuras, no le hacen llorar lágrimas de sangre... ¡no es un artista!

Por aquel tiempo no lo tenía para pensar en rivalidades y críticas injustas el bienaventurado mancebo. Se había enamorado. Estaba en otro mundo su pensamiento. Cuando encontraba a Gómez y a Pérez en algún concierto les apretaba la mano con efusión. «¡Hipócrita, cómo disimula!», decían ellos por lo bajo; y Ventura, con las mejillas un poco encarnadas, los ojos húmedos y muy abiertos les sonreía y alababa sus progresos en el violín. No era exclusivista; su manera soñada no era la que conocían Pérez y Gómez; pero tocaban muy bien, muy bien, por el sistema corriente. Los alababa de todo corazón. «¡Nos desprecia!», decían ellos a los amigos; y el *señor de la orquesta* llegaba en sus censuras a las personalidades, al insulto. Por culpa de su amor Ventura padecía grandes distracciones; le mareaban las disputas, no quería leer periódicos ni libros, y no sabía lo que pasaba en el mundo artístico. No hacía más que tocar, ganar dinero, y a sus solas querer y trabajar en lo que él entendía que era la

---

[5] *Euterpe:* en la mitología griega, musa de la poesía lírica y también diosa de la alegría y del placer. Su atributo es la doble flauta, instrumento por excelencia del culto a Dionisios. Algunos autores le atribuyen la invención de la flauta y otros instrumentos de viento.

nueva manera. *Euterpe* llegó a decir «que la educación debe ser armónica, que el músico no puede ser hoy, en el estado de cultura a que hemos llegado, un ignorante de las materias afines a su arte; debe conocer la historia, la estética, y sobre todo tener sentido común. Pasó la época de las grandes melenas y las extravagancias del artista: hoy el músico debe ser como todos, vestir a la moda, conocer el mundo y vivir como la gente. Lo demás es una afectación ridícula con que se quiere aparentar un genio que acaso no se tiene».

—¡Pero si mi hijo no usa melena! —gritaba Rodríguez arrugando la *Euterpe* entre los puños.

Ventura, después de algunas dificultades, fue correspondido; entró en casa de su novia, y como no tenía pretexto para hacer perder tiempo a la niña, ni él lo quería tener, se casó a los pocos meses.

Don Lucas Rodríguez se quedó estupefacto. Aquello era demasiado. Su cuñado tenía razón; Ventura no era un artista. ¡Qué diría *Euterpe!* ¡Casarse un gran violinista! Casarse, así ¡como un empleado de Consumos!... El tío meneaba la cabeza de derecha a izquierda. Aquello quería decir que la craneoscopia se había equivocado. «No era un artista. Era un instrumentista; no era un artista, no lo era; triste, tristísima confesión... ¡Pero Ventura era un *burgués!*»

III

El *burgués* se fue a vivir con su mujer, una rubia de veinte años que le amaba y le admiraba, a una casita de un barrio, donde tenía jardín con árboles tan altos junto a la tapia, que le ocultaban las casas vecinas; de modo que se creía solo, en el campo, viviendo con su esposa y su violín lejos del mundo. Los más amigos, cuando hablaban del pobre Ventura, a quien no se veía por ninguna parte, ponían una cara compungida, como si se tratase de un muerto; y todos hacían el mismo ademán expresivo; que era figurar con la mano una cuchilla o hacha y acercar el filo a la garganta, inclinando la cabeza. Con esto se quería indicar que Ventura *se había degollado,* había cortado la carrera: se había casado, en fin.

El ajusticiado, el verdugo de sí mismo, se creía el hombre más feliz del mundo. Su padre apenas le visitaba, y nunca le hablaba del genio ni de la misión del artista.

El tío no aparecía por su casa. Los periódicos le habían olvidado. *Euterpe* misma apenas se acordaba de él. El matrimonio le trajo una porción de ideas serias.

La responsabilidad de un padre de familia, como él pensaba serlo pronto, le parecía lo más grave del mundo... ¡Y él no sabía más que tocar el violín! Lo que empezaba a escasear era el dinero. ¡Si en vez del violín habré tocado yo el violón toda mi vida! ¡Si estos sueños de la *música sencilla, natural,* serán una locura! ¡Si tendrán razón los otros! Acaso me ciega el orgullo, y esto que yo creo falta de envidia será tal vez sobra de vanidad. ¿Por qué no han de ser, en efecto, superiores a mí Pérez y Gómez? Cuando estas ideas se le ocurrían, que solía ser al despertar, el pobre Ventura sentía un sudor frío por todo el cuerpo y en el rostro mucho calor de vergüenza... Se le figuraba que el mundo entero se reía de él; y miraba a su mujer, a su hermosa mujer, que dormía tranquila a su lado, y pensaba ¡Pobrecilla! Tal vez le espera el hambre, por lo menos las privaciones; acaso, por tener fe en un loco, ha expuesto su porvenir... ¡Y el de sus hijos! ¡Pobres hijos míos! ¡Cuando nazcáis os encontraréis sin más patrimonio... que la *música sincera,* una música del porvenir que inventó vuestro desdichado padre!... Pero estas amarguras de la desconfianza duraban poco. De noche, en verano, después de comer, salía al jardín con su querido instrumento; aquel violín que amaba con el mismo respeto que había en las caricias que encantaban su vida conyugal.

A sus solas, acompañado por el discreto cuchicheo de las hojas de los árboles, que la luna plateaba, y que la brisa removía, osaba el pobre Ventura tener fe en su alma de artista. El violín según él sonaba con más dulzura que en las salas ahogadas de los conciertos, donde las notas tenían que flotar en una atmósfera cargada de emanaciones impuras; parecía que las cuerdas en aquella triste soledad tranquila de la noche apacible se desperazaban con cierta gracia de ingenua confianza; la humedad del relente pasaba al timbre de la cuerda: era más fresca y algo húmeda la nota del violín... Encontraba el músico cierto parecido entre el rayo de luna que bajaba y la vibración sonora que subía... Era una corriente de cierto fluido poético que ascendía y descendía como la escala de Jacob.

—¿Dónde está lo que no es todavía y ha de ser sin falta? ¿En dónde viven, en qué espacio flotan el alma del que ha de ser hijo mío, un ángel de cabeza rizosa, toda de oro, como la de su madre, y la impalpable idea música que yo sueño, pero que es en la lógica de la belleza una realidad necesaria? Música sencilla y natural, exenta de convenciones rítmicas, amañadas y recompuestas; música de los humildes, dulzura espiritual, remedo de lágrimas y besos y ayes verdaderos, nuevo canto llano, con toda la sublime sencillez del antiguo, pero sin su monotonía; sueño mío, visión benéfica, convicción santa, esperanza, consuelo, virtud, ¡orgullo mío!... ¿En dónde estás? ¿Qué eres ahora? ¿Idea de Dios? ¿Vives ya en mi cerebro? Como palpita ya en las entrañas de mi esposa el cuerpo del ángel que aguardo, ¿palpitas ya tú dentro de mi espíritu? ¿Eres esto que vislumbro? ¿O acaso la ansiedad que siento? ¿O la alegría inexplicable, repentina y frenética de algunos momentos en que parece que todo mi ser se transforma y se eleva? ¿Dónde estás, música mía? Yo te aguardo; aquí esperaré hasta la aurora. Sé vapor del relente, extracto de aroma, rayo de luna, murmullo de la fuente o de las hojas... Ven, ven con el alba a caer sobre las cuerdas de mi violín como el rocío caerá sobre las flores.

Cuando hablaba así para sus adentros Ventura, gran retórico de lo inefable, en su violín no sonaban más que unos dulcísimos quejidos, que eran como el murmullo que hay en los nidos de las golondrinas cuando los hijuelos aguardan el alimento... Parecían los ensayos de los gorjeos de aquella bandada de ruiseñores —notas que esperaba Ventura en la próxima primavera... en la primavera de la música nueva que él debía inventar...

—Ventura, que te vas a constipar, entra —decía una voz amorosa desde una ventana de la casita, y Ventura, volviendo de repente a la realidad, estornudaba cinco o seis veces, y se metía en su cuarto, con el alma presa de un catarro crónico de desencantos. No sabía su pobre mujercita que al sacar del jardín a su marido, le sacaba del único cielo en que él podía estar contento. Un cielo en que efectivamente había música.

IV

Por lo demás, los *negocios* iban de mal en peor. Ventura cada vez trabajaba menos; ni él procuraba agradar a los contratistas de conciertos, ni éstos le buscaban ya con el afán de antes.

Algunos reconocían aún la superioridad de Ventura, pero decían:

—El público aplaude lo mismo, y acaso más a Gómez y a Pérez, que son más seguros, que trabajan con más entusiasmo y más asiduamente.

—Vengan Pérez y Gómez, y Ventura Rodríguez allá se las haya.

Ventura notó que el *mercado* disminuía, que la *demanda* se alejaba... El orgullo, lo que él llamaba su dignidad de artista, no le permitía solicitar lo que ya no se le ofrecía espontáneamente. Muchas veces todavía le llamaban para una gran solemnidad, y él contestaba:

—Que vaya Pérez; que toque Gómez...

Cuando nació el ángel rubio que Ventura esperaba, en aquella casa se iba pasando del lujo prudente y moderado al bienestar modesto y parsimonioso en los gastos.

La *aurea mediocritas* empezaba a no ser *aurea* y se quedaba en *mediocritas*.

El padre de aquel inocente, que no tenía más patrimonio que la música de un sueño, creyó llegado el momento de pensar en algo, de hacer algo. Cualquier cosa menos profanar el violín. Él no podía hacer lo que Pérez y Gómez. Ni podía ni quería. Pero sobre todo, no podía. Era preciso confesarlo: la habilidad de aquellos hombres era grosera, material, cosa ajena al espíritu, a la inspiración, a la dignidad del ideal artístico... pero habilidad al cabo. La habían adquirido con mucho trabajo, a fuerza de repetir sus ensayos, dominando poco a poco el instrumento, como quien domestica una fiera. *Le hacían hablar,* y eso era lo que el público exigía. Ventura quería *hacerle vivir,* y eso era imposible por lo visto.

«Sí —pensaba él desesperado—, el violín de Gómez habla, pero como un loro, como habla Gómez. Mi violín estará mudo hasta que pueda hablar... como un poeta.»

Así es que ni su voluntad, ni sus facultades le permitían *sacar del violín* el partido que sacaban los otros.

Era un axioma ya en todas partes:

—Gómez es más *correcto* que Rodríguez.

—Rodríguez toca, pero está anticuado.

Esta era una aserción probable.

Y también se decía:

—Ese chico no adelanta. Y en este siglo el que se para se hace aplastar.

—Rodríguez no estudia.

—Dicen que bebe, y por eso...

—Las mujeres; deben de ser las mujeres...

—Es su mujer; le ha cortado la inspiración, como Dalila cortó a Sansón la fuerza con los cabellos...

—Rodríguez se ha *chiflado.*

—Era una medianía precoz. Cuando la precocidad no le sirvió de nada, se quedó con la medianía.

—El gusto cambia; Rodríguez no sigue el gusto moderno...

¡Rodríguez, Rodríguez! Ya me cansa tanto Rodríguez... ¡Otra celebridad! ¡Otro nombre!...

Ventura recibió algunos desaires mal disimulados del público, su antiguo esclavo, que ahora se desquitaba de los días de la servidumbre.

Tragó las lágrimas del despecho, y olvidado algún tiempo de sus aspiraciones de innovador, procuró eclipsar los triunfos de sus rivales... ¡No pudo! Pareció amanerado, inferior *al modelo*.

Siguió una violenta reacción de orgullo salvaje y de loca esperanza. Renunció a tocar en público por algún tiempo, y se refugió en su jardín, para dar conciertos a los pájaros dormidos. Tuvo que vivir de sus ahorros, que no eran muy gran caudal.

Un día su padre entró en casa de Ventura abriendo y cerrando puertas con estrépito. ¿Qué era aquello? ¿Se dejaba a un padre y a una madre en el arroyo? ¿Y los sacrificios? En casa no había un cuarto; todo, todo se había gastado en criar aquel portento, que no acababa de dar el fruto esperado. «Yo he gastado un capital enorme; lo he tirado todo por la ventana, estoy sin camisa. Y ¿dónde están los intereses de ese enorme capital? En el viento; mi hijo desprecia al público, y no quiere tocar delante de gente; como si no supusiera nada el capital que yo gasté en educarle y prepararle para un porvenir brillante, el señorito viene a dar conciertos a los árboles de su huerto, y se le va todo en suspiros de violín; esto es regalar una fortuna al viento. En una palabra, tu madre y yo nos venimos a vivir aquí, a no ser que prefieras dejarnos en el arroyo...»

Las necesidades de la casa comenzaron a aumentarse; ya no bastaban los ahorros: Rodríguez, padre, no quería economizar; se había acostumbrado al papel de próximo ascendiente del genio, y ni aun después de renunciar a la gloria de su hijo podía renunciar a los gastos superfluos que a costa del genio hacía. Fue necesario volver a trabajar. Se gastaba en aquella casa tres veces más que antes. Pero Ventura tenía odio al público; no quería dar música a nadie. Prefería consagrarse a otra cosa: al comercio, la bolsa, la industria... cualquier oficio, por prosaico que fuera, antes que el violín.

Hizo varias tentativas. Se metió en empresas industriales y le engañaron. Su inaptitud para el tráfico le parecía un crimen; soy un idiota, pensaba el infeliz, nunca he servido para nada.

Y al verse torpe en los negocios más vulgares, que medianías sin cuento manejaban perfectamente, exacerbado su pesimismo, llegó a creer que ni mediano músico había sido siquiera. Entonces se le representaba su sueño del arte renovado, de la *música sincera,* como una visión de loco, como una estupidez trascendental. Y trabajaba en las ocupaciones que escogía como quien cumple una penitencia, gozándose casi en la repugnancia que le causaba aquel género de trabajo tan contrario a sus gustos. Se había hecho tímido como una liebre, escrupuloso, comino. Daba al pormenor una importancia irracional, con una especie de superstición. Hizo esfuerzos dolorosos por adquirir aptitudes que le negara la naturaleza. Pero todos estos martirios eran inútiles, la ruina de la familia iba a ser inevitable.

Rodríguez padre, que había asistido como testigo mudo y acusador en su silencio a todas las derrotas de Ventura en las varias empresas que acometiera, le dijo al fin, después de un desengaño que ponía a la casa en grave apuro económico:

—Ventura, no seas tonto.

El hijo levantó los ojos hacia el padre, como pidiéndole perdón por aquellas tonterías que confesaba, que él también creía evidentes.

—No seas tonto. Tú no sirves para nada más que para tocar el violín. Yo no puedo ya trabajar; o tú vuelves a tocar el violín, o tus padres, tu mujer y tu hijo se te mueren de hambre. Escoge.

Ventura escogió retorcerse las entrañas y volver a ser violinista. Entonces fue cuando la cabeza se le llenó de canas. El amor propio recibió tales golpes, tal lluvia de saetas, unas impresas, otras de viva voz, otras consistentes en hechos, tales como desaires, desdenes, desprecios, que de aquella vez Ventura se convenció de que algo se le moría dentro del alma. Era el amor propio, con todo lo que tiene de bueno y de malo, lo que se le moría.

Fue como un resorte tirante que estalla; la primera impresión fue casi agradable, un respirar tranquilo, una suspensión de dolores agudos; después, como un ángel que quisiera volar y encontrase roto el juego de las alas, el espíritu de Ventura se sintió como *perniquebrado,* arrastrado; ya no pretendía volver al cielo del arte: tenía conciencia de aquel descalabro interior; sabía que estaba roto por dentro, que para él se había acabado toda ambición de tender las alas invisibles, en que había creído con fe tan acendrada. *Euterpe,* que había entrado en el año tercero o cuarto de su publicación, volvió a hablar de Ventura Rodríguez, distinguido violinista.

Ya no le insultaba; tratábale con cierto tono de protección, contaba a los lectores pormenores de su vida, y hacía esfuerzos para persuadirlos de que le oirían con gusto. Llegaría a ser una esperanza si se ceñía a seguir el camino de los maestros Pérez y Gómez.

El padre de Ventura procuraba que los periódicos no llegasen a manos de su hijo. Pero Ventura los leía en el café. Se dejaba insultar como un muerto. Algunos críticos nuevos, que hablaban de música como si tuviesen el arte en estado de sitio y ellos fuesen capitanes generales, se encaraban con el violinista redivivo, y declaraban que había perdido mucho en el largo período de silencio en que se había obstinado. Le injuriaban los más atrevidos, y Ventura leía aquello como si se tratase de otro. Ya no quería más que el dinero que le valía su arte. En este punto era todo lo exigente que podía. Con los empresarios regateaba. Les ponía por las nubes su celebridad de otro tiempo, hablaba como un charlatán. Es más, aquellas teorías suyas de la música nueva, que eran implícita censura acerba de la manera de tocar sus rivales, las sacaba ahora a plaza, procurando ponerlas al alcance de aquellos profanos, incapaces de sentir la música de ningún tiempo ni sistema. Quería ver si así ganaba algo más, si se vendía más caro.

Poco a poco fue pagando algunas deudas, y hasta pudo mantener cierto lujo de su padre, que no podía fumar tabaco malo, ni beber vino común.

Se figuraba el músico desacreditado que él era un vivo enterrado; todos sus colegas, los músicos, los compositores, los cantantes, los críticos, los aficionados, habían ido echando sobre su cuerpo un poco del polvo del olvido, y ahora estaba separado del mundo por una capa de tierra muy pesada, muy pesada. Se hablaba de él como de un aparecido. El *elemento joven* del arte y de la crítica no le conocía ya, en cuanto le sonaba su nombre, no sabía a qué...

Pero a él no le daba esto pena. Ni pena ni gloria, repetía por lo bajo. Y no atendía más que a ganar dinero para sostener los gastos de su casa.

Un día le llamaron para tocar en la inauguración de un café monstruo.

Rodríguez, padre, fue quien abrió la carta en que se le invitaba y se le ofrecía una buena suma.

—¿Supongo que no aceptarás?... ¡Esto es demasiado!

—Demasiado es todo —contestó sonriendo Ventura— pero acepto.

—¿Que aceptas?

—Está muy bien pagado —y fue.

Por aquel tiempo empezaron a olvidarle los periódicos: ni para humillarle le nombraban.

¿Tocaba peor que antes Ventura? No se puede asegurar que sí ni que no. Pero es cosa evidente que tocaba con menos fe, como una máquina. ¿Y la música sincera? ¿Aquella manera nueva de tocar que él estaba descubriendo? Aquello era su remordimiento. Ya no creía en aquel arte restaurado. Había sido un sueño del orgullo; una extravagancia de una medianía que se revela y quiere ser eminencia, no por el camino recto, sino discurriendo novedades raras, absurdas.

Eso era él, según él mismo. ¿Cómo se había convencido de ello? ¿Con pruebas sacadas de sus estériles ensayos, de sus tentativas inútiles? ¡Oh! no por cierto, eso no. Ni un solo argumento, ni un solo sofisma había podido discurrir contra la nueva manera de la música que en los tiempos felices de la vigorosa inspiración, de la reflexión seria y sabia, se le había aparecido como una necesidad lógica del arte. Pues entonces, ¿por qué había perdido la fe? No lo sabía a punto fijo. Por todo lo demás; por culpa de *Euterpe,* de Rodríguez, padre, del empresario, de Gómez, de Pérez, por culpa del mundo... ¡en fin, por el diablo! ¿Qué sabía él? Pero le daba vergüenza haber creído en su invención y haber sacrificado a ella la felicidad de su familia.

Empezó a escasear el trabajo en la corte. No bastaba buscarlo con afán y sin poner condiciones: iba faltando *demanda...* y Ventura admitió contratas con empresarios de provincias.

Dejó a su padre y a su madre en Madrid y se fue a recorrer Andalucía y Castilla, Cataluña y Aragón con su violín, su mujer y su angelillo. Lo único que había salido como él lo había soñado.

Era hermoso como una flor su Roberto. «¡Adiós, Madrid!» Todo Madrid le había aplaudido... y aquel todo Madrid se quedaba allá arriba... entre aquellos faroles que se iban apagando en la tiniebla... Pronto sería Rodríguez como un muerto olvidado; es decir, nada multiplicado por nada... ¡Buen viaje!

V

El «Iris» se abría a las ocho de la mañana en invierno. Los mozos, soñolientos, barrían, limpiaban los bancos, deshacían las torres de sillas que había sobre las mesas, y se iban los más a dormir otra vez. Quedaban dos o tres para el poco servicio de la mañana. Leía uno el *Diario,* periódico de primer orden en la provincia; otro jugaba con el gato. En el mostrador, silencio. El piano, bien cerrado y abrigadito con su funda verde, extendía su cola sobre la plataforma de pino blanco, majestuoso en su sueño de toda la mañana. Estaba la plataforma en medio de la sala, rodeada por un antepecho de madera pintada de azul y oro. Sobre un musiquero había algunos libros y piezas sueltas de música. Al otro lado del piano una silla alta forrada de terciopelo carmesí, oriunda de algún teatro. Allí se sentaba «el señor de Madrid», la celebridad que cobraba cinco duros todas las noches y cenaba de balde. Los mozos del «Iris» no ocultaban su orgullo. La cerillera del portal, que vendía toda la prensa de Madrid y de provincias, oía con religiosa atención a Lucas, el mozo más viejo del «Iris», por la milésima vez, su maravillosa narración.

—El señor de Madrid fue contratado primero por esos granujas del café del «Gran Mundo», esos tipos llenos de fantasía que se están empeñando hasta las orejas por hacernos perder a todos... pero ¿ve usted cuánto rumbo y cuánto convite a los de los papeles? pues bueno, señora Engracia, por peso de más, peso de menos, el señor de Madrid se quedó sin la contrata y los de allá sin su músico. Entonces el amo, que lo supo, el amo, que sabe gastar de veras y sin ponerlo en el diario, fue ¿y qué hizo? Pues nada, llamó al señor de Madrid y le dijo:

—¿Que los cinco duros? pues los cinco duros ¿y que cena? pues que cena.

—Ahora los de allá, despechaos, claro, dicen que valiente ganga, que ellos hacen más ruido; que este señor de Madrid es un arruinao, un trasto viejo; y la verdad es que la gente se va al «Gran Mundo», porque este pueblo, señora Engracia, no es filantrópico, y vamos... que no sabe de música; pero usted lo sabe, usted le ha oído, el de Madrid toca como un ángel; y el pobrecillo pone una cara de bueno pa tocar...

La señora Engracia estaba de acuerdo con Lucas, y no había disputa; el mozo se volvía a retozar con el gato.

Por la tarde el «Iris» se llenaba de gente del campo, que en aquella tierra dejan sus faenas mucho antes de que el sol se ponga. Con su manta al hombro muchos, casi todos con su pañuelo de colores atado a la cabeza, entraban con aire satisfecho, pisando fuerte y llamando recio al mozo.

De cinco a siete había música. Pero nada más que de piano. El señor de Madrid tocaba por la noche.

El pianista ganaba cuatro pesetas y cenaba también. Era un viejo calvo, grueso, lacio, mustio. La expresión de su rostro era la de un carnero cansado, momentos antes de morir. Vivía de cobrar un tanto por ciento al clero catedral por derechos de habilitado, y de tocar el piano en el «Iris». En lo mejor de su edad, a los treinta años, había compuesto habaneras y algunas variaciones sobre la jota; pero ya no escribía música; la copiaba y le iba mejor; se vendía, aunque barata. Él prefería la introducción de *Semíramis*[6], *Safo*[7], *La Cenerentola*[8], pero el público quería novedades peligrosas, música francesa, una prostitución. Y tocaba lo que mandaba el amo del «Iris».

Menos mal que por las noches, desde que había venido el señor Rodríguez, un violinista muy aceptable, de la buena escuela, don Ramón Betegón, el pianista, concluida su tarea de la tarde, se iba a comer y volvía al «Iris» a las ocho y media.

Ya estaba allí Rodríguez, con su mujer, su hijo y la niñera, alrededor de una mesa cerca de la plataforma.

—Doña Carmen, muy buenas noches —decía Betegón.

Daba un beso a Robertito, un apretón de manos a Ventura y se iba al piano.

Razón tenía Lucas; los habitantes de aquella ciudad noble y leal no eran *filantrópicos*. El café estaba lleno, eso sí; pero no había lo que en aquella tierra, y en otras muchas se llama todavía *personas decentes*.

Acudían muchos artesanos con los tiznes del trabajo en la cara, de mano callosa y torpe en el manejo de vidrios y lozas del servicio; abundaban los mozos de coches y carros, los pillastres de variadas profesiones, algunas ilícitas; había algunos soldados, casi todos con galones, más cabos que sargentos, y más distinguidos que cabos. Y sobre todo, muchos campesinos que viven

---

6 *Semíramis:* óperas de Gluck (1748) y de Rossini (1823), inspiradas en la leyenda de la reina de Babilonia.

7 *Safo:* título de varias óperas famosas, siendo las más conocidas la de Pacini (1840), Carlos Gounod (1851) y la de Massenet (1897).

8 *La Cenerentola:* ópera en dos actos de Rossini, basada en el tema de la Cenicienta (1817).

en la heroica ciudad y son capaces de madrugar con el sol y acostarse tarde, por darse aires de señorío y *desembrutecerse* con el café y la música. Algunas mujeres honradas, de pueblo, acompañaban a sus maridos, padres o hijos mirándolo todo con curiosos ojos que no ven claro, saboreando el gasto con usura; hablaban en voz baja y tomaban su café con religiosa ceremonia, pensando en la importancia de los 25 céntimos que cuesta.

El sexo débil estaba más bulliciosamente representado por algunas mozas del partido, que ordinariamente guardaban la compostura debida, pero que a veces olvidaban su comedimiento riendo como en el lupanar. Algún prudente ¡chisss!... de Lucas imponía silencio, y la buena crianza volvía a reinar en aquella reunión, donde los pobres procuraban adquirir uno de los vicios más necios de los que pueden gastar dos reales en lo superfluo y mucho tiempo en lo innecesario.

Una noche tocaba Ventura *Dichter und Baüer*[9] (poeta y aldeano), y le acompañaba con mucho gusto el señor Betegón en el piano. Allí cerca, junto a la plataforma, Carmen, la digna esposa, el consuelo constante de tantas pesadumbres, apoyaba un codo en la mesa de siempre y contemplaba amorosa a su marido. Carmen era ya su único admirador; en realidad, su único público. ¡Aquellos labriegos, aquellos artesanos le oían como quien oye llover! Se les había dicho que el señor de Madrid cobraba cinco duros (eran tres pero se había convenido en decir cinco), y con esto tenían bastante: saboreaban el café y el placer de estar oyendo a un ricazo de la corte, que estaba allí para divertirles a ellos. Entre los pillastres había quien le miraba con cierta insolencia, como diciendo: no creas que me asustas, yo he oído cosas mejores, he estado en Madrid y no me asombro por tan poco.

Al terminar una pieza sonaban algunos aplausos; era cuando querían que se repitiese, por gusto de hacer tra-

---

9 *Dichter und Baüer:* opereta de Franz Suppé compuesta en 1846.

bajar más a los músicos, por sacarle más jugo al real del café. Después de la repetición nunca se aplaudía, porque eso sería pedir otra repetición, y allí no se querían gollerías. Los domingos había muchos más consumidores: venían al «Iris» niños y perros, y el estrépito era infernal. Cuando algún trozo de música alegre les llegaba al alma, como un solo hombre, los baturros pedían «¡La jota, la jota! Venga la jota...».

Carmen se ponía como un tomate allá abajo, en su banco pegado a la pared, y miraba al pobre Ventura como diciéndole:

«¡Perdónales, no saben lo que hacen!... —y a Ventura aquello de "¡la jota!" le sonaba como si dijeran—: ¡Crucifícale, crucifícale!»

Carmen tomaba café en el «Iris»; el niño jugaba con la niñera, porque su padre quería tenerle cerca, le necesitaba allí para decidirse a ganar el pan de cada día. A las diez, madre, hijo y criada se iban a casa muy tapaditos. Ventura no dejaba a nadie el cuidado de envolver a Roberto en mantones y pañuelos; le daba cien besos y le ponía en brazos de la muchacha.

Carmen se despedía con una sonrisa animadora... y él los veía marchar, triste, con una tristeza dulce, lánguida, resignada; y entonces, a solas ya con su violín, entre aquel populacho bueno, pero sin ojos para sus penas ni para su arte, tocaba Ventura, sin conocerlo acaso, como en sus mejores tiempos, mejor tal vez, tal vez como lo pedía aquella su invención de la música sencilla, sincera, buena, santa, de que ya no se acordaba, o por lo menos en que ya no creía. Y entre el ruido de las cucharillas, patadas, toses, voces de «¡café! ¡que mancho! ¡mozo! *¡El Imparcial!*» sonaba el violín como una queja de un alma dolorida por pena eterna, ante un Dios eternamente sordo a las quejas de las almas. Don Ramón Betegón, impasible, abofeteaba el piano y aprovechaba los solos de Ventura para dar tres o cuatro chupaditas al cigarro... Ventura tocaba entonces en el «Iris» como en su jardín de Madrid; los parroquianos eran testigos tan inteligentes como los árboles... peores, porque los árboles no pedían la jota.

VI

Como iba diciendo, una noche Carmen miraba desde su banco, apoyada en la mesa, a su querido mártir, como ella para sí le llamaba siempre. El público empezaba a acudir.

Suppé [10], interpretado, como decía Betegón, por Ventura, adquiría nueva gracia y dulzura.

Los ojos del violinista apenas se fijaban algunos segundos en el papel que tenía delante; miraba más a su mujer, con amor inagotable, tan puro y grande, como el primer día de novios. Se diría que de los ojos de Carmen una corriente eléctrica iba hasta los ojos de Ventura, y le llevaba consigo la inspiración, la habilidad artística, aquella *manera sublime de interpretar,* según el pianista.

Otras veces el violinista miraba a su hijo, que al pie de la plataforma iba y venía, ora procurando coger una pierna de su padre, para lo que metía su mano de muñeca entre los balaustres, ora saltando alrededor del piano, como si fuera mariposa, y la música, luz que le atraía. Para seguir los movimientos del niño el padre vigilante necesitaba hacer mil contorsiones, sin dejar de tocar con aquella suavidad y elegancia exquisita de siempre: daba vueltas en redondo; se inclinaba, se ponía sobre las puntas de los pies... parecía un músico *excéntrico* que lucía su habilidad entre piruetas.

Después del *Poeta y aldeano* hubo un descanso de cinco minutos.

Don Ramón y Ventura fueron a sentarse junto a Carmen. Con la finura del mundo tomó Betegón media copa

---

[10] *Suppé,* Franz (1819-1895): compositor austriaco, autor de gran número de operetas que se representaron con éxito en toda Europa.

18

de anís doble. Roberto se había subido a las rodillas de su padre, que le acariciaba con la barba y la mejilla, como si fuera su violín, inclinando sobre el niño la cabeza, con los ojos medio cerrados, pálido y triste con una tristeza que estaba ya petrificada en las arrugas de su rostro. Podía Ventura sonreír, hasta reír a carcajadas; allí estaban las arrugas para protestar, como una fe de muerto de aquel espíritu que se vio adulado con el apodo de genio.

Don Ramón se levantó y volvió al piano. Le siguió poco después Rodríguez. Comenzaron la *Stella confidente*.

Entonces entró en el café un subteniente de caballería. Se sentó en una mesa que estaba enfrente de la mesa de Carmen. Pidió café, distraído. Tardó en notar que tocaban el piano y el violín. Atendió. Le gustaba aquello. Se sentó en otra mesa, más cerca del piano. Miró en derredor y echó de ver que allí no había más *personas regulares* que él y aquella señora... debía de ser la de uno de los músicos.

«¡Demonio!, qué bien toca ese hombre», pensó, y llamó al mozo.

—Es el señor Rodríguez, un músico de Madrid.

—¿Rodríguez? Rodríguez... ¡Ah! sí, creo haber oído...

El subteniente se puso el sable entre las piernas y clavó los ojos en el violinista. Positivamente estaba entusiasmado. A los pocos compases le hizo acordarse de su madre, que estaba en el otro mundo, y de su novia, que le había dado calabazas. Era forastero, estaba muy solo y muy triste, tenía mucha nostalgia, según él llamaba a su aburrimiento, y aquella música le estaba llegando al alma. ¡Qué modo de tocar! ¡Y no hay aquí más que plebe!... El también había tocado algo. Era la flauta, pero todo es tocar. Además era poeta. Sentía muy bien.

—¡Pues no se me saltan las lágrimas! Mozo, una copa del *Mono*... Y aquella señorita debe de ser la suya... es guapa. ¡Canario, ya lo creo, muy guapa!

También él era guapo. Alto, rubio, muy esbelto, de aspecto marcial como un dragón, pero de ojos dulces como un ángel. Y el bigote fino y bien peinado. Era muy guapo. Carmen le había visto desde el momento en que entró.

Había observado su atención, su asombro, su entusiasmo, su enternecimiento. Pero cuando él la miró, ella separó los ojos y los fijó en su marido. Y así estuvieron: el militar yendo con la vista y el alma del violinista a Carmen, de Carmen al violinista.

Carmen mirando a su esposo con fijeza y viendo al subteniente.

Ventura arrebatado por la música y la contemplación de su amores, Roberto y Carmen, no veía al de caballería. Terminó la *Stella* y los músicos volvieron a la mesa. El público, que no quería repetir, no aplaudió; el subteniente abrió las manos, pero al ver aquella frialdad, se las metió *intactas* en los bolsillos. ¡Qué lástima!, tenía que marcharse sin remedio. Era tarde, le esperaba el coronel. Pagó y salió visiblemente disgustado, según observación de Carmen.

«Tendrá una ocupación urgente—pensó—, ¡esos militares!...

A la noche siguiente el de caballería se presentó a las nueve menos cuarto. Se trataba del *Non tornó.*

El sentimentalismo del amo del café se imponía hasta a los músicos que cobraban cinco duros nominales, tres en efectivo. Ventura vio entrar al subteniente, y no le cayó en saco roto aquel extraño consumidor de café y música. En una de las vueltas que daba con el violín en el brazo para seguir los juegos de Roberto, vio Rodríguez al simpático alférez, que tenía los ojos inflamados por la admiración, la boca entreabierta, la mirada fija en el músico. Dio otra vuelta y vio lo mismo. El alférez, no cabía duda, era un admirador. Ventura se lo agradeció en el alma: le echó mil bendiciones con el arco; y aunque haciéndose el desentendido, con una coquetería de artista, se esforzó cuanto pudo, tocó lo mejor que supo; y todo aquello iba dedicado al subteniente, a quien aparentaba no ver siquiera. Carmen notó que su marido se acercaba radiante, como si viniera de un gran triunfo; pero él no dijo nada.

—Está usted hoy contento —dijo don Ramón, que siempre estaba triste, y sólo simpatizaba con los desconsolados.

—Sí, me siento bien hoy. Y además el médico me ha dicho que lo de Roberto no es nada.

—Sin embargo, yo recomiendo el aceite de hígado de bacalao... ese niño crece poco; mire usted, parece un tapón.

—Pobrecito mío —exclamó la madre—, te llaman tapón.

—Un tapón muy bonito, pero un tapón, señora... Mire usted, apostaría a que cabe en la caja del violín de su padre. Se le podría enterrar en ella.

—¡Jesús! —gritó Carmen estremeciéndose—, no tanto... y no lo quiera Dios.

Mientras la madre apretaba al niño contra su corazón, Ventura tembló reparando la caja del violín; en efecto, parecía un ataúd para un angelito... como un violín. Era de madera negra con chapas de plata.

—Stradella [11]... *Pietà signore* [12]... —dijo don Ramón, y puso con solemnidad las manos sobre el teclado.

Ventura tocaba con una tristeza religiosa, que llegaba a las entrañas al subteniente. Pensó éste que aquello del infierno era muy verosímil. Pidió otra media copa de anís del «Mono», y se abismó en reflexiones religiosas. La existencia de Dios era evidente. Pero, a Dios gracias, era un Señor infinitamente justo y misericordioso, que no había de incomodarse porque un subteniente aburrido se enamorase platónicamente de la mujer de un notable violinista. Porque, no había para qué ocultárselo a sí mismo, él se iba enamorando de aquella

---

[11] *Stradella,* Alessandro (1644-1682): compositor italiano.

[12] *Pieta Signore:* conocida *aria di chiesa* (para iglesia), compuesta por Stradella.

señora. ¡Su posición y su postura eran tan interesantes! Además, él veía en ella un reflejo del talento de su marido. Él había empezado, y seguía, admirando al músico como tal, pero no era cosa de enamorarse de él... y... naturalmente, se enamoraba de su mujer... *por lo platónico.*

Carmen se confesaba en aquel instante a sí misma que toda la noche había pensado en el subteniente, que le era muy simpático, aparte de ser buen mozo; porque se le veía que admiraba a Ventura, que sentía aquella *manera,* que ella comprendía también, y muy a su costa, por cierto.

La casta esposa notó al cabo que las miradas del alférez se repartían entre ambos cónyuges... Pero no lo tomó a mala parte. Con un mirarle ella a él bastaba. Y precisamente para verle no necesitaba mirarle. Ventura volvió a tocar para su admirador; ya le quería, *sin saber por qué.*

«¡Qué vueltas da el mundo!», pensaba; «yo desprecié a un público de inteligentes, de maestros... ¡y ahora me sabe a miel agradar a un alférez que no sabrá ni tocar la corneta!...».

Ventura hacía prodigios de habilidad, de gracia, de elegancia; el violín lloraba, gemía, blasfemaba, imprecaba, deprecaba... todo lo que quería el brazo. El entusiasmo y el enternecimiento del militar eran sinceros. Pero le gustaba la mujer del violinista, sin menoscabo del arte. La música le cargaba de electricidad, pero la electricidad se le escapaba al depósito común de las pasiones terrenas por los ojos de aquella señora.

Pasaron días y días. El subteniente debía de estar de guarnición, porque no se marchaba. No faltaba ni una noche al «Iris». También Ventura le veía en sueños. Le veía, vestido de capitán general, acercarse a él, que estaba en un trono; y después de muchos saludos con el tricornio, le entregaba una corona de laurel y oro, y se marchaba, andando hacia atrás y con grandes reverencias. Rodríguez ya se atrevía a sonreír frente al alférez, y a dedicarle sus saludos cuando había aplausos.

Una noche, que se pidió la jota, le agradeció mucho que impusiera silencio a un baturro, que gritaba:

—¡Otra, otra, pues!

Pero no quería hablarle. Prefería tener aquel admirador a distancia. Acaso sería un majadero —aunque no lo encontraba probable— y era preferible no conocerle. Así se podía figurar en él al mismo Wagner disfrazado.

El subteniente tampoco deseaba acercarse. Se le antojaba indigno de su nobleza valerse de la amistad para probar fortuna; todo quería deberlo al poder de sus ojos, nada a la falsedad de una estratagema.

Ventura dijo una noche a su mujer:

—¿No te has fijado en aquel subteniente?

—¿Cuál?

—Aquel, no hay más que ése. Viene todas las noches. Creo que le gusta lo que toco.

—No tendría nada de particular —contestó ella.

Siempre había sido Carmen muy fiel esposa. Amaba y admiraba a su Ventura. Pero hacía muchos años que en las caricias, en los cuidados, en las confidencias del músico había una profunda tristeza, una desesperación resignada, atónita, humilde, casi servil, que daba frío y sombra en derredor: parecía el contacto de aquel dolor mudo, el contacto de la muerte; no era posible respirar mucho tiempo la atmósfera de desconsuelo en que Ventura vivía: todo organismo debía de sentir repugnancia cerca de aquella frialdad pegajosa... la intimidad del músico amenazaba con una especie de asfixia moral.

VII

Un noche, en Semana Santa, ideó don Ramón Betegón una especie de concierto sacro, y después de otras cosas se tocó el *Stabat Mater*[13], de Rosini. La música religio-

---

[13] *Stabat Mater:* composición religiosa que generalmente se ejecuta durante la Cuaresma y en especial el día de Jueves Santo. Aunque no se sabe con certeza quién fue su autor, se atribuye al

sa le daba a Ventura escalofríos. Un sacerdote de esos que tiemblan con la hostia en la mano, puesta toda el alma en el misterio, no consume con mayor unción y pureza de espíritu que las que había en el alma de Ventura al hacer llorar a los ángeles y gemir a María en los sonidos de su violín, su sagrario.

Aquella noche, hasta los baturros entendían algo, y había en el café un silencio de iglesia. El subteniente estaba en su sitio; Carmen en el suyo, toda de negro. Ventura, en el momento en que hablaba con el violín de la soledad de la Virgen al pie de la cruz, fija la mirada en su esposa, notó en el rostro de ella una dulcísima sonrisa que no iba hacia él; volvióse, y tuvo tiempo de ver llegar aquella corriente de amor triste y lánguido al rostro del alférez, que recibió la sonrisa besándola con otra... *Dum pendebat filium* [14], decía el violín a su manera, mientras Ventura se ahogaba. Tuvo valor para seguir espiando miradas y sonrisas... Iban y venían, y él las sorprendía, no en el camino, que allí eran invisibles, sino al llegar a Carmen, o al llegar al alférez. ¡Qué sonreír, qué mirar! Y ellos, ¡qué ciegos!, no veían que él los observaba. Ya se ve, el éxtasis los tenía esclavos; la música sencilla, sincera, que sonaba allí en toda su grandeza, en el lamento religioso... los arrastraba a regiones de luz, al mundo invisible de la poesía. ¡Era él quien les facilitaba aquel palacio encantado del sueño del amor!... ¡Infames, infames!, debió de decir el violín también, porque se puso ronco de repente, desafinó de manera terrible. Betegón volvió la cabeza... y vio a Ventura con la suya hundida entre las manos

---

franciscano Jacopone Benedetti da Todi-(m. en 1306). El *Stabat Mater* (estaba de pie la Madre) no fue incorporado al Misal Romano hasta comienzos del XVIII. En la composición se rememora el sufrimiento de la Virgen al pie de la cruz. Sobre el tema del *Stabat Mater* han escrito composiciones músicos como Palestrina, Pergolese, Haydn y Dvorak. La obra de Rossini (1842) es de las más conocidas.

[14] *Dum pendebat filium:* en latín, «mientras el Hijo colgaba» (de la cruz).

y las manos apoyadas en el antepecho de la plataforma. El violín estaba en el suelo, roto bajo los pies del señor Rodríguez.

VIII

Cuando aquella noche, suspendido el concierto, por indisposición del violinista, volvieron a casa Carmen y Ventura, Roberto, que se había quedado en casa muy dormidito, despertó con dolor en la garganta. Otro tenía, en la garganta también, su padre; pero al ver al niño calenturiento, medio ahogado, Ventura se sintió bien de repente, o mejor, no volvió a sentirse. Ocho días duró la enfermedad del niño, y en todo ese tiempo el padre no pensó en sus propios males. Carmen nada sabía de las nuevas penas de su esposo, pues creía que era un secreto para él y para el mundo entero su debilidad, que ella misma maldecía. Velaba al pie de la cuna, queriendo satisfacer con la penitencia del amor de madre puesto en tortura las culpas de pensamiento de la esposa infiel.

Ni una palabra de Ventura pudo hacerle sospechar que su falta estaba descubierta.

Roberto murió a los ocho días. Carmen estuvo enferma de peligro. Ya convaleciente, Ventura le dijo:

—Carmen, tu madre podría cuidarte muy bien, mejor que yo. Allá en tu pueblo hay otros aires... Allí la salud vendrá de prisa.

—Sí, vamos... —contestó ella.

—No, yo no. Vas tú sola.

—¿Y tú?

—¡Yo me quedo... con mi hijo!

IX

Bien se acordaba; a Roberto le habían metido en una caja estrecha y larga, es decir, no muy larga; ¡el pobre niño era tan chiquitín! Había crecido poco ¿Qué importaba ya? La caja tenía chapas de metal blanco y estaba pintada de azul...

Ventura se vio solo en su casa. Ya podía hacer lo que quisiera. Si era una extravagancia, que fuese... Demasiadas veces se había sometido a los caprichos de los demás. Y ahora iba él a hacer su gusto. Ya estaba de acuerdo con el guarda del cementerio. Su dinero le había costado. Salió a las doce de la noche; debajo de la capa llevaba un bulto, que no debía de pesar mucho. Ventura corría por la carretera; después dejó el camino real; tomó a la izquierda... allí era... aquella masa negra. Llegó a una verja... dio tres golpes en el hierro. Abrieron.

—¿Es usted, señorito?

—Sí, Ventura.

El guarda se llamaba como él. Era un viejo con cara risueña.

—Venga usted por aquí. Cuidado no tropiece usted con las cruces. No haga el menor ruido, no se despierten los perros... ¡Ya están aquí! ¿Ve usted? ¡Silencio, Canelo; chito, Ney!...

La luna se asomó para ver la extraña ceremonia.

—Con franqueza, señorito; yo me fío de usted... pero... la verdad... en esa caja cabe un recién nacido y algo más gordo... Yo no digo que haya trampa... pero... la verdad... ver y creer.

Ventura respondió:

—¿Dice usted que es aquí?

—Sí, señor, debajo de esa cruz amarilla está el chiquitín.

Ventura se sentó en el suelo. Apoyó un codo en el bulto que puso a su lado sobre la tierra y dijo:

—Cave usted, Ventura.

Cavó el otro Ventura, y pronto tropezó el hierro con la madera.

—Ya está ahí.

—Limpie usted otro poco, que se vea la tapa...

Se vio la tapa azul, ya muy sucia y raída... El músico se tendió a lo largo en el camposanto.

—Ahora meta usted eso ahí dentro.

—Señorito, yo quisiera...

—Abra usted con esa llave.

Ventura cogió el bulto que había traído Rodríguez. Era una caja negra, parecida a un ataúd de niño, y tenía chapas de plata. El guarda abrió y vio dentro un violín con las cuerdas rotas.

—Ahora haga usted lo convenido.

La caja negra cayó sobre la azul, y encima fue cayendo la tierra. Ventura Rodríguez se había puesto en pie, al borde de la sepultura. El enterrador, que trabajaba inclinado, se irguió de repente y miró con miedo al músico... ¡Un hombre que enterraba un violín!... ¡Si sería!...

Rodríguez adivinó el pensamiento, y sonriente dijo:

—No tema usted; no estoy loco.

Madrid, junio 1883.

Bustamante

Pero, señor, si él no lo negaba, si ya sabía que tenía razón su mujer! ¿Que la plaza estaba por las nubes? ¡Claro! ¿Que todo costaba el doble de lo que valía tres años atrás? ¡Cierto! ¿Que un padre con tres hijos de pocos años y de muchos dientes, no podía consagrarse al arte poco lucrativo, aunque muy honroso, de hacer charadas en verso, ora improvisadas, ora *discurridas* si tenían *intríngulis?* Corriente. En todo eso estaba él, y ya había escrito tres cartas al señor López, el diputado, pidiéndole un destino; por cierto que López no le había contestado a ninguna... Pero que se respetase su vocación. ¡Qué mal hacía él a nadie descifrando logogrifos y discurriendo otros muchos más complicados! La vocación no se discute. Él había nacido para aquel género de literatura y había que dejarle en paz o lo echaba todo a rodar, y se comía a sus propios hijos con dientes y todo, como el dios Saturno de la mitología.

Su primer hijo era hija y se llamaba Paz, pero Bustamante la llamaba *mi primera;* y a Gil, que seguía, le llamaba *mi segunda* y a María de la O, *mi tercera.*

—Bustamante —le dijo una noche su mujer, que le llamaba por el apellido y ya estaba hasta el moño de charadas—, es necesario que vayas a Madrid y le saques a López una credencial aunque sea de las entrañas.

—Sí, esposa mía, estoy conforme; me trasladaré a la capital, veré a López y si no me da eso, le pondré en los

Pasatiempos del *Eco de los Pósitos* como chupa de dómine con esta charadita, que se me ha ocurrido ahora:

> *Prima* es neutro, aunque te asombre,
> mi *segunda* pega bien,
> y mi *todo* es un mal hombre
> que me la pega también.

—¡Bustamante! Para no decir más que tonterías... más vale que te duermas —estaban en el lecho nupcial.

—Bueno, esposa mía, pues en tal caso, la solución en el número próximo; quiero decir que hasta mañana.

Y dio media vuelta y se quedó dormido.

* * *

Pocos días después llegaba a Madrid nuestro Bustamante, que se llamaba Miguel Paleólogo, según él, aunque lo de Paleólogo no estaba en el calendario y sí en la historia bizantina [1]. Pero creía Bustamante que Paleólogo era el apellido de un San Miguel no Arcángel. De todas maneras, él llegó a Madrid en el tren correo, a las ocho de la mañana.

Su mujer le había recomendado que fuese a parar a la misma fonda de López, aunque le costase muy caro este lujo. El propósito de doña Pascuala era que su Miguel, su Bustamante, como ella decía, se agarrase a los faldones del diputado desde el ser de día hasta las altas horas de la noche, que eran para doña Pascuala las diez. Prometió Miguel a su esposa hacerlo como ella pedía, pero en cuanto llegó a la corte, donde no había estado hacía diez años, le entró mucho miedo a todo lo grande, y la fonda cara se le apareció como un *Medina Zara,* como un palacio de cristal, y el diputado López como un *sátrapa de siete colas* (apéndices que él atribuía a los sátrapas).

---

[1] *aunque lo de Paleólogo ... historia bizantina:* la dinastía de los Paleólogo provenía de una de las familias más nobles de Bizancio, y antes de ceñir la corona imperial de Constantinopla, sus miembros desempeñaron altos cargos en la administración y en el ejército.

No se atrevió a entrar en la gran fonda y dio al cochero las señas de la de Pepito Rueda, un estudiante de su pueblo, más andaluz que su padre, que era de Utrera. Pepito Rueda era muy amigo de Bustamante, que le doblaba la edad; pero consistía el aquel de la amistad en que ambos eran de genio alegre y amigos de la literatura, cada uno según sus posibles. Pepito mojaba algo en varios periodiquitos satíricos de la corte. Escribía unas crónicas del Senado llamando animales a todos los senadores, desde el marqués de la Habana[2] para abajo, y, es claro, el director del periódico le quitaba de las crónicas los insultos, que él llamaba las *ocurrencias,* y además no le pagaba.

Con la influencia que se ha visto que Rueda tenía en la prensa, había conseguido publicarle a Bustamante más de una charada en los diarios y revistas de Madrid. Bustamante estaba muy agradecido a Rueda, por más que también por su propio mérito tenía Miguel de *par en par abiertas las columnas de varios periódicos.* Esta frase, que repetía sin cesar, parecíale muy elegante y fue grande su asombro cuando en cierta ocasión le convencieron de que las columnas no tenían para qué abrirse y menos de par en par. Lo cierto era que él desde el pueblo había empezado a mandar la solución de la *charada* y del *logogrifo* y hasta del *salto de caballo* al *Almacén de las modas,* al *Correo elegante,* a *La Camelia,* periódicos de señoritas, y al *Eco de los Pósitos.* Al principio, aunque la solución fuese la que él decía, no le contestaban los periódicos, pero después... ¡Ah! Qué emoción tan pura, tan intensa la suya cuando leyó por vez primera en el *Eco de los Pósitos* lo sigiente: —«Correspondencia particular. Sr. D. M. P. B. Ha acertado usted. El todo es *Carratraca,* pero los versos de usted no se pueden publicar, porque el chiste que usted emplea al descifrar algunas sílabas no es del gusto del público moderno.»

---

2 *Marqués de la Habana:* título del reino otorgado en 1857 al general Gutiérrez de la Concha (1809-1895), militar y político español. De 1881 a 1883, años en que parece situarse el tiempo de la narración, ocupó el cargo de presidente del Senado.

La Camelia era más lacónica y más elocuente, decía: «El señor don Miguel Paleólogo Bustamante de... nos envía la solución de la charada del número anterior: *Bobadilla*[3]. Dice así:

> Mi *primera* y mi *segunda*
> es defecto personal,
> y mi *segunda primera*
> ante una moza con sal...
> Así empieza tu charada
> y veo con claridad
> que *prima* y *segunda* es *boba*
> y así puedo continuar.
> *Tercia* y *segunda* es cantante
> —pero escribiéndolo mal—.
> ¿Y *prima* y *cuarta* se come?,
> pues no me diga usted más.
> El *todo* es una estación...
> *Bobadilla*... claro está.

No ocultaba Bustamante que le costaba mucho trabajo hacer estos versos y otros por el estilo, y si no se hubieran inventado los ripios los hubiera inventado él para salir de tamaños apuros. Y aquí me permitiré una digresión a la retórica y poética de este literato de su pueblo, digresión útil porque pinta la manera de matar versos que tienen muchos escritores de cabeza de partido. Bustamante, considerando que el escribir versos era operación que hacía sudar y llegaba a calentar la cabeza, creía, lleno de lógica, que el mayor mérito de un *verso* (vulgo poesía) estaba en que fuera muy grande; cuantos más renglones mejor. ¿No tiene más mérito un andarín que anda cinco horas sin descansar que otro que sólo ande tres horas? ¿No apuestan los andarines a quien aguante más? Así era Bustamante, un poeta de resistencia; y así creía él que debían ser los poetas. El cambiar de metro se le antojaba una abdicación. Nada de redondillas (que además nunca le salían a derechas), romance y tente tie-

---

3 *Bobadilla:* pueblo de la provincia de Madrid.

so; pero romance con un solo asonante (él no lo llamaba así) aunque fuese más largo el *verso* que de Gibraltar a Madrid.

Ahora sí, eso de que habían de estar mal los romances si caían en copla completa (consonante) le parecía a Miguel una barbaridad, con permiso de Ruedita. El que las palabras acabasen con las mismas letras, exactamente, ¿no era mérito mayor? ¿no tenía más dificultad?, pues cuantos más consonantes en el romance, mejor. Sin saber por qué, prefería los romances agudos, porque el recurso de los verbos en infinitivo (si era en *a, e* o *i* el romance) le parecía muy útil, y cuando no bastaba eso, valía aquello de: *Zas, ya, ¡tras!, ¡ah!, ¡quiá!, ¡voto va!, pues, ¡eh!, ¡pardiez! en fin, grano de anís, ¡por San Gil!*, y otras interjecciones y frasecillas por el estilo.

Bustamante, como íbamos diciendo, en vez de ir a la fonda de López buscó la posada de Rueda y sorprendió al literato estudiante en el lecho, tres horas escasas después de haberse acostado el autorcillo satírico, que trasnochaba, por no ser menos que otros.

—¿Quién está ahí? —gritó asustado Rueda, que tenía la mala costumbre de cerrar su cuarto por dentro.

—¡Soy yo! —le respondió—. Mi primera en el pentagrama, mi segunda un senador —si se le pone una diéresis— de varias obras autor.

Quería decir Mi-Güell... y Renté.

Pepito abrió, y volvió corriendo a meterse en la cama.

—¡Arriba, perezoso! —gritó el del pueblo, dejando una maleta sobre la cómoda, una manta de viaje sobre la mesa de escritorio, un paraguas sobre una silla y la sombrerera sobre la cama.

Rueda no protestó: pero no quería levantarse; le hacía daño madrugar.

—¿Cómo se entiende? ¡Arriba!

Y ¡cataplúm!, el robusto autor de charadas cogió el colchón por una punta, dio un tirón y Pepito vino al suelo. No había manera de ofenderse. Así las gastaban allá. La verdad era que el empingorotado López no hubiera sufrido una broma de este calibre.

Almorzaron juntos y temprano, después de lavarse y cepillarse el del pueblo. Se le ajustó lo más barato que se pudo un cuarto con vistas a un pasillo que comunicaba, aunque no directamente, con una galería, y allí se acomodó el buen provinciano que tenía la convicción de que en Madrid todos viven así, apretados y a oscuras, y por esto no se quejó. ¡Para lo que él pensaba parar en casa!

—¿El café lo tomaremos con esos señores, por supuesto? —dijo después de almorzar Bustamante, que había encontrado el vinillo bueno y no se lo había escatimado por aquello de que lo mismo pagaba bebiendo mucho que bebiendo poco.

Esos señores eran los redactores del *Bisturí*, periódico en que a la sazón escribía el empecatado Rueda. Los redactores del *Bisturí* eran varios estudiantes —*in partibus infidelium* [4]— de la facultad de Medicina.

El Bisturí hablaba de política, de teatros, de todo, y especialmente tenía por objeto desacreditar —si tanto podía— a los altivos catedráticos de San Carlos [5] que osaban dejar suspensos a los malos estudiantes, aunque fuesen periodistas. Rueda era el único redactor *no técnico*, como él decía, del periódico. Se le había buscado por su gran fama de escritor satírico y por sus ideas materialistas, demostradas en varios ataques humorísticos al culto y al clero. Esto último no le gustaba a Bustamante, fervoroso creyente, aunque no fanático, porque en él la religión era una necesidad de artista; creía por temperamento; sin un ideal no comprendía la existencia. Y al decir esto, suspiraba mirando una guitarra que también había traído consigo. En fin, lo mejor era la tole-

---

[4] *in partibus infidelium:* «en países de infieles», expresión del latín eclesiástico aplicada a los obispos nombrados para diócesis enclavadas en territorios de misión o de gentiles. En lenguaje familiar, aplícase a la persona que ostenta un título que en realidad no ejerce.

[5] *San Carlos:* antigua Facultad de medicina en la Universidad de Madrid.

rancia, y él perdonaba de buen grado a los señores redactores del *Bisturí* su falta de principios religiosos, en gracia a la sección de «Charadas y acertijos» que publicaban en la cuarta plana.

Pepito advirtió que los literatos no iban al café tan temprano.

—Bueno, pues entonces iré yo antes a ver a ese López, que tiene que sacarme un destino. Espérame tú en el café, y yo iré a eso de las dos para que me presentes a esos jóvenes ilustres.

Salieron de casa juntos y en la Puerta del Sol se separaron. Bustamante bajó por la calle del Arenal. Iba hacia la casa de López como si lo llevasen al matadero; se paraba ante todos los escaparates. En la vidriera de un café vio colgados de un cordel varios periódicos. *El Bisturí* estaba entre ellos. Sintió cierto orgullo. ¡Él, que acababa de llegar del pueblo, era amigo de los que escribían aquel papel impreso! ¡Había almorzado con uno de los redactores! El viejecillo que vendía los papeles no pudo notar la sonrisa de lástima con que le estaba mirando Miguel Paleólogo. Compró *El Bisturí* y entró en el café. ¡Qué diablo! Tiempo había de ver al señor López, que, después de todo, no escribía en los papeles ni hablaba en el Congreso ni era tan gran personaje como creía su mujer.

—¿Qué quiere el señorito? —le preguntó un mozo distraído. Bustamante quiso cerveza. Mala hora para tomar cerveza, pero no encontró en su memoria bebida más propia de un literato, como él era sin duda y cada vez más.

—¿Quién sabe —pensaba, mientras ponía cara de vinagre a la cerveza que tragaba—, quién sabe? Acaso mis relaciones literarias me sirvan mejor que López para mi pretensión. Donde menos se piensa... Y esta prensa satírica... influye mucho. Tal ministro que se ríe de todas las minorías, tiembla ante una caricatura o ante unos versitos satíricos de pie quebrado. Es muy posible que *El Bisturí* tenga más influencia que López.

Y para matar el tiempo en vez de ir a visitar al diputado, pidió papel y pluma y se puso a escribir.

No a su mujer, no. Escribió el nombre y apellido de los ministros y comenzó a manchar el pliego con versos, encima de los cuales puso: *Anagramas políticos.*

Así esperó la hora de ser presentado a los satíricos del *Bisturí.*

Cuando Miguel Paleólogo Bustamante llegó al café en que se reunían los redactores de *El Bisturí,* que era el «Suizo Nuevo», ya los ilustres periodistas, satíricos como diablos, estaban alrededor de una mesa discutiendo, como de costumbre. Rueda los había enterado de las condiciones físicas y morales de su colaborador *el de las charadas,* y como notara que sus compañeros insistían en tener en muy poco al mísero provinciano, para hacerle valer recurrió a una mentira que le pareció inocente. Les dijo que era rico, y muy capaz, si allí halagaban su vanidad, de subvencionar *El Bisturí,* que se moría de hemotisis.

La presentación se hizo con solemnidad. Rueda estuvo en ella muy digno y serio como un introductor de embajadores. Era el muchacho andaluz de la clase de los sosos y tristones, y en su candidez, vecina de la pobreza de espíritu, propendía a mirar todas las cosas por el lado serio, que podían no tener siquiera.

Bustamante no trató ni un momento de ocultar que estaba conmovido, realmente conmovido.

En él las impresiones fuertes se traducían en un sudor copioso y de mal tono que bajaba por la frente hasta el tejado de cejas y pestañas; en una sonrisa de barro cocido, toscamente modelado, y en un ceceo tartajoso que inspiraba compasión, quitando al más cruel las ganas de burlarse.

Los redactores de *El Bisturí* supieron apreciar en lo que valía la humildad del provinciano, y después de significar que era ya de la mesa, que se le admitía allí como un ingenio colaborador, siguieron las disputas interrumpidas.

Bustamante colocó su taza de café en una esquina de la mesa, juzgando que harto honor era para él disponer de tan reducido espacio; se sentó al sesgo, para tomar menos sitio, y se juró en el fondo de su «fuero interno» pagar todo el gasto aquel día. Oía y callaba, y decía a todos con la cabeza que sí, que era como ellos aseguraban, aunque se contradijeran. De vez en cuando, si la discusión se acaloraba y no temía ser oído ni visto, se acercaba a su amigo Rueda y le decía en voz baja, casi por señas a veces:

«¿Quién es éste?»

—Este que habla tan bien, ¿quién es? —preguntó primero, señalando a un joven alto, de barba negra, de buena figura, pero insulso de expresión, lacio y repugnante, porque se hacía vivaracho y gracioso cuando la pereza meridional estaba pintada en todo él pidiendo a voces silencio, reposo, vida de vegetal, nada de excitaciones cerebrales.

—¿Ese? Ese es una notabilidad —respondió de buena fe Rueda, al oído de Miguel—. Es Merengueda, que ha escrito ya un artículo en *Los Lunes de El Imparcial,* unos versos en *La Ilustración* y todo lo que ha querido en *La Raza Latina* y *La Moda Libre* [6].

Paleólogo se volvió para contemplar a Merengueda a su talante.

—Sí, sí, me suena —dijo.

Merengueda era el redactor principal de *El Bisturí,* escribía los artículos de fondo, que tenían que ser muy intencionados, sátiras como cantáridas, y de un estilo

6 *Los Lunes de El Imparcial ... La Moda Libre:* se mencionan aquí publicaciones periódicas de muy desigual importancia en la España de la Restauración. Las dos últimas, de poca calidad y muy poco apreciadas por el bajo nivel de sus colaboraciones. No así *Los Lunes de El Imparcial,* hoja literaria del diario *El Imparcial,* dirigida por Ortega Munilla, en donde colaboraban las firmas más prestigiosas de la literatura de la época, Clarín entre ellos. *La Ilustración Española y Americana* era la revista ilustrada más importante del último tercio de siglo y en sus páginas aparecieron cuentos, artículos y poemas de escritores como Valera, Campoamor, Alas, Pereda y Alarcón.

muy alegre, familiar y... vamos, barbián como decían ellos.

Merengueda (que se llamaba Narciso) tenía la desdichada habilidad de asimilarse (frase suya) todas las muletillas de moda en los periódicos festivos que él admiraba e imitaba. Como en los artículos de esos periódicos no solía haber más gracia que la de un estilo plebeyo, chabacano, desaliñado y caprichoso, plagado de idiotismos necios, de giros y vocablos puestos en uso por una moda irracional, poco trabajo le costaba al satírico de *El Bisturí* parecerse hasta igualarlos a los humoristas de otros papeles muy leídos y acreditados. Por lo cual los amigos de Merengueda le tenían por un Fígaro en ciernes.

Para comenzar su artículo tenía siempre una muletilla que usaba sin conciencia de ella, creyendo que cada vez se le ocurría por la primera y que tenía gracia y originalidad.

«Pues, señor, el gobierno nos quiere hacer felices, y... ¡nada!, hay que dejarle pasar con la suya; porque, lo que digo yo, señores...» Así empezaba un día el artículo.

Y otro día: «Pues, señor; que el gobierno se quiere quedar con nosotros.»

Y otro: «Pues, señor; que el gobierno es un barbián.»

Y cuando no era *pues señor* era *decididamente.*

Aquello de empezar por *decididamente* se le antojaba a Merengueda un recurso del mejor gusto, porque parecía como que se seguía hablando... de lo que no se había hablado todavía.

A estas y otras tonterías del satírico, que debía vender dátiles, las llamaban sus admiradores «sencillez, naturalidad, facilidad».

—¡Qué fácil es el estilo de Merengueda! —decían.

Y sí era fácil, ¡como que así puede escribir cualquiera! Las ideas del redactor en jefe (pero sin subordinados) de *El Bisturí* corrían parejas con su estilo. Pensaba a la moda, y con la misma desfachatez y superficialidad con que escribía. Era materialista, o mejor, positivista... Que no se le hablase a él de metafísica; la metafísica *había hecho su tiempo,* decía con un horroroso galicismo.

Había otro redactor de *El Bisturí* que se pintaba solo para criticar a todos los autores y artistas del mundo.

Era el primer envidioso de España, y en su consecuencia se le hizo crítico del periódico. Lo mismo hablaba y escribía de teatros, que de novelas, de poesía lírica, de historia, de filosofía, de legislación, de pinturas, de música, de arquitectura y diablos coronados.

Se llamaba Blindado y lo estaba contra todos los ataques de la vergüenza que no conocía. Hablaba en el Ateneo, donde se reía de Moisés y de Krause[7]. Para censurar un libro que tratase materia desconocida para él (cualquier materia), comenzaba por enterarse de la ciencia respectiva por el mismo libro, y después de deberle todos sus conocimientos sobre el asunto, insultaba al autor, en nombre de la ciencia misma y le daba unas cuantas lecciones aprendidas en su libro. Si el caso era criticar un cuadro, recurría al tecnicismo de la música, y hablaba de la escala de los colores, del tono, de una *especie* de *melodía* de los matices, de las desafinaciones, de las fugas de color; pero si se trataba de música, entoncesces recurría a los términos de la pintura, y decía que en la ópera o lo que fuese, no había claro-oscuro, que la voz del tenor era blanca, azul o violeta, que las frases no estaban bien matizadas, que la voz no tenía buen dibujo, etc. Todo lo decía al revés. También era positivista.

Los demás redactores de *El Bisturí* eran de las mismas trazas. Para ellos no había eminencia respetable, trataban al Himalaya como al cerrillo de San Blas.

—Ese Campoamor está chocho —decía uno.

---

[7] *Krause:* Karl Christian Friedrich Krause (1781-1832), filósofo alemán que, aunque no ejerció una influencia destacada dentro del pensamiento germano, formaría un grupo de discípulos en algunos puntos de Europa, especialmente en España. La filosofía de Krause aspiraba a ser la auténtica continuación del pensamiento kantiano contra las falsas interpretaciones —a juicio del autor— llevadas a cabo por Fichte, Schelling y Hegel.

—¡Don Federico Rubio![8]. ¡Don Federico Rubio! Un buen cirujano, pero no es profundo, y además es poco atrevido.

—¡Encinas! Encinas comparado conmigo es como un arbusto, como oleaster[9].

—¡En España no hay poetas!

—¡En España no hay médicos!

—¡En España no hay *chicha...!*

—¡Ni *limoná!*

Bustamante oyendo estos y otros disparates, y con algunas copas de coñac en el cuerpo, estaba como quien ve visiones y muy colorado. Se limpiaba el sudor del robusto cuello con el pañuelo y pensaba:

—¡Señor, si tan poco valen Campoamor, Encinas, Rubio..., qué poquita cosa debe de ser mi señor López el diputado...! Decididamente no voy a visitarle. Aquí hay que darse tono.

Y acercándose a Rueda otra vez, le dijo en voz baja:

—Oye, tú, ¿qué opinan estos señores de López... el diputado de allá...?

Lo oyó Merengueda y gritó:

—¡Valiente animal!

—¿Quién? —preguntó Blindado.

---

[8] *Don Federico Rubio:* Federico Rubio y Galí (1827-1902), médico y político español. Exiliado en Inglaterra por sus ideas liberales, practicó en Londres la cirugía junto a destacados maestros. Fue el iniciador en España de los estudios de histología —ciencia casi desconocida en la España de los setenta—. Una de las figuras científicas más importantes en la historia de la medicina española.

[9] *Encinas ... oleaster:* Manuel Encinas y Soto fue un escritor y teólogo del XIX. Hace aquí Clarín un juego de palabras: el teólogo Encinas es un «arbusto», poca cosa para el redactor de *El Bisturí;* el oleaster, que es un árbol pequeño, especie de olivo silvestre, debemos entenderlo también como alusión a Jerónimo Oleaster, uno de los teólogos más distinguidos del Concilio de Trento.

En la versión original de *Bustamante,* publicada en *La Ilustración Ibérica,* año II, núm. 77, del 21 de junio de 1884, hay en este párrafo una clara errata, pues dice: «—¡Encinas! Encinas, comparado conmigo, es como un arbusto con un oleaster.»

—López, el andaluz.
—¡Oh, qué bruto!
—¡Qué zángano!
—¡Un paquidermo!
—¡Un rinoceronte!
Bustamante se puso como un pavo y dijo con tono humilde:
—No crean ustedes..., también allá le tenemos por un mequetrefe... Yo no pienso pagarle la visita. ¡Es un avestruz!
—¡Un dromedario! —repitió el coro.
—Eso le decía yo a mi mujer... ¡Un dromedario!
Aquella tarde *lo pagó todo,* como se había ofrecido, el colaborador de las charadas.
Protestaron por fórmula algunos de los presentes, el mozo vaciló breve rato y por fin cobró.
Notó Bustamante que en aquel momento todos le miraron a él con respeto, con asombro pudiera decirse, y, mientras se ponía muy colorado, sintió una vanidad infinita.
A la puerta del casino se despidieron algunos redactores de *El Bisturí.* Paleólogo bajó por la calle de Alcalá con Rueda, Blindado y el satírico Merengueda.
Tomaron una *manuela* [10] cerca de la Cibeles y como sardinas en banasta se fueron a pasear al Retiro.
Bustamante no conocía el paseo de coches, y al llegar a la explanada, cerca del invernadero, donde se abre el horizonte como si allí debajo estuviera el Océano, al ver los perfiles de los coches de lujo destacarse sobre el cielo azul, se sintió *en un mundo mejor* y se le figuró que no mucho, pero algo, se fijaba en él la atención de todos aquellos señores y señoras que se dejaban arrastrar a paso de tortuga, tan serios, tan silenciosos como si el ceremonioso paseo fuera parte de una solemnidad religiosa, del dios del lujo y de la moda.

---

10 *Manuela:* en Madrid, coche de alquiler, abierto y con dos asientos.

Cada vez se le iba subiendo más humo a la cabeza, y con esto y el mareo de la cerveza y el coñac y el ruido y movimiento de los coches, se puso medio borracho, muy contento, sin saber por qué, y empezó a ver visiones; se le imaginaba que Merengueda y Blindado eran dos grandes literatos que iban llamando la atención, y que él, que les había pagado el café y los acompañaba en aquel *simón descubierto,* también iba camino de ser un personaje.

Y tal es la perversidad humana y tanto deslumbran las grandezas de la tierra, que Miguel Paleólogo tuvo que reprocharse el criminal pensamiento de pesarle que allá en el pueblo quedasen una esposa y varios hijos, como otros tantos eslabones de una cadena y ser un hombre en aquel Madrid, como Merengueda y Blindado lo eran seguramente.

Pero Miguel no tardó en desechar tan repugnantes ideas y sentimientos y experimentó en breve la saludable y moral reacción de un cariño tierno y acendrado a los pedazos de su alma que había dejado en Andalucía. Entonces preguntó a Rueda (que iba a su lado, sentado en la ceja [11] de la asendereada manuela):

—¿Cuánto costaría poner casa en Madrid, con mujer y tres hijos?

—Hombre... un Potosí. En Madrid la vida es muy cara...

—Sí, ya sé... ¿pero cuánto?

—Además... todo es relativo...

—Sí, ya sé..., ¿pero crees tú que... veinte mil reales al año...?

—¡Absurdo! —gritó Merengueda, que en aquel momento saludaba a un señor que lucía un carruaje de mucho lujo, lacayos de librea oficial y un soberbio tronco.

—¿Quién es ése? —preguntó por lo bajo Miguel a Rueda.

---

[11] *ceja:* parte sobresaliente del coche donde se asienta la puerta.

—El ministro de la Gobernación —contestó Pepito con afectada sencillez, como si a cada momento saludasen ellos a un ministro.

—Ni con treinta mil, si es que quiere usted comer principio, puede vivir en Madrid —añadió Merengueda, como dando más importancia a la conversación que al incidente del saludo ministerial.

«Ya metí yo la pata —pensó Miguel—, ¡cómo ha de parecerle bastante dinero mil duros a un hombre a quien saluda con la mano y sonriéndose el ministro de la Gobernación!»

—En rigor, eso mismo le decía yo al diputado López —continuó Bustamante, mintiendo como un bellaco—; él me decía que bastaría aquí un destino de veinte a veinticuatro..., pero yo le contesté que menos de dos mil duros..., nada.

—¡Y eso para vivir con hambre! —advirtió Rueda.

—¡Lo absurdo es poner casa! —dijo Blindado.

—Aquí no se debe vivir con familia y menos con casa puesta, a no ser millonario..., porque entonces se puede tener otra casa fuera de casa.

Rueda rió la gracia. Merengueda dijo sonriendo:

—No está mal.

Y Miguel Paleólogo tuvo la virtud de pueblo de no comprender el chiste.

—¡Qué barbián es ese Paco! —dijo Merengueda, que deseaba volver a lo del saludo del ministro.

—¿Qué Paco? —preguntó Bustamante.

—Romero Robledo.

La mayor gloria de Merengueda era haber dado la mano cinco o seis veces al señor Romero Robledo [12]: había

---

[12] *Romero Robledo,* Francisco (1838-1906): acérrimo defensor de la Unión Liberal durante los sesenta, abrazó después con entusiasmo la causa alfonsina durante la Restauración. Colaboró con Cánovas en la organización del partido conservador, aunque a partir de la Regencia (1886-1890) se separó de su línea política, llegando a abandonar temporalmente el partido. Durante los años en que se desarrolla la narración era Romero Robledo ministro de la Gobernación.

tenido también el honor de que el ministro en persona le hubiera pedido cierto artículo diciendo:

—Pollo, quiero ver ese palo que usted me pega en *El Bisturí*... Creo que tiene mucha gracia y a mí me gusta ver el talento, aunque sea en el enemigo...

Aquel acontecimiento no era sólo gloria de Merengueda, sino de toda la redacción. ¡El ministro sabía que *El Bisturí* le había *dado un palo!*

Desde entonces siguió pegándole... pero con palo dulce; le llamaba guapo, barbián, buen amigo, generoso, feliz mortal, etc.

Cuando oyó todo esto del ministro, Miguel se hinchó de satisfacción y por poco tira de su asiento al pobre Rueda.

—Y diga usted; ¿en qué número... salió ese palo? —preguntó Bustamante temblando de emoción.

—En el 24..., sí, en el 24 creo...

¡Oh, felicidad! En el 24 precisamente venía un logogrifo suyo cuya solución era Vercingetorix.

¡Era posible que el ministro hubiese leído el logogrifo! ¡Qué honor! ¡Qué diría su mujer cuando lo supiese! Miguel recordó las picardías enigmáticas que había escrito por la mañana en el café y se prometió atenuar los insultos en verso que dirigía al de Gobernación.

Y es más, cuando el coche del ministro volvió a pasar junto a la manuela de *El Bisturí,* Bustamante, sin que lo notasen sus amigos, saludó al señor Romero Robledo con un saludo zurdo y vergonzante, pero lleno de abnegación y desinterés; el ministro no le contestó porque no le vio siquiera. Iba sonriendo, eso sí, pero no a él, no a Paleólogo, sino al universo mundo.

Blindado no trataba a ningún ministro.

Le apestaba la política... Pero también tuvo su saludo interesante.

Una señora de unos cuarenta años, que iba sola en una carretela con escudo nobiliario, triste, aburrida, se animó al ver a Blindado, se irguió y le saludó con el abanico y con la gracia del mundo.

Blindado saludó con las líneas quebradas que usaban entonces los pollos elegantes.

Rueda guiñó el ojo a Merengueda, que se puso pálido de envidia.

Miguel, temiendo ser indiscreto, no preguntó nada, pero admiró, desde otro punto de vista, al afortunadísimo Blindado, que no sólo era un gran crítico, sino que se veía saludado de aquel modo por marquesas muy elegantes, aunque jamonas.

«Decididamente —pensó Bustamante imitando el estilo de Merengueda—, estos muchachos son notabilidades y *El Bisturí* es un periódico de fuste. ¡Oh! ¡Si no hay como la prensa satírica!»

Ya cerca del oscurecer se apearon frente al «Suizo».

Miguel inmediatamente se acercó al cochero, se impuso y pagó.

—¡De ningún modo...!

—No puede ser...

—¡Cobre usted! —gritó con energía el provinciano, aludiendo al duro que había entregado al asturiano del pescante (perífrasis que prefiero a llamarle automedonte)[13].

—*Esti duro non me paez buenu, señuritu...*

En efecto, aquel duro era falso, si bien no era el mismo que le había entregado Miguel.

De buena gana hubiera discutido la cuestión Paleólogo, pero le pareció ridículo tener allí a sus ilustres amigos detenidos, llamando la atención por tan poca cosa. Podían pasar el ministro y la marquesa y enterarse. ¡De ningún modo lo consentiría él!

Dio otro duro y el cochero le devolvió una peseta.

El escéptico Blindado cuando ya la manuela había desaparecido, tuvo una duda.

—Mire usted esa peseta... ¡Esa sí que será falsa probablemente...!

---

13 *automedonte:* cochero. En mitología, hábil conductor del carro de Aquiles y escudero de su hijo Pirro.

Miguel tuvo pronto la seguridad de que era falsa, en efecto.

Blindado sonrió con amargura... y cierta satisfacción.

Y Miguel, olvidando aquel par de duros, pensó admirado:

«¡Cómo conoce este hombre el corazón humano! Así él seduce marquesas y despelleja autores.»

En aquel instante se le ocurrió a Blindado el siguiente galicismo:

—¿Si comiéramos en el «Inglés»?

La proposición fue aprobada por unanimidad, pero se le impuso una condición a Bustamante: que no había de pagar él por todos.

—¡A la inglesa! —exclamó Rueda.

—¡A la inglesa! —repitió Blindado con menos fervor.

—Bueno, señores, no se hable de eso —respondió Paleólogo, sonriendo con malicia, que daba a entender su oculto pensamiento: pagarlo él todo. Estaba decidido a hacer carrera por allí, por la prensa satírica, y no vacilaba en sacrificar un billete de cien pesetas, que destinaba a aquella comida magna. El había oído decir que muchos ricachos de pueblo se habían hecho hombres en Madrid sin más que dar banquetes a los personajes. Pues él quería hacer lo mismo.

Subieron a los comedores, buscaron un gabinete para cuatro cubiertos y el mozo les preguntó, con un aire de gran señor que desorientó a Bustamante:

—¿Cubierto?

Rueda y Merengueda se miraron vacilantes, pero Blindado, águila en ciertos asuntos, sobre todo en el conocimiento del corazón humano, como había pensado muy bien Bustamante, se apresuró a decir:

—¡No, hombre, no! Trae la lista.

A Miguel le extrañó que Blindado tutease al camarero de las patillas, y se dijo: «Estos hombres audaces son los que suben. ¡Cuánto daría yo por atreverme a tutear a ese... señor mozo!»

El comedor en que estaban tenía su diván y espejo rectangular, de cajón en semejantes lugares comunes.

Pero a Bustamante le pareció aquello un lujo superior a los propios merecimientos. El diván ancho y bien mullido le parecía un incentivo demasiado fuerte de la voluptuosidad. Cuando le dijeron que allí se comía con *amiguitas* y que aquellos nombres inscritos en el espejo con diamantes eran de las palomas torcaces que solían acudir al reclamo de una buena mesa, Paleólogo sintió vacilar el edificio de sus creencias morales de provinciano morigerado. Ya desde su pueblo traía el proyecto vago, indeciso, de ser infiel a su esposa una sola vez, no por nada, sino por ver de todo, por saber lo que había adelantado la civilización en cierto ramo que en su tiempo estaba muy atrasado. Aquel diván y aquel espejo le recordaron su plan en boceto de infidelidad transitoria.

Trajo el camarero la lista, que estaba en francés de folletín traducido.

Blindado puso el tarjetón en manos de Miguel diciendo:

—Que escoja el señor; es su derecho de forastero.

Miguel se puso colorado y el consabido sudorcillo de las situaciones apuradas comenzó a inundarle el cogote. Él había traducido francés, en otra época, había leído el *Telémaco* [14] y algo del *Gil Blas* [15]... Pero temía que la lengua del vecino imperio, como él llamaba a Francia,

---

[14] *el Telémaco: Las aventuras de Telémaco* (1699), obra de Fenelon (1651-1715), de gran popularidad en España durante la primera mitad del siglo XIX. Es una epopeya novelesca inspirada en *La Odisea,* pero que contiene numerosas alusiones a personas y situaciones de la época. A poco de imprimirse fue prohibida por el rey, pues se consideró una sátira de la política y gobierno de Luis XIV.

[15] *Gil Blas:* novela de Lesage, escrita entre 1715 y 1735. El padre Isla, traductor y estudioso de la obra, mantuvo la teoría de que se trataba de una simple traducción al francés de un desconocido manuscrito castellano. Hay en esta novela marcadas resonancias de la tradición literaria española, especialmente de la picaresca y de la novela cortesana. Desde el momento en que se publica su traducción (1787), el *Gil Blas* se convierte en la novela de moda —lo que llamamos ahora *best-seller*— durante más de cincuenta años.

y eso que hacía algunos años de la caída de Napoleón, temía que la lengua del vecino imperio se le hubiese ido de la memoria.

Lo primero que vio fue la lista de los vinos, porque había empezado por el reverso.

Pidió tres o cuatro *chateaux,* por lo pronto. Después se limpió el sudor con el pañuelo y volvió a la carga. Todo lo que veía tenía nombre de vino; además lo decía arriba: *Vins,* y esto significaba vinos o él había olvidado el francés. «Pues, señor —pensaba entre congojas—, ¿si será moda ahora emborracharse con toda clase de vinos y no comer?»

—Señores —dijo en voz alta—, esto me parece demasiado egoísmo; a mí me gusta de todo, escojan ustedes.

Entonces Blindado tomó la lista, le dio la vuelta y pidió de lo más suculento y sabroso, nombrándolo en francés y preguntando a cada plato a Miguel:

—¿Le gusta a usted esto?

El otro aprobaba sin entender palabra. ¡Diablo de francés! Aquello no era lo que él había leído en el *Telémaco... ecrevise... asperges*[16]. El sabio Fenelón no decía palabra de estas cosas. Indudablemente, las lenguas cambiaban, como todo. Afortunadamente él, Miguel Paleólogo, se tenía por hijo de su siglo y estaba dispuesto a comer todos aquellos que se le antojaban neologismos franceses, y hasta dispuesto a pagarlo.

Se comió bien; con los mariscos se ensañó Blindado, que tenía proyectos trascendentales. Comieron ostras, langosta, langostinos, calamares, todo ello regado con los vinos correspondientes. A mitad de comida, Miguel, que había perdido el miedo y se ahogaba en sudor, tuteó al mozo para decirle:

—Oye tú, ¿hay encendida por ahí alguna estufa?

El mozo sonrió, dando a entender que comprendía el chiste. Miguel creía en la estufa oculta.

---

16 *ecrevisse ... asperges:* cangrejo y espárragos, respectivamente, en francés.

—La estufa la tienes tú aquí, *troglodita* —dijo Blindado, dando una palmadita familiar en el abdomen, respetable al fin, de Bustamante.

Y acercándose al oído del provinciano le dijo algo que le obligó a mirar al diván con ojos llenos de lujuria.

—¿Odaliscas, eh? ¡Ah, pillín! —gritó entre carcajadas grotescas el hombre de las charadas.

—¡Cuidado! —dijo Ruedita, en voz baja, a Blindado.

—¿Por qué?

—Porque me lo vas a emborrachar de veras.

—¿Y qué?

—¡No hay que abusar! —advirtió con gravedad de borracho prudente Merengueda, que comía y bebía más que todos y estaba muy pálido.

Muy bien le pareció a Bustamante lo de tomar helado antes de terminar la comida; era cosa nueva para él semejante intermedio, pero lo reputó excelente.

«¡Y mi mujer —pensaba—, que nunca da leche merengada a los chiquillos si no han hecho antes la digestión! ¡Qué preocupaciones hay en los pueblos!»

«¡Preocupaciones! —siguió reflexionando—. ¡Quién sabe, después de todo, si esto de la fidelidad conyugal será también una preocupación! Después de todo, la moral es relativa, como decía hoy este talentazo de Blindado en el café.»

—¿Odaliscas, eh? ¿Conque odaliscas? —repitió en voz alta, riendo como un fauno.

—¡Hola, no le ha caído en saco roto! —dijo el crítico, que aproximó su silla a la de Miguel.

Hablaron en voz baja.

Rueda y Merengueda conferenciaron también.

A los dos les daba la borrachera por la prudencia. Rueda decía:

—¡Esto es abusar! Ese Blindado cree que por venir de provincias es tonto mi amigo... ¡Quiere explotarle y degradarle...!

—¡Es un cínico! ¡Esta comida le va a costar un dineral! ¡Ha pedido de lo mejor! —respondió Merengueda, serio y sin perder bocado.

—¿A quién le va a costar un dineral?

—A Blindado... ¿Pues a quien? Ya que él la pidió así, que la pague; yo no traigo aquí más que dos duros...

—¡Pues lo menos nos sube a cinco por barba!

—¡Y ese otro bestia ha pedido tanto vino...!

—¡Y caro...! Yo traigo seis pesetas.

—¡Pues que pague Blindado!

—¿Con qué?

—¡Qué sé yo!, con las costillas... ¡Yo no pago! —y Merengueda comía, serio, taciturno, pálido, olvidado de que era un humorista de *fondos políticos.*

Blindado, levantando el gallo, decía:

—¿Pues qué duda tiene? La moral es relativa... tienes razón, Miguelito; has coincidido con Pascal; verdad aquí..., error al otro lado de los Pirineos. El hombre es naturalmente lascivo, el pudor en la mujer, una convención... Las mujeres de unas islas... las islas... las islas... en fin,

Más allá de las islas Filipinas.

Pues bien, las mujeres de allí se arrojan al agua para acercarse a nado a las naves de los europeos y ofrecerles su cuerpo a cambio de abalorios, pañuelos de seda y otra baratijas...

—¡Así se abrió España al cartaginés! —observó Bustamante, satisfecho de haber colocado oportunamente una cita de primeras letras.

Blindado y Miguel Paleólogo quedaron en que la moral era relativa y en ir aquella noche a visitar a varias damas de las Camelias, irredimibles y hasta empeñadas.

Cuando llegó la hora de pagar, Bustamante se impuso. Estaba bastante borracho para no admitir competencia. Gritó, insistió en pagar él solo, cuando ya nadie le llevaba la contraria. Entregó, sin saber lo que hacía, un billete de cien pesetas, y el camarero le devolvió unas cuantas en una bandeja plateada. La bandeja deslumbró a Paleólogo, que se guardó aquéllas creyendo que eran un dineral.

—¡La propina, hombre! —le advirtió Blindado.

—¡Ah, caballero, usted dispense...! Toma —añadió, recordando que debía llamar de tú al mozo. Y le dio un reluciente Amadeo[17].

—¿A dónde vamos? —preguntó Rueda en la calle.

—¡Hombre! Vamos a ver a esas señoras... amigas de... —dijo como pudo Miguel.

—No —observó Blindado—, has de saber, compadre, que en la *alta sociedad* no reciben tan temprano. Ahora vamos al Real. Allí verás marquesas llanas y populares que no vacilan en codearse con cualquiera. Iremos al paraíso, que es donde están esas marquesas de incógnito. Nuestro traje no nos permite presentarnos en las butacas; los palcos por asiento son cursis... Vamos al paraíso.

—Sí, sí, vamos.

Miguel había oído en su pueblo que en el paraíso se juntaba lo mejor de Madrid; que iba allí cada marquesa y cada duquesa, así, como quiera, de trapillo. A él se lo había dicho un gobernador de provincia, que también asistía al paraíso cuando era gobernador cesante, y no se avergonzaba; iba, también, como un cualquiera.

Rueda y Merengueda, que tenían la borrachera antipática de la prudencia, dejaron solos a Blindado y Paleólogo.

—¡Nos lavamos las manos! —dijo Rueda.

—Eso es —añadió Merengueda—, no queremos ser responsables de las picardías de ese tuno.

Rueda hablaba de pedir una satisfacción a Blindado al día siguiente. Le había secuestrado al amigo, al probable protector de *El Bisturí*.

Miguel llegó con su nuevo Mentor madrileño al paraíso del Real.

—Sobre todo no seas tímido —le había dicho Blindado, por la escalera, que no se acababa nunca—. No seas tímido; aquí todo se hace al vapor, el amor inclusive.

---

[17] *un reluciente Amadeo:* un duro de plata acuñado con la efigie de don Amadeo de Saboya.

Siéntate junto a una chica guapa, que probablemente será hija de un título. Oprímala usted; si ella resiste al palo... písela usted el pie —volvía a darle tratamiento de usted.

—¿Y si ella está en el banco inferior?

—Entonces le pisa usted una mano... Es decir, eso no; en fin, la topografía dirá a usted cómo y cuándo ha de pisar o tocar, o lo que sea.

—Sentémonos aquí, que se domina el escenario.

—No, señor, eso es cursi. No hay que ver, sino oír. Los inteligentes, los críticos nos sentamos aquí abajo.

Paleólogo siguió a su amigo a los bancos inferiores. Se sentaron en la sombra. Desde allí no se veía más que el cielo mitológico y la gradería paradisíaca. Pronto comenzó la orquesta a hacer temblar el aire. Se trataba del *Rienzi,* de Wagner. Paleólogo estaba aturdido con tal estrépito, y grande fue su asombro al ver levantarse a todos los de aquel banco, que eran, sin duda, los inteligentes, y gritar como energúmenos, enseñando los puños y los bastones a los dioses del techo:

—¡Más tambores! ¡Faltan tambores! ¡Se defrauda al público! ¡Más tambores!...

—¡Más tambores! ¡Dios mío! —pensaba Paleólogo—. ¿Para qué querrán tanto parche estos caballeros?

Lo que es no entenderlo: él creía que sobraban tamborileros. No tardó en olvidarse del arte para no pensar más que en una joven rubia que tenía cerca de sí, a su espalda, la cual ya le pisaba los faldones del *chaquet.* Era muy blanca y muy relamida, y Bustamante la tuvo por duquesa desde la primera mirada con que ella se dignó favorecerle, al volver él la cabeza para contemplarla. De mirada en mirada, el provinciano iba perdiendo la poca cabeza que le quedaba, y sin encomendarse al diablo (que a Dios no había de ser), se atrevió a pisar un pie diminuto, de la duquesita; pero *se lo pisó con la mano,* que todo era pisar, tratándose de Paleólogo. No había otro modo. Calló la niña y no retiró aquella monada, que tenía entre dedos gordos y blandos el atrevido lugareño.

«¡Esto es hecho! —pensó Paleólogo—. Aventura tenemos. La duquesa de Pinohermoso, pongo por pino, se ha prendado de mí... Perdone mi mujer, pero esto honra a la familia. Además, la moral es relativa y en Madrid es cursi andarse con repulgos.»

Y atreviéndose más, tocó el elástico de la bota de la duquesa (que traía botas con elástico). Todavía calló la aristócrata.

A Miguel le daba vueltas el paraíso delante de los ojos... Se ahogaba... no sentía más que una audacia sin límites... Puso la mano sobre un tobillo redondo, tentador... y acto continuo creyó que le habían roto la espina dorsal, merced a un puntapié que la duquesa tuvo a bien aplicarle, salva la parte, con toda la energía de su pudor sobresaltado.

La duquesita le llamó sinvergüenza y mal *cabayero* y le preguntó retóricamente que por quién la había tomado, añadiendo que si estuviese allí su papá... Pero estaba la mamá, que llamó a Alfredito, un novio para la niña, sentado un poco más arriba. Alfredito desafió *in continenti* [18] al provinciano, entre los siseos del público. En el escenario andaban a sablazos con gran estrépito también. Miguel aceptó el reto sin ver, oír ni entender; creía que estaba loco, y escapó de aquellos bancos perseguido por los silbidos del público inteligente. En el entreacto, Blindado salió en busca de Miguel, le dijo que no *valía la pena abroncarse* por tan poco. Aquella señorita no era duquesa, sino hija de un empleado en Consumos, una cursi de las pocas que se deslizaban entre la buena sociedad del paraíso. Por eso ella había gritado. Cuando diera con una verdadera señora, vería Paleólogo cómo no se quejaba por mucho que él se insinuara.

Sin embargo, Bustamante se juró a sí mismo no insinuarse más, y se fue a los bancos altos de la izquierda (del espectador), para contemplar a su gusto a la familia real, que estaba enfrente, allá abajo, en su palco de diario. Tomó unos gemelos de alquiler y embelesado admiraba al rey, a la reina y a las infantas. Un profundo sentimiento de amor a la monarquía y a la dinastía le embargaba

---

[18] *in continenti* (latín): en seguida, inmediatamente.

el alma; la música hacía mayor su entusiasmo. El rey tomó unos gemelos muy grandes, paseó la mirada por el teatro, y... ¡oh, placer! se le antojó mirar hacia arriba... ¡Paleólogo creyó que le miraba a él y que le miraba con fijeza!... No, no debía de ser a él... ¡pero sí... era a él!... En rigor, no era un desconocido, así, en absoluto, para Su Majestad. Al pasar el tren real por el pueblo, siendo Paleólogo concejal, había saludado a Su Majestad en la plataforma del vagón... y el rey se había sonreído e inclinado la cabeza... como ahora... También se sonreía ahora.

—¡Oh, no cabe duda, es a mí!

Y Paleólogo saludó a Su Majestad, que ni siquiera veía al ex concejal.

El entusiasmo dinástico le duró hasta el final de la ópera. Contemplando estaba a sus anchas, con los ojos metidos por los cristales de los gemelos, cómo la familia del monarca se despedía del público, a los *acordes de la marcha real,* cuando oyó dos silbidos a su lado, muy cerca y toses y otros ruidos subversivos... Volvió la cabeza indignado, ardiendo en celo monárquico y se encontró con un guardia de orden público que, sujetándole por el cuello de la camisa le intimó la rendición de su persona con todos sus derechos ilegislables.

—Todos los de este banco... desde aquí... hasta aquí... ¡presos!

—¡Pero, señor!...

—¡Silencio!

Y la autoridad, en forma de media docena de polizontes, llevó al mísero Paleólogo a la prevención, en compañía de otros seis malhechores, todos estudiantes menos él.

—¡Blindado! —gritaba Miguel al bajar aquella escalera que había subido lleno de ilusiones.

Pero Blindado no aparecía.

Durmió en la prevención el mísero Bustamante. Así pasó su primera noche en Madrid.

Y al día siguiente, tuvo que salir desterrado a Guadalajara, *con otros estudiantes.*

La Correspondencia lo decía: «Don Miguel Bustamante, alumno de la facultad de Medicina; don Pedro Pérez, de la de Farmacia, y don Antonio Gómez, de la de Ciencias, han sido desterrados a Guadalajara a consecuencia del escándalo del Teatro Real, de que ya dimos cuenta a nuestros lectores.»

Los primeros días de su destierro en Guadalajara se aburrió mucho Miguel Paleólogo. Su carácter de *víctima de nuestras disensiones políticas* le tenía muy orgulloso y descontentadizo. Hablaba poco con la patrona, nada en la mesa, iba al café y pedía su veneno correspondiente por señas, y sin decir una palabra pagaba.

Empezó a escribir sus memorias para *entretener sus ocios.*

Un extracto de aquel diario nos ahorrará muchos párrafos de soporífera narración.

Copio:

«Guadalajara es un poblachón que yace bajo el poder de un militarismo invasor.

No se ve más que capotes azules y franjas de pantalón partidas en dos.

Me han presentado en el café a varios caballeros alumnos de la Academia de Ingenieros. Simpatizamos.

Presentación en el Casino. No hay más que caballeros alumnos. Un joven toca el piano... con los tacones y las espuelas.

Me va gustando Guadalajara. Los paisanos me llaman ya el *ingeniero,* por mis relaciones con el elemento militar. Después de todo, los ejércitos permanentes son una necesidad.

Velita, que es el diablo y además una cosa que llaman aquí *perdigón,* es mi íntimo amigo.

Velita me aconseja que enamore a doña Nicolasa, que ignora mi estado. Cierto que la moral es relativa, como decía muy bien Blindado, pero, ¿y si don Serapio, el hermano de doña Nicolasa, averigua mis planes y me desloma?

¡Dios mío, en buena me he metido! ¡Un desafío con doña Nicolasa! Lo que yo me temía. Leo lo escrito y enmiendo: el desafío no es con doña Nicolasa, sino con don Serapio, su hijo, digo, su hermano. No sé lo que me escribo. ¿Por qué sería doña Nicolasa tan sensible y yo tan calavera y tan... tan... tarantán? ¡A buena hora mangas verdes! Después del burro muerto...

Leo lo de mangas verdes y no lo borro porque me he propuesto escribir en estilo familiar y decir todo lo que siento, confesar mis debilidades y darme bombo siempre que lo merezca, como lo hacía J. J. Rousseau.

Me he portado bastante bien sobre el terreno. Don Serapio me pidió una explicación y yo se la di por consejo de Velita. Pagué la cena para todos aquellos señores y ya no se hablará más del asunto. Pero permítaseme consagrar un suspiro a la memoria de estos amores efímeros y dulces, y a la de su víctima propiciatoria, como creo que se dice, aunque no estoy seguro. ¡Ay, pobre Nicolasa!

¡Gran éxito! En la tertulia de las de Pintiparado hemos representado charadas Velita y yo, con acompañamiento de caballeros alumnos y señoritas de la localidad y de Marchamalo. Yo he representado varias fábulas de Esopo. Dicen que el asno lo figuraba tan bien que no me faltaba más que rebuznar. No, y yo hubiera rebuznado, pero la charada clásica debe ser muda.

Me ha llamado a su despacho el señor gobernador. Tengo un poco de miedo, aunque poco. ¿Será por lo de doña Serapia, digo, Nicolasa (¡ingrato!) o será por causas políticas?

Era por causas políticas. Mis charadas de *El Bisturí* me han comprometido. Se me sigue causa en rebeldía y el gobernador me entrega al juez, que me entregará a la guardia civil.

¡Yo sí que voy a entregarla de ésta!

¡La gloria es un martirio! La Academia en masa me ampara y pide al gobernador casi amotinada, que aplace mi prisión... pero a mí no me llega la camisa al cuerpo. Esos caballeros alumnos, cuya buena intención agradezco, pueden empeorar mi causa.

El gobernador acaba de acceder a la petición de los ingenieros y se dará en el teatro esta misma noche una función a mi beneficio. Yo representaré charadas y haré de hijo en *Verdugo y sepulturero*. Después, saldré entre civiles del teatro. Definitivamente, soy un mártir de las ideas y un genio. Lo de genio no se lo diré a nadie por ahora, pero lo soy...

Necesito coordinar mis ideas... ¡Qué emociones!... El teatro lleno de uniformes... la escena llena... de rosas... En cuanto yo exclamé:

> **Yo derribo una cabeza**
> **siempre del primer hachazo...**

los caballeros alumnos, como otros tantos caballeros energúmenos, se levantaron, locos de entusiasmo, y a gritos, a palmadas, hasta sablazos creo, improvisaron la ovación más descomunal de todos los siglos, por lo menos de todos los siglos en que ha habido ingenieros militares. ¡Qué entusiasmo! El tablado se cubrió de rosas, después se cubrió de caballeros alumnos. Velita me quiso ahogar en un abrazo.

Me sacaron en procesión por las calles.

El gobernador mandó a los civiles para rescatarme... Palos, sablazos, tiros... ¡qué sé yo! Dormí en el calabozo de la Academia. Aquello fue una equivocación, pero dormí dentro del fuero militar.

Al día siguiente comparecí ante el director de la ilustre escuela. Era un brigadier medio ciego, muy ordenancista y de muy malas pulgas. Me llamó caballero alumno y me mandó arrestado, mientras se me formaba sumario. Creyó que era yo ingeniero. No me permitió sacarle de su error y fui arrestado en nuevo calabozo.

Ocho días después, salíamos desterrados para Andalucía «varios alumnos de la Academia de ingenieros militares, entre ellos el señor don Miguel Paleólogo Bustamante, complicado en otras causas políticas». Al menos así lo decía *La Correspondencia*.

Yo me encontré, de justicia en justicia, entregado a la de mi pueblo. Entré en mis lares en calidad de estudiante, periodista y caballero alumno de ingenieros, desterrado por causas políticas.

Mi mujer, mis hijos lloran conmigo en el destierro, algo menos penoso por las dulzuras del hogar.

Como sigo cesante, el pan, el poco pan que comemos es negro. ¡El negro pan del destierro!

Toda mi familia, todos mis vecinos, se esfuerzan por consolarme... pero ¡ay! en vano, mi llanto es inagotable.

Por mucho que ellos quieran endulzar mi amargura, yo no dejaré de ser una víctima de nuestras disensiones políticas.

¡Soy un desterrado!

Cierto que ésta es mi esposa, éstos mis hijos, ésta mi casa, éste mi lecho, éste mi gorro, mi inveterado gorro de dormir...

Pero, ¿y el sol de la patria?

PALEÓLOGO.»

Oviedo, 1884.

Zurita

I

—¿Cómo se llama usted? —preguntó el catedrático, que usaba anteojos de cristal ahumado y bigotes de medio punto, erizados, de un castaño claro.

Una voz que temblaba como la hoja en el árbol respondió en el fondo del aula, desde el banco más alto, cerca del techo:

—Zurita, para servir a usted.

—Ése es el apellido; yo pregunto por el nombre.

Hubo un momento de silencio. La cátedra, que se aburría con los ordinarios preliminares de su tarea, vio un elemento dramático, probablemente cómico, en aquel diálogo que provocaba el profesor con un desconocido que tenía voz de niño llorón.

Zurita tardaba en contestar.

—¿No sabe usted cómo se llama? —gritó el catedrático, buscando al estudiante tímido con aquel par de agujeros negros que tenía en el rostro.

—Aquiles Zurita.

Carcajada general, prolongada con el santo propósito de molestar al paciente y alterar el orden.

—¿Aquiles ha dicho usted?

—Sí... señor —respondió la voz de arriba, con señales de arrepentimiento en el tono.

—¿Es usted el hijo de Peleo? [1] —preguntó muy serio el profesor.

—No, señor —contestó el estudiante cuando se lo permitió la algazara que produjo la gracia del maestro. Y sonriendo, como burlándose de sí mismo, de su nombre y hasta de su señor padre, añadió con rostro de jovialidad lastimosa—: Mi padre era alcarreño.

Nuevo estrépito, carcajadas, gritos, patadas en los bancos, bolitas de papel que buscan, en gracioso giro por el espacio, las narices del hijo de Peleo.

El pobre Zurita dejó pasar el chubasco, tranquilo, como un hombre empapado en agua ve caer un aguacero. Era bachiller en artes, había cursado la carrera del Notariado, y estaba terminando con el doctorado la de Filosofía y Letras; y todo esto suponía multitud de cursos y asignaturas, y cada asignatura había sido ocasión para bromas por el estilo, al pasar lista por primera vez el catedrático. ¡Las veces que se habrían reído de él porque se llamaba Aquiles! Ya se reía él también; y aunque siempre procuraba retardar el momento de la vergonzosa declaración, sabía que al cabo tenía que llegar, y lo esperaba con toda la filosofía estoica que había estudiado en Séneca, a quien sabía casi de memoria y en latín, por supuesto. Lo de preguntarle si era hijo de Peleo era nuevo, y le hizo gracia.

Bien se conocía que aquel profesor era una eminencia de Madrid. En Valencia, donde él había estudiado los años anteriores, no tenían aquellas ocurrencias los señores catedráticos.

Zurita no se parecía al vencedor de Héctor, según nos le figuramos, de acuerdo con los datos de la poesía.

Nada menos épico ni digno de ser cantado por Homero que la figurilla de Zurita. Era bajo y delgado, su cara podía servir de puño de paraguas, reemplazando la cabeza de un perro ventajosamente. No era lampiño, como debiera, sino que tenía un archipiélago de barbas, pálidas y

---

[1] *Peleo:* héroe mitológico, padre de Aquiles.

secas, sembrado por las mejillas enjutas. Algo más pobladas las cejas, se contraían constantemente en arrugas nerviosas, y con esto y el titilar continuo de los ojillos amarillentos, el gesto que daba carácter al rostro de Aquiles era un especie de resol ideal esparcido por ojos y frente; parecía, en efecto, perpetuamente deslumbrado por una luz muy viva que le hería de cara, le lastimaba y le obligaba a inclinar la cabeza, cerrar los ojos convulsos y arrugar las cejas. Así vivía Zurita, deslumbrado por todo lo que quería deslumbrarle, admirándolo todo, creyendo en cuantas grandezas le anunciaban, viendo hombres superiores en cuantos metían ruido, admitiendo todo lo bueno que sus muchos profesores le habían dicho de la antigüedad, del progreso, del pasado, del porvenir, de la historia, de la filosofía, de la fe, de la razón, de la poesía, de la crematística, de cuanto Dios crió, de cuanto inventaron los hombres. Todo era grande en el mundo menos él. Todos oían el himno de los astros que descubrió Pitágoras; sólo él, Aquiles Zurita, estaba privado, por sordera intelectual, de saborear aquella delicia; pero en compensación tenía el consuelo de gozar con la fe de creer que los demás oían los cánticos celestes.

No había acabado de decir su chiste el profesor de las gafas, y ya Zurita se lo había perdonado.

Y no era que le gustase que se burlaran de él; no, lo sentía muchísimo; le complacía vivamente agradar al mundo entero; mas otra cosa era aborrecer al prójimo por burla de más o de menos. Esto estaba prohibido en la parte segunda de la Ética, capítulo tercero, sección cuarta.

El catedrático de los ojos malos, que tenía diferente idea de la sección cuarta del capítulo tercero de la segunda parte de la Ética, quiso continuar la broma de aquella tarde a costa del Aquiles alcarreño, y en cuanto llegó a la ocasión de las preguntas, se volvió a Zurita y le dijo:

—A ver, el señor don Aquiles Zurita. Hágame usted el favor de decirme, para que podamos entrar en nuestra materia con fundamento propio, ¿qué entiende usted por conocimiento?

Aquiles se incorporó y tropezó con la cabeza en el techo; se desconchó éste, y la cal cubrió el pelo y las orejas del estudiante. (*Risas.*)

—Conocimiento... conocimiento... es... Yo he estudiado Metafísica en Valencia...

—Bueno, pues... diga usted, ¿qué es conocimiento en Valencia?

La cátedra estalló en una carcajada: el profesor tomó la cómica seriedad que usaba cuando se sentía muy satisfecho. Aquiles se quedó triste. «Se estaba burlando de él, y esto no era propio de una eminencia.»

Mientras el profesor pasaba a otro alumno, para contener a los revoltosos, a quien sus gracias habían soliviantado, Zurita se quedó meditando con amargura. Lo que él sentía más era tener que juzgar de modo poco favorable a una eminencia como aquella de los anteojos. ¡Cuántas veces, allá en Valencia, había saboreado los libros de aquel sabio, leyéndolos entre líneas, penetrando hasta la médula de su pensamiento!

Tal vez no había cinco españoles que hubieran hecho lo mismo. ¡Y ahora la eminencia, sin conocerle, se burlaba de él porque tenía la voz débil y porque había estudiado en Valencia, y porque se llamaba Aquiles, por culpa de su señor padre, que había sido amanuense de Hermosilla! [2]

Sí, Aquiles era un nombre ridículo en él. Su señor padre le había hecho un flaco servicio; ¡pero cuánto le debía! Bien podía perdonarle aquella ridiculez recordando que por él había amado los clásicos, había aprendido a respetar las autoridades, a admirar lo admirable, a ver a Dios en sus obras y a creer que la belleza está en todo y que la poesía es, *como decía el gran Jovellanos,* «el lenguaje del entusiasmo y la obra del genio». ¡Oh dómine de Azuqueca [3], tu hijo no reniega de ti, ni de tu pedan-

---

2 *Hermosilla:* municipio de la provincia de Burgos.
3 *Azuqueca:* pueblo de la provincia de Guadalajara.

tería, a la que debe la rectitud clásica de su espíritu, alimento fuerte, demasiado fuerte para el cuerpo débil y torcido con que la naturaleza quiso engalanarle interinamente!

Pero, aquel mismo señor catedrático, seguía pensando Zurita, ¿hacía tan mal en burlarse de él? ¡Quién sabe! Acaso era un humorista; sí, señor, uno de esos ingenios de quien hablan los libros de retórica filosófica al uso. Nunca se había explicado bien Aquiles en qué consistía aquello del *humour* inglés, traducido después a todos los idiomas, pero ya que hombres más sabios que él lo decían, debía de ser cosa buena. ¿No aseguraban algunos estéticos alemanes (¡los alemanes! ¡qué gran cosa ser alemán!) que el humorismo es el grado más alto del ingenio? ¿Que cuando ya uno, de puro inteligente, no sirve para nada bueno, sirve todavía para reírse de los demás? Pues de esta clase, sin duda, era el señor catedrático: un gran ingenio, un humorista, que se reía de él muy a su gusto. Claro, ¿a quién se le ocurre llamarse Aquiles y haber estudiado en Valencia?

II

Tenía ya treinta años. Hasta los quince había ayudado a su padre a enseñar latín; a los veinte se había hecho bachiller en artes en el Instituto de Guadalajara; después había vivido tres años dando paso de Retórica, Psicología, Lógica y Ética a los niños ricos y holgazanes. Un caballero acaudalado se lo llevó a Oviedo en calidad de ayo de sus hijos, y allí pudo cursar la carrera del Notariado. A los veinticinco años la historia le encuentra en Valencia sirviendo de ayuda de cámara, disfrazado de maestro, a dos estudiantes de leyes, huérfanos, americanos. A cada nuevo título académico que adquiría Zurita cambiaba de amo, pero siempre seguía siendo criado con aires de pedagogo. Parecía que su destino era aprenderse de memoria, a fuerza de repetirlas, las lecciones que debían saber los demás. Al cabo supo todo lo que ignoraban los que medraron mucho más que él. Zurita les enseñaba... y ellos no aprendían; pero ellos subían y él no adelantaba un paso.

Estas reflexiones no son de Zurita. Aquiles seguía pensando que era muy temprano para medrar. A los veintisiete años emprendió la carrera de filosofía y letras, que, según él, era su verdadera vocación. «Ahora me toca estudiar a mí», se dijo el infeliz, que no había crecido de tanto estudiar; que tenía una palidez eterna, como reflejo de la palidez de las hojas de sus libros.

¿De qué vivía Zurita después que dejó de enseñar Retórica y cepillar la ropa a sus discípulos? Vivía de sus ahorros. El ahorro era una religión y una tradición familiar para Aquiles. El amanuense de Hermosilla, el que había copiado en hermosa letra de Torío [4] toda la *Ilíada* en endecasílabos, había sido, además de humanista, avaro; guardaba un cuarto y lo ponía a parir; y a veces los cuartos del dómine de Azuqueca parían gemelos. Desde niño, Aquiles, que tenía la moral casera por una moral revelada, se había acostumbrado al ahorro como a una segunda naturaleza. La idea del fruto civil le parecía tan inherente a las leyes de la creación como la de todo desarrollo y florecimiento. Así como la tierra —o sea Demetera [5] según Zurita— de su fecundo seno saca todos los frutos, así el ahorro en el orden social produce el interés, su hijo legítimo. Malgastar un cuarto le parecía al tierno Aquiles tan bárbara acción como hacer malparir a una oveja o aplastarle en el vientre los póstumos recentales, o como destrozar un árbol robándole la misteriosa savia que corría a nutrir y dar color de salud a los frutos incipientes.

---

[4] *letra de Torío:* tipo de caligrafía establecida por Torcuato Torío (1759-1820), considerada en su época como modelo caligráfico más perfecto.

[5] *Demetera:* Deméter era la diosa griega de la agricultura que presidía y dispensaba los frutos de la tierra, dominando las profundidades misteriosas del suelo donde se formaba la vida de los vegetales.

Cuando leyó, hombre ya, la apología que escribió Bastiat [6] del *petit centime,* Aquiles lloró enternecido. Bastiat fue para él un San Juan del evangelio económico.

Aquello que la *ciencia* le decía lo había él adivinado. Pero ¡con qué elocuencia lo demostraba el sabio! ¡La religión del interés! ¡La religión del ahorro! ¡Las armonías del tanto por ciento!... Esto era lo que él había aprendido empíricamente en el hogar bendito. «El dómine de Azuqueca era, además de un Quintiliano, un Bastiat *inconsciente!*» Zurita alababa la memoria de su padre, que tenía un altar en su corazón; y prestaba dinero a interés a sus condiscípulos. Como él era estoico, le costó poco trabajo vivir como un asceta; apenas comía, apenas vestía; su posada era la más barata de Valencia; le sobraba casi todo el sueldo que le daban los estudiantes americanos, como antes le había sobrado la soldada que recibía del ricacho de Oviedo. Cuando Zurita se decidió a *estudiar de veras,* con independencia, sin dar lecciones ni limpiar botas, reunía, merced a sus ahorros y a los que heredara de su padre, una renta de dos mil trescientos reales, colocada a salto de mata, en peligrosos parajes del crédito, pero a un interés muy respetable, en consonancia con el riesgo. Cobraba los intereses a toca-teja, sin embargo, merced a su fuerza de voluntad, a su constancia en el pedir y a la pequeñez de las cantidades que tenían que entregarle sus deudores. Por cobrar una peseta de intereses daba tres vueltas al mundo, y abrumaba al deudor con su presencia, y se dejaba insultar. Siempre cobraba. Peseta a peseta y a lo más duro a duro, recogía sus rentas, las rentas de aquel capital esparcido a todos los vientos. De los dos mil trescientos reales le sobraban al año los trescientos para aumentar el capital. Las matrículas no le costaban dinero, sino disenterías, porque las ganaba a fuerza de estudiar. Su presupuesto exigía que los estudios se los pagase el Estado. Tenía por consiguiente, que ganar

---

6 *Bastiat,* Claudio Federico (1801-1858): economista francés, representante en su país de las ideas de la escuela de Manchester, ardiente defensor de la doctrina librecambista. Su obra más famosa, *Armonías económicas.*

de seguro el premio llamado... *matrícula de honor;* tenía que estudiar de manera que a ningún condiscípulo pudiese ocurrírsele disputarle el premio. Y conseguía su propósito. No había más que sacrificar el estómago y los ojos. Con sus dos mil reales pagaba la posada y se vestía y calzaba. Su ambición oculta, la que apenas se confesaba a sí mismo, era ir a Madrid. Su gran preocupación eran las *eminencias,* a quien también llamaba *aquellas lumbreras.* Aunque sus aficiones intelectuales y los recuerdos de las enseñanzas domésticas le inclinaban a las ideas que se suele llamar reaccionarias, en punto a *lumbreras* admiraba las de todos los partidos y escuelas, y lo mismo se pasmaba ante un discurso de Castelar que ante una lamentación de Aparisi [7]. ¡Si él pudiese oír algún día y ver de cerca a todos aquellos sabios que explicaban en la Universidad Central, en el Ateneo y hasta en el Fomento de las Artes! A los muchachos valencianos que estudiaban en Madrid les preguntaba, cuando volvían por el verano, mil pormenores de las costumbres, figuras y gestos de las *lumbreras.* Leía todos los libros nuevos que caían en sus manos, y se desesperaba cuando no entendía muy bien las *modernas teorías.*

Quedarse zaguero en materia científica o literaria se le antojaba el colmo de lo ridículo, y los autores que le atraían a su causa enseguida eran los que trataban de ignorantes, fanáticos y trasnochados a los que no seguían sus ideas. Por más que el corazón le llamaba hacia las doctrinas tradicionales, al espiritualismo más puro, los libros de cubierta de color de azafrán, que entonces empezaban a correr por España anunciando, entre mil galicismos, que el pensamiento era una sección del cerebro, trastornaban el juicio del pobre Zurita.

La duda entró en su alma como un terremoto, y sus entrañas padecieron mucho con aquellos estremecimien-

---

7 *Aparisi:* Antonio Aparisi y Guijarro (1815-1872), jurisconsulto y orador político. Conocidos fueron sus discursos como diputado, defendiendo el poder temporal del Papa y la unidad católica, manteniendo siempre una postura muy combativa contra las leyes desamortizadoras.

tos de las creencias. Muchas veces, mientras sacaba lustre a las botas de algún discípulo muy amado, su pensamiento padecía torturas en el potro de una duda acerca de la permanencia del *yo.*

—¿El *yo* de hoy es el *yo* de ayer, señor Zurita? —le había preguntado un filósofo que acababa de cursar el doctorado de letras en Madrid, y venía con una porción de problemas filosóficos en la maleta.

Zurita a sus solas meditaba: «Mi *yo* de hoy ¿es el mismo de ayer? Este que limpia estas botas ¿es el mismo que las limpió ayer?». Y para sacar mejor el lustre, contrayendo los músculos de la boca, arrojaba sobre la piel de becerro el aliento de sus pulmones.

El aliento salía caliente, y esto le recordaba la teoría de Anaximenes[8] y en general las de toda la escuela jónica; y el materialismo antiguo, empalmado con el moderno se le volvía a aparecer mortificándole con sus negaciones supremas de lo espiritual, inmortal y suprasensible. El pobre muchacho pasaba las de Caín con estas dudas. En materias literarias también su pensamiento *había sufrido una revolución,* como decía Zurita, imitando sin querer el estilo de las *lumbreras.* «Él, que se había criado en el estilo más clásico que pudo enseñar amanuense de retórico!» Ya se había acabado la retórica complicada de las figuras, y según veía por sus libros, y según lo que le decían los estudiantes que venían de Madrid, ahora la poesía era objetiva o subjetiva, y el arte tenía *una finalidad propia* con otra porción de zarandajas filosóficas, todas extranjeras. Para enterarse bien de todas estas y otras muchas novedades, deseaba, sin poder soñar con otra cosa, verse en la corte en las cátedras de la Universidad Central, cara a cara con el profesor insigne de Filoso-

---

8 *Anaximenes:* Anaximenes de Mileto (550-500 a. C.), filósofo de la escuela jónica que se caracterizó por buscar la esencia universal de las cosas en un sustrato material del que derivarían todas las demás existentes. Según Anaximenes, esta materia originaria o principio universal era el aire, que por una serie de condensaciones y dilataciones produce el fuego, el agua, la tierra, los cuales son a su vez origen de todo lo demás.

fía a la moda y con el de literatura trascendental y enrevesada.

Llegó el día esperado con tal ansia, y Zurita entró en la corte, y antes de buscar posada, fue a matricularse en el doctorado de Filosofía y Letras. Licenciado ya se había hecho, según queda apuntado.

En la fonda de seis reales sin principio en que hubo de acomodarse, encontró un filósofo cejijunto, taciturno y poco limpio que dormía en su misma alcoba, la cual tenía vistas a la cocina por un ventanillo cercano al techo... y no tenía más vistas.

Era el filósofo hombre, o por lo menos filósofo, de pocas palabras, y jamás a los disparates que decían los otros huéspedes en la mesa quería mezclar los que a él pudieran ocurrírsele. Zurita le pidió permiso la primera noche para leer en la cama hasta cerca de la madrugada. Separaba los dos miserables catres el espacio en que cabía apenas una mesilla de nogal mugrienta y desvencijada; allí había que colocar el velón de aceite (porque el petróleo apestaba), y como la luz podía ofender al filósofo, que no velaba, creyó Zurita obligación suya pedir licencia.

Era el filósofo hombre, o por lo menos filósofo, de recía un viejo malhumorado, seco y frío, se desnudaba mirando a Zurita, que ya estaba entre sábanas, con gesto de lástima orgullosa, y contestó:

—Usted, señor mío, es muy dueño de leer las horas que quiera, que a mí la luz no me ofende para dormir. El mal será para usted, que con velar perderá la salud y con leer llenará el espíritu de *prejuicios*.

No replicó Zurita, por falta de confianza, pero no dejó de asombrarle aquello de los *prejuicios*. Poco a poco, pero sin trabajo, fue consiguiendo que el filósofo se dignara soltar delante de él alguna sentencia, no a la mesa al almorzar o al cenar, sino en la alcoba antes de dormirse.

Como Zurita observase que el señor don Cipriano, que así se llamaba, y nunca supo su apellido, sobre todo asunto de ciencia o arte daba sentencia firme y en dos palabras condenaba a un sabio y en media absolvía a otro, se le ocurrió preguntarle un día que a qué hora estudiaba tanto como necesitaba saber para ser juez inapelable en todas las cuestiones. Sonrió don Cipriano y dijo:

—Ha de saber el licenciado Zurita que nosotros no leemos libros, sino que *aprendemos en la propia reflexión, ante nosotros mismos, todo lo que hay puesto en la conciencia para conocer en vista inmediata, no por saberlo, sino por serlo.*

Y se acostó el filósofo sin decir más, y a poco roncaba.

Zurita aquella noche no podía parar atención en lo que leía, y dejaba el libro a cada pocos minutos, y se incorporaba en su catre para ver al filósofo dormir.

Empezaba a parecerle un tantico ridículo buscar la sabiduría en los libros, mientras otros roncando se lo encontraban todo sabido al despertar.

Algunas veces había visto al don Cipriano en los claustros de la Universidad; pero, como sabía que no era estudiante, no podía averiguar a qué iba allí.

Una noche, en que la confianza fue a más se atrevió a preguntárselo.

El filósofo le dijo que él también iba a cátedra, pero no con el intento de tomar grados ni títulos, sino con el de comulgar en la ciencia con sus semejantes, como también Zurita podía hacer, si le parecía conveniente.

Contestó Aquiles que nada sería más de su agrado que estudiar desinteresadamente y comulgar en aquello que se le había dicho.

A los pocos días Zurita comenzaba a ser krausista como el señor don Cipriano, con quien asistía a una cátedra que ponía un señor muy triste. Sin dejar las clases en que estaba matriculado, consagró lo más y lo principal de su atención a la nueva filosofía (nueva para él) que le enseñaba el señor taciturno, con ayuda del filósofo de la posada. Don Cipriano le decía que al principio no entendería ni una palabra; que un año, y aun dos, eran pocos para comenzar a iniciarse en aquella filosofía armónica, que era la única; pero que no por eso debía desmayar, pues, como aseguraba el profesor, para ser filósofo no se necesita tener talento. Estas razones no le parecían muy fuertes a Zurita, porque ni él necesitaba tales consuelos, ni había dejado de entender una palabra de cuantas oyera al profesor.

A esto replicaba don Cipriano que lo de creer entenderle era un puro *prejuicio,* preocupación subjetiva, y el declarar que entendía, prueba segura de no entender.

Cada día iba estando más clara para el buen Aquiles la doctrina del maestro; pero como don Cipriano se obstinaba en probarle que era imposible que comprendiese de buenas a primeras lo que otros empezaban a vislumbrar a los tres años de estudio, el dócil alcarreño se persuadió al cabo de que vivía a oscuras y de que el ver la luz de la razón iba para largo. Tendría paciencia.

Cuando el catedrático de los anteojos le preguntó si era hijo de Peleo y lo que era conocimiento en Valencia, Aquiles desahogó la tristeza que le produjo el ridículo en el pecho de su filósofo de la posada.

—Merecida se tiene usted esa humillación, por asistir a esas cátedras de pensadores meramente subjetivos, que comienzan la ciencia desde la abstracción imponiendo ideas particulares como si fueran evidentes.

—Pero, señor don Cipriano, como yo necesito probar el doctorado...

—Déjese usted de títulos y relumbrones. ¿No es usted ya licenciado? ¿No le basta eso?

—Pero, como quiero hacer oposición a cátedras...

—Hágalas usted.

—¿Cómo, sin ser doctor?

—A cátedras de Instituto.

—Pero esas no tienen ascensos, ni derechos pasivos, y si llego a casarme...

—¡Ta, ta, ta! ¿Qué tiene que ver la ciencia con las clases pasivas ni con su futura de usted? El filósofo no se casa si no puede. ¿No sabe usted, señor mío, amar la ciencia por la ciencia?... Concrétese usted a una aspiración; determine usted su vocación, dedicándose, por ejemplo, a una cátedra de Psicología, Lógica y Ética, y prescinda de lo demás. Así se es filósofo, y sólo así.

Zurita no volvió a la cátedra del señor de los ojos ahumados.

Perdió el curso, es decir, no se examinó siquiera, ni volvió a pensar en el doctorado, que era su ambición única allá en Valencia.

Lo que a él le importaba ahora ya no era un título más, sino *encontrar a Dios en la conciencia, siendo uno con Él y bajo Él.*

Buscaba Aquiles, pero Dios no aparecía de ese modo.

Su vida material (la de Zurita) no tenía accidentes dignos de mención. Pasaba el día en la Universidad o en su cuartito junto a la cocina. En la mesa le dejaban los peores bocados y los comía sin protestar. La patrona, que era viuda de un escritor público y tenía un lunar amarillo con tres pelitos rizados cerca de la boca, la patrona miraba con ojos tiernos (restos de un romanticismo ahumado en la cocina) a su huesped predilecto, al pobre Zurita, capaz de comer suelas de alpargata si venían con los requisitos ordinarios de las chuletas rebozadas con pan tostado. Nunca atendía al subsuelo Aquiles. Debajo del pan, cualquier cosa; él de todos modos lo llamaría chuleta. Mascaba y tragaba distraído; si el bocado de estopa, o lo que fuese, oponía una resistencia heroica a convertire en bolo alimenticio y no quería pasar del gaznate, a Zurita se le pasaba por la imaginación que estaba comiendo algo cuya *finalidad* no era la deglución ni la digestión; pero se resignaba. ¡Era cuestión tan baladí averiguar si aquello era carne o pelote!

¡Con qué lástima miraba Aquiles a un huésped, estudiante de Farmacia, que todos los días protestaba las chuletas de doña Concha (la patrona), diciendo que «aquello no constituía un *plato fuerte,* como exigían las bases del contrato, y que él no quería ser víctima de una mistificación!» ¡Si estaría lleno de *prejuicios* aquel estudiante! Doña Concha le servía un par de huevos fritos sucedáneos de la chuleta. El estudiante de Farmacia, por fórmula, pedía siempre la chuleta, pero dispuesto a comer los huevos. La criada acudía con el plato *no constituyente,* como le llamaban los otros huéspedes; el de Farmacia, con un gesto majestuoso, lo rechazaba y decía «¡huevos!»

como pudiera haber dicho *Delenda est Carthago* [9]. La chuleta del estudiante, según los maliciosos, ya no era de carne, era de madera, como la comida de teatro. Esto se confirmó un día en que doña Concha, haciendo la apología de la paciencia gástrica de Zurita, exclamó: «¡Ese ángel de Dios y de las escuelas sería capaz de comerse la chuleta del boticario!»

Don Cipriano ya no almorzaba ni comía en la casa. No venía más que a dormir.

Zurita le veía pocas veces en la cátedra del filósofo triste. El otro le explicaba su ausencia diciendo:

—Es que ahora voy a oír a Salmerón [10] y a Giner [11]. Usted todavía no está para eso.

En efecto, Zurita, aunque empezaba a sospechar que su profesor de filosofía armónica no daba un paso, se

---

9 *Delenda est Carthago* (latín): «hay que destruir a Cartago». Conocidas palabras de Catón en el senado romano pidiendo la destrucción de la ciudad y de la república cartaginesa.

10 *Salmerón,* Nicolás (1838-1908): político y pensador, discípulo de Sanz del Río, primero catedrático de historia en la Universidad de Oviedo y, a partir de 1869, catedrático de metafísica en la Central. En julio de 1877 fue elegido presidente de la República; eran los graves momentos de las insurrecciones cantonales en Cartagena, Valencia, Andalucía y otros puntos de la península. Pavía y Martínez Campos intentaron con cierto éxito el restablecimiento de la disciplina y el orden. Pero al serle llevadas al Presidente varias sentencias de muerte para su firma, Salmerón, que había sido siempre partidario de la abolición de dicha pena, prefirió dimitir.

11 *Giner:* Francisco Giner de los Ríos (1839-1915), pensador, jurista y pedagogo, en 1866 ganó por oposición la cátedra de filosofía del derecho de la Universidad de Madrid. En el 67 presentó la renuncia a su cátedra en solidaridad con sus compañeros y maestros, Sanz del Río y Fernando de Castro, que habían sido destituidos de sus puestos docentes al negarse a suscribir una declaración de fe religiosa, política y dinástica. Giner volvió a la universidad al triunfar la revolución del 68, pero en el 75 una nueva persecución le separó de su cátedra, hasta que en el 81 fue reincorporado a ella por el ministro de Sagasta señor Albareda —el mismo que incorporó a Clarín al claustro de la Universidad de Zaragoza. Entre 1875 y 1881 fundó Giner la Institución Libre de Enseñanza, desempeñando un papel decisivo en la renovación del pensamiento y de la cultura en España.

guardaba de dar crédito a estas *aprensiones subjetivas,* y continuaba creyendo al sabio melancólico bajo su palabra.

Una noche don Cipriano entró furioso en la alcoba; Zurita, que meditaba, con las manos cruzadas sobre la cabeza, metido en la cama, pero sentado y vestido de medio cuerpo arriba; Zurita, volviendo de sus espacios imaginarios, le preguntó:

—¿Qué hay, maestro?

—¡Lea usted! —gritó don Cipriano, y le puso delante de los ojos un papel impreso en que al filósofo de seis reales sin principio y a otros como él les llamaban, sin nombrarles, *attachés,* o sea agregados, del krausismo. Zurita se encogió de hombros. No comprendía por qué don Cipriano se irritaba; ni ser *agregado* de la ciencia le parecía un insulto, ni quien escribía aquello, que era un pensador *meramente discursivo,* de ingenio, pero *irracional* (según la suave jerga de don Cipriano), merecía que se tomase en cuenta su opinión.

El filósofo llamó idiota a Zurita y apagó la luz con un soplo cargado de ira.

III

Muy en serio había tomado Aquiles lo de ver dentro de sí —siendo uno con él— a Su Divina Majestad. Se le antojaba que de puro zote no encontraba en sí aquella unidad en el Ser que para don Cipriano y el catedrático triste era cosa corriente.

El filósofo se retiraba tarde, pero dormía la mañana. Aquiles se acostaba para que no se le enfriasen los pies al calentársele la cabeza; y sentado en el lecho, que parecía sepultura, meditaba gran parte de la noche, primero acompañado de la mísera luz del velón, después de las doce a oscuras; porque la patrona le había dicho que aquel gasto de aceite iba fuera de la cuenta del pupilaje. Mientras don Cipriano roncaba y a veces reía entre sueños, Zurita pasaba revista a todos los recursos que le habían enseñado para prescindir de su propio yo, *como tal yo finito (éste que está aquí, sin más).* El sueño le rendía, y cuando empezaban a zumbarle los oídos, y se le cerraban los ojos, y perdía la conciencia del lugar y la del contacto, era cuando se le figuraba que iba entrando en el *yo* en sí, *antes de la distinción de mí a lo demás...* y en tan preciosos momentos se quedaba el pobre dormido. De modo que no parecía Dios.

Se quejaba el infeliz a su mentor, y don Cipriano le decía:

—Cómprese usted una cafetera y tome mucho café por la noche.

Así lo hizo Aquiles, aunque a costa de grandes sacrificios. Como se alimentaba poco y mal, y no tomaba ordinariamente café, por espíritu de ahorro, el moka de castañas y otros indígenas le produjo los primeros días excitaciones nerviosas, que le ponían medio loco. Hacía muecas automáticas, guiñaba los ojos sin querer y daba brincos sin saberlo. Pero conseguía su propósito: no se dormía.

Aunque el Ser en la Unidad no acababa de presentársele, tenía grandes esperanzas de poseer la apetecida visión en breve. ¡El café le hacía pensar cada cosa! A lo mejor le entraba, sin saber por qué y sin motivos racionales, un amor descomunal a la Humanidad de la Tierra, como decía él, copiando a don Cipriano. Lloraba de ternura considerando las armonías del Universo, y la dignidad de su categoría de ser consciente y libre le ponía muy hueco. Todo esto a oscuras y mientras roncaba don Cipriano.

Pero ¡oh dolor! al cabo de pocas semanas el café perdió su misterioso poder, y le hizo el mismo efecto que si fuese agua de castañas, como efectivamente era. Volvía a dormirse en el instante crítico de disolverse en lo Infinito, *siendo uno con el Todo,* sin dejar de ser este que individualmente era, Zurita.

—Pero usted, don Cipriano —preguntaba desconsolado el triste Aquiles al filósofo cuando éste despertaba (ya cerca de las doce de la mañana)—, ¿usted ve realmente a Dios en la Conciencia, siendo uno con Él?

—Y tanto como veo —respondía el filósofo mientras se ponía los calcetines, de que no haré descripción de ningún género. Baste decir, por lo que respecta a la ropa blanca del pensador, que no había tal blancura, y que si era un sepulcro don Cipriano, no era de los blanqueados por fuera; la ropa de color había mejorado, pero en paños menores era el mismo de siempre.

—Y diga usted, ¿dónde consiguió ver por primera vez la Unidad del Ser dentro de sí?

—En la Moncloa. Pero eso es accidental; lo que conviene es darse grandes paseos por las afueras. En las Vistillas, en la Virgen del Puerto, en la Ronda de Recoletos, en Atocha, en la Venta del Espíritu Santo y en otros muchos parajes por el estilo he disfrutado muchas veces de esa vista interior por que usted suspira.

Desde entonces Zurita dio grandes paseos, a riesgo de romper las suelas de los zapatos, pero no consiguió su propósito; le robaron el reloj de plata que heredara de sus mayores, mas no se le apareció el Ser en la Unidad.

—¿Pero usted lo ve? —repetía el aprendiz.

—¡Cuando le digo a usted que sí!

Zurita empezaba a desconfiar de ser en la vida un filósofo sin *prejuicios*. «¡Este maldito yo finito, de que no puedo prescindir!»

Aquel *yo* que se llamaba Aquiles le tenía desesperado. Nada, nada, no había medio de verse en la Unidad del ser pensado y el ser que piensa bajo Dios. ¡Y para esto había él perdido el curso del Doctorado!

El hijo del dómine de Azuqueca se hubiera vuelto loco, de fijo, si Dios, que veía sus buenas intenciones, no se hubiera compadecido de él apartando de su trato a don Cipriano, que se fue a otra posada, y no volvió por la de Zurita ni por la Universidad, y trayendo a España nuevas corrientes filosóficas, que también habían de volverle la cabeza a Aquiles, pero de otro lado.

Por aquel tiempo recibió una carta de una antigua amiga de Valencia que se había trasladado a Madrid, donde su esposo tenía empleo, y le llamaba para que, si era tan bueno, diese lección de latín a un hijo de las entrañas, mucho más mocoso que amigo de los clásicos. No pensaba Zurita aceptar la proposición, pues aunque sus rentas eran lo escasas que sabemos, a él le bastaban, y la filosofía, además, no le permitía perder el tiempo en niñerías por el vil interés; pero fue a ver a la señora para decírselo todo en persona.

Era la dama o rica o amiga de aparentarlo, porque su casa parecía de gran lujo y allí vio, palpó y hasta olió Zurita cuanto inventó el diablo para regalo de los sentidos perezosos. Lo peor de la casa era el marido, casi enano, bizco, y de tan malos humores, que los vomitaba en forma de improperios de la mañana a la noche; pero estaba poco en casa, de lo que se mostraba muy contenta la señora. Ésta llamada doña Engracia, era beata de las orgullosas, de las que se ponen muy encarnadas si oyen hablar mal de los curas malos, como si fuesen ellas quien les cría; su virtud parecía cosa de apuesta, más la tenía por tesón que por amor de Dios, que era como no tenerla. Siempre hablaba de privaciones, de penitencias; pero, como no fuera de lo desagradable, lo pobre y lo feo, no se sabía de qué se privaba aquella señora, rodeada de seda y terciopelo, que pisaba en blanduras recostando el cuerpo, forrado de batista, en muebles que hacían caricias suaves como de abrazos al que se sentaba o tendía en ellos. Verdad es que ayunaba y comía de vigilia siempre que era de precepto, y otras veces por devoción; pero sus ayunos eran pobreza del estómago, que no resistía más alimento, y sus vigilias comer mariscos exquisitos y pescados finos y beber vinos deliciosos. No tenía amante doña Engracia, y como el marido bizco y de forma de chaparro no hacía cuenta, sus veintinueve años (los de la dama) estaban en barbecho. No le faltaban deseos, tentaciones, que ella atribuía al diablo; pero por salir con la suya rechazaba a cuantos se le acercaban con miras de pecar. Mas la ociosa lascivia hurgaba, y como no tenía salida, daba coces contra los sentidos que se quejaban de cien maneras. Pasaba la señora el día y la noche en discurrir alguna traza para satisfacer aquellas ansias sin dejar de parecer buena, sin que hubiera miedo de que el mundo pudiese sospechar que las satisfacía. Y al cabo el diablo, que no podía ser otro, le apuntó lo que había de hacer, poniéndole en la memoria al don Aquiles Zurita que había conocido en Valencia.

Para abreviar (que no es ésta la historia de doña Engracia, sino la de Zurita), la dama consiguió que el filosofastro «le sacrificara», como ella dijo, una hora cada día para enseñar latín al muchacho. Al principio la lección la tenían a solas maestro y discípulo; pero, pasada una semana, la madre del niño comenzó a dejar olvidados en la sala de la lección pañuelos, ovillos de hilo, tijeras y otros artículos, y al cabo no hacía ya más que entrar y salir, y más al cabo no hacía más que entrar y no salir; con lo que Zurita, a pesar de su modestia e inocencia prístina, comenzó a sospechar que doña Engracia se había aficionado a su persona.

¡Rara coincidencia! Observación parecida había hecho en la posada, notando que la patrona, doña Concha, suspiraba, bajaba los ojos y retorcía las puntas del delantal en cuanto se quedaba sola con él. Los suspiros eran de bomba real allá en la noche, cuando Aquiles meditaba o leía, y la viuda, que dormía pared por medio, velaba distraída en amorosas cavilaciones. En una ocasión tuvo el eterno estudiante que dejar las ociosas plumas (que eran de paja y pelote duro) porque la disentería le apuraba —¡tanto estudiar!— y a media noche, descalzo y a oscuras, se aventuró por los pasillos. Equivocó el camino, y de golpe y porrazo dio en la alcoba de doña Concha. La viuda, al sentir por los pasillos al joven, había apagado la luz y esperaba, con vaga esperanza, que una resolución heroica del muchacho precipitase los acontecimientos que ella en vano quería facilitar a fuerza de suspiros simbólicos. Doña Concha era romántica tan consecuente como Moyano [12], y hubiera preferido una declaración a la luz

[12] *Doña Concha ... como Moyano:* Claudio Moyano (1809-1890), catedrático y político, fue Rector de la Universidad de Valladolid y Ministro de Fomento con varios gobiernos anteriores al 68. Al llegar la Restauración Cánovas intentó con éxito atraer a las figuras más destacadas del antiguo grupo moderado,

de la luna y por sus pasos contados, con muchos preparativos, graduada y *matizada;* pero, ya que el ardiente doncel prefería un ataque brutal, ella estaba dispuesta a todo, aunque reservándose el derecho de una protesta tímida y débil, más por lo que se refería a la forma que por otra cosa. Doña Concha tenía cuarenta años bien conservados, pero cuarenta...

Cuando conoció su error, que fue pronto, Zurita se deshizo en excusas y buscó precipitadamente la puerta. Entonces el pudor de la patrona despertó como el león de España de 1808 y comenzó a gritar: «¡Ladrones! ¡ladrones! ¿Quién anda ahí?... ¡Oigan la mosquita muerta!», y otros tópicos de los muchos que ella conocía para situaciones análogas. El amor propio no le dejó a la viuda creer lo de la equivocación, y se inclinó a pensar que el prudente Aquiles, en un momento de amor furioso, se había levantado y había acometido la empresa formidable de que luego se arrepintiera, tal vez por la pureza de su amor secreto.

Ello es que la viuda siguió suspirando, y hasta se propasó, cuando vino la primavera, a dejar todas las mañanas en un búcaro de barro cocido un ramo de violetas sobre la mesilla de noche del filosofastro.

Comprendiendo Aquiles que aquella pasión de doña Concha le distraía de sus reflexiones y le hacía pensar demasiado en las calidades del *yo* finito, decidió dejar la posada de las chuletas de cartón-piedra, y sin oír a los sentidos, que le pedían el pasto perpetuamente negado, salió con su baúl, sus libros y su filosofía armónica de la isla encantada en que aquella Circe, con su lunar junto a la boca, ofrecía cama, cocido y amor romántico por seis reales... sin principio.

Más peligrosa era la *flirtation* de doña Engracia, que cada día se insinuaba con mayor atrevimiento. Vestía

---

entre las que se encontraba Moyano. Pero éste rechazó la invitación, argumentando incompatibilidad de principios políticos con la línea de actuación canovista. A raíz de entonces Moyano fue considerado como modelo de político *consecuente* y fiel a sus principios políticos.

aquella señora en casa unos diablos de batas de finísima tela que se pegaba al cuerpo de diosa de la enemiga como la hiedra al olmo; se sentaba en el sofá, y en la silla larga, y en el confidente (todo ello blando, turgente y lleno de provocaciones), con tales posturas, doblándose de un modo y enseñando unas puntas de pie, unos comienzos de secretos de alabastro y unas líneas curvas que mareaban, con tal arte y hechicería, que el mísero Zurita no podía pensar en otra cosa, y estuvo una semana entera apartado de su investigación de la Unidad del Ser en la conciencia, por no creerse digno de que ideas y comuniones tan altas entrasen en su pobre morada.

Según huían los pensamientos filosóficos, despertaban en el cerebro del hijo del dómine recuerdos de los estudios clásicos y se le aparecía Safo con aquel *zumbar de oídos,* que a él también le sorprendiera algunas veces cuando doña Engracia se le acercaba hasta tocarle las rodillas con las suyas. Entonces también le venía a la memoria aquello de Ovidio en la Elegía IV de *Los Amores:*

Quidquid ibi poteris tangere, tange mei... [13]

¡Ovidio! De coro se lo sabía Aquiles, pero ¡con qué desinterés! Sin que un mal pensamiento surgiese en su mollera, consagrada a las humanidades, en la juventud risueña Aquiles había traducido y admirado, desde el punto de vista del arte, todas las picardías galantes del poeta de las *Metamorfosis.* Sabía cómo había que enamorar a una casada, las ocasiones que se debían aprovechar y las maniobras a que se la sujetaba para que no pudiera inspirar celos al amante el marido. Pero todo esto le parecía antes a Zurita bromas de Ovidio, mentiras hermosas para llenar hexámetros y pentámetros.

Mas ¡ay! ahora los dísticos del poeta de los cosméticos volvían a su cerebro echando fuego, cargados de aromas embriagadores, con doble sentido, llenos de vida, significando lo que antes Aquiles no podía comprender. ¡Cuán-

---

13 *Quidquid ... mei:* «Entonces, todo lo que puedas tocar de mí, tócalo.»

tas veces, mientras estaba al lado de doña Engracia, como un palomino aturdido, sin dar pie ni mano, venían a su imaginación los pérfidos consejos del poeta lascivo!

¡Y qué extraña mezcla harían allí dentro los versos del latino y los sanos preceptos de los *Mandamientos de la humanidad* vulgarizados en francés por el simpático filósofo de Bruselas Mr. Tiberghien![14] «¡Vaya una manera de buscar lo Absoluto dentro de mí siendo uno conmigo!», pensaba Zurita.

—Sin embargo —añadía— yo no sucumbiré, porque estoy decidido a no declararme a doña Engracia, y ella, es claro que no se atreverá a ser la que envide; porque, como dice el condenado pagano, no hay que esperar que la mujer emprenda el ataque, aunque lo desee:

Vir prior accedat; vir verba precantia dicat:
Excipiet blandas comiter illa preces.
Ut potiare roga; tantum cupit illa rogari[15]

A pesar de tanto latín, Aquiles y Ovidio se equivocaron por esta vez, porque doña Engracia, convencida de que el tímido profesor de Humanidades jamás daría el paso definitivo, el que ella anhelaba, se arrojó a la mayor locura. Pálida, con la voz temblona, desgreñada, se declaró insensata un día al anochecer, estando solos. Pero Aquiles dio un brinco enérgico y dejó el bastón (pues capa no tenía) en casa de aquella especie de Pasifae[15] enamorada de un cuadrúpedo.

---

[14] *Mr. Tiberghien,* Guillermo (1819-1901): filósofo belga, entusiasta propagador de las ideas krausistas, traductor al francés de *Los mandamientos de la humanidad* (1811), una de las obras de Krause de mayor difusión en la Europa de mediados de siglo y en España.

[15] *Vir prior accedat ... illa rogari:* «Que sea el varón el que ataque primero; quien diga las palabras de ruego: / ella recibirá amablemente estas palabras cariñosas. / Ruega tanto como desea ella que se le ruegue.»

[16] *Pasifae:* Reina legendaria de Creta y esposa de Minos. Poseidón, para vengarse de un desaire que le había hecho su marido, inspiró a Pasifae una atracción amorosa por un toro y de la unión de la reina y la bestia nació el Minotauro, monstruo con cabeza de toro y cuerpo de hombre.

—¡Sí, un cuadrúpedo! —iba pensando por la calle él— porque debiendo haber huido antes, esperé a esta vergüenza, y estoy en ridículo a los ojos de esa mujer, y no muy medrado a los de mi conciencia, que mucho antes quiso el remedio de la fuga, y no fue oída.

Pero si al principio se apostrofó de esta suerte, más tarde, aquella misma noche, reflexionando y leyendo libros de moral, pudo apreciar con más justicia el mérito de su resistencia. Comió muy mal, como solía, pues para él mudar de posada sólo era mudar de hambre, y las chuletas de aquí sólo se diferenciaban de las de allá en que las unas podían ser de jaco andaluz y las otras de rocín gallego; mas para celebrar el triunfo moral del *ángel sobre la bestia,* como él decía, se toleró el lujo de pedir a la criada vino de lo que costaba a dos reales botella. Ordinariamente no lo probaba. Salió de su casa Aquiles a dar un paseo. Hacía calor. El cielo ostentaba todos sus brillantes. Debajo de algunos árboles de Recoletos, Zurita se detuvo para aspirar aromas embriagadores, que le recordaban los perfumes de Engracia. ¡Oh, sí, estaba contento! ¡Había vencido la tentación! ¡Aquella hermosa tentación!... ¿Quién se lo hubiera dicho al catedrático de los anteojos ahumados? Aquel pobre Aquiles tan ridículo había rechazado en poco tiempo el amor de dos mujeres. Dejemos a un lado a doña Concha, aunque no era grano de anís; pero, ¿y doña Engracia? Era digna de un príncipe. Pues bien, se había enamorado de él, le había provocado con todas las palabras de miel, con todos los suspiros de fuego, con todas las miradas de gancho, con todas las posturas de lazo, con todos los contacto de liga... y la mosca, la salamandra, el pez, el bruto, el ave no habían sucumbido. ¿Por qué se había enamorado de él aquella señora? Zurita no se hacía ilusiones; aun ahora se veía en la sombra, entre los árboles, y reconocía que ni fantaseada por la luz de las estrellas su figura tenía el patrón de Apolo. Doña Engracia había amado en él el capricho y el misterio. Aquel hombre tímido, para quien un triunfo que otros divulgaban era una abominación, un pecado irredimible, callaría hasta la muerte. El placer con Zurita era una singular manera del placer solitario. «Además, añadía para sus adentros Aquiles, yo sé por la Historia que ha habido extrañas aberraciones del amor en ilustres princesas; una se enamoró de un mono, otra de un enano, aquella de un cretino... y Pasifae de un toro, aunque esto es fabuloso; ¿por qué no se ha de enamorar de mí una mujer caprichosa?» Esta humildad positiva con que Zurita reconocía la escasez de sus encantos, esta sublime modestia con que se comparaba a un mono, le inundaba el alma de una satisfacción y de un orgullo legítimos.

Y así, muy en su derecho, suspiró, como quien respira después de un aprieto, mirando a su sombra desairada, y en voz alta, para oírse a sí mismo, exclamó contento (*compos volti* [17], pensó él):

—¡Oh, lo que es psicológicamente considerado... no soy una *vulgaridad!*

IV

Pasaron meses y meses, y un año, y más. Zurita seguía en Madrid asistiendo a todas las cátedras de ciencia armónica, aunque en el fondo de su fuero interno —como él lo llamaba— ya desesperaba de encontrar lo Absoluto, el Ser, así en letra mayúscula, en el propio *yo*, «no como éste a distinción de los demás, sino en sí, en lo que era antes de ser para la relación del límite, etc.» El mísero no podía prescindir del *yo* finito aunque le ahorcasen.

Sin embargo, no renegaba del armonismo, aunque por culpa de éste se estaba retrasando su carrera; no renegaba porque a él debía su gran energía moral, los solitarios goces de la virtud. Cuando oía asegurar que la satisfacción del bien obrar no es un placer intenso, se son-

---

[17] *Compos volti* (latín): «conseguí lo que necesitaba», «deseo cumplido».

reía con voluptuosa delicia llena de misterio. ¡Lo que él gozaba con ser bueno! Tenía siempre el alma preparada como una tacita de plata para recibir la presencia de lo Absoluto, que *podía ser un hecho* a lo mejor. Así como algunos municipios desidiosos y dinásticos limpian las fachadas y asean las calles al anuncio de un viaje de SS. MM., Zurita tenía limpia, como ascua de oro, la pobre pero honrada morada de su espíritu, esperando siempre la visita del Ser. Además, la idea de que él era uno con el Gran Todo le ponía tan hueco y le daba tales ínfulas de personaje impecable, que el infeliz pasaba las de Caín para no cometer pecados ni siquiera de los que se castigan como faltas. Él podría no encontrar lo Absoluto, pero el caso era que persona más decente no la había en Madrid.

Y cuando discutía con algún descreído decía Aquiles triunfante con su vocecilla de niño de coro:

—Vea usted; si yo no creyera en lo Absoluto, sería el mayor tunante del mundo; robaría, seduciría casadas y doncellas y viudas.

Y después de una breve pausa, en que se imaginaba el bendito aquella vida hipotética de calavera, repetía con menos convicción y menos ruido:

—Sí, señor, sería un pillo, un asesino, un ladrón, un libertino...

Por aquel tiempo algunos jóvenes empezaban a decir en el Ateneo que el mentir de las estrellas es muy seguro mentir; que de tejas arriba todo eran conjeturas; que así se sabía lo que era la esencia de las cosas como se sabe si España es o no palabra vascongada. Casi todos estos muchachos eran médicos, más o menos capaces de curar un constipado, alegres, amigos de alborotar y despreocupados como ellos solos. Ello es que hablaban mucho de Matemáticas, y de Física, y de Química, y decían que los españoles éramos unos retóricos, pero que afortunadamente ellos estaban allí para arreglarlo todo y acabar con la Metafísica, que, según parecía, era lo que nos tenía arruinados.

Zurita, que se había hecho socio transeúnte del Ateneo, merced a un presupuesto extraordinario que amenazaba *labrar su ruina,* Zurita oía con la boca abierta a todos aquellos sabios más jóvenes que él, y algunos de los cuales habían estudiado en París, aunque pocos. Los enemigos de la Metafísica se sentaban a la izquierda, lo mismo que Aquiles, que era liberal desde que era armónico. Algunas veces el orador antimetafísico y empecatado decía: «*Los que nos sentamos en estos bancos* creemos que tal y que cual.» Zurita saltaba en la butaca azul, porque él no creía aquello. Su conciencia comenzó a sufrir terribles dolores.

Una noche un joven que estaba sentado junto a él y a quien había visto dos años atrás en la Universidad cursando griego y jugando al toro por las escaleras, se levantó para decir que el krausismo era una *inanidad;* que en España se había admitido por algunos, porque acabábamos de salir de la primera edad, o sea de la teológica, y estábamos en la metafísica; pero era preciso llegar a la edad tercera, a la científica o positiva.

Zurita no durmió aquella noche. Lo de estar en la segunda edad le parecía un atraso y, francamente, él no quería quedarse a la zaga.

Volvió al Ateneo, y... nada, todos los días lo mismo.

No había Metafísica; no había que darle vueltas. Es más, un periódico muy grande, a quien perseguía mucho el Gobierno por avanzado, publicaba artículos satíricos contra los *ostras* que creían en la *psicología vulgar,* y los equiparaba a los reaccionarios políticos.

Zurita empezó a no ver claro en lo Absoluto.

Por algo él no encontraba el Ser dentro de sí, antes del límite, etc.

«¿Sería verdad que no había más que hechos?

Por algo lo dirían aquellos señoritos que habían estudiado en París, y los otros que sabían o decían saber, termodinámica.»

Discutiendo tímidamente en los pasillos con un paladín de los *hechos,* con un enemigo de *toda ciencia a priori,* Zurita, que sabía más lógica que el otro, le puso en un apuro, pero el de los hechos le *aplastó* con este argumento:

—¿Qué me dice usted a mí, santo varón, a mí, que he comido tres veces con Claudio Bernard [18], y le di una vez la toalla a Vulpián [19], y fui condiscípulo de un hijo del secretario particular de Littré? [20]...

Zurita calló, anonadado. ¡Se vio tan ridículo en aquel momento! ¿Quién era él para discutir con el hombre de la toalla...? ¿Cuándo había comido él con nadie?

Dos meses después Aquiles se confesaba entre suspiros «que había estado perdiendo el tiempo lastimosamente». El armonismo era una *bella, bellísima* y *consoladora* hipótesis... pero le faltaba la base, los hechos... «¡No había más que hechos por desgracia!»

—Bien, pero ¿y la moral?

¿En virtud de qué principio se le iba a exigir a él en adelante que no se dejara seducir por las patronas y por las señoras casadas?

«Si otra Engracia...», y al pensar esto se le apareció la hermosa imagen de la provocativa adúltera, que le en-

---

[18] *Claudio Bernard* (1813-1878): médico y filósofo francés, ejerció una notable influencia en la metodología y epistemología del XIX con sus investigaciones sobre el método experimental. Bernard estudió con detalle el papel de la observación, de la experiencia y de la experimentación en las ciencias relativas a los seres orgánicos. En su opinión, el método experimental permite obtener hechos comprobados y después elaborarlos por medio de un «razonamiento experimental», que sirve a su vez de base para desvelar las leyes que rigen los fenómenos. Según Bernard, el método experimental no se basa en la simple experiencia, sino en la experiencia provocada y sistematizada. La metodología de Bernard fue tomada como modelo por Zola en la elaboración de sus teorías naturalistas.

[19] *Vulpian,* Alfred (1826-1887): fisiólogo francés, cuyos estudios y metodología en relación con enfermedades del sistema nervioso influyeron también en el positivismo literario.

[20] *Littré,* Émile (1801-1881): pensador francés, entusiasta discípulo de Comte hasta que en 1851 se separó de su maestro por negarse a seguir a éste en la transformación del movimiento positivista en «religión positiva». Aunque positivista disidente, Littré siguió propagando las doctrinas de Comte. Fue uno de los pensadores de mayor ascendiente entre los escritores naturalistas.

señaba los dientes de nieve en una carcajada de sarcasmo. Se burlaba de él, le llamaba necio, porque había rechazado groseramente los favores sabrosos que ella le ofrecía... y resultaba que no había más que hechos, es decir, que tan hecho era el pecado como la abstención, el placer como la penitencia, el vicio como la virtud.

«¡Medrados estamos!», pensaba Zurita, desanimado, corrido, mientras se limpiaba con un pañuelo de hierbas el sudor que le caía por la espaciosa frente...

«Y a todo esto, yo no soy doctor, ni puedo aspirar a una cátedra de Universidad; tendré que contentarme con ser catedrático de Instituto, sin ascensos y sin derechos pasivos; es decir, tengo que renunciar a la familia, al amor casto, mi sueño secreto de toda la vida... ¡Oh, si yo cogiese ahora por mi cuenta al pícaro de don Cipriano, que me metió en estos trotes de filosofía armónica...!»

Y la Providencia, o mejor, los hechos, porque Zurita ya no creía en la Providencia (por aquellos días a lo menos), la casualidad en rigor, le puso delante al mismísimo don Cipriano, que volvía de los toros con su familia. ¡Sí, con su familia! Venía vestido de negro, con la levita muy limpia y flamante, y sombrero de copa, que tapaba cuidadosamente con un pañuelo de narices, por que empezaban a caer gotas; lucía además el filósofo gran pechera con botonadura de diamantes, cadena de oro y una cara muy afeitada. Daba gozo verlo. De su brazo derecho venía colgada una señora, que trascendía a calle de Toledo, como de cuarenta años, guapetona, blanca, fina de facciones y grande de cara, que no era de muchos amigos. La filósofa, que debía de ser garbancera o carnicera, ostentaba muchas alhajas de mal gusto, pero muy ricas. Delante del matrimonio una pasiega de azul y oro llevaba como en procesión un enteco infante, macrocéfalo, muy emperifollado con encajes, seda y cintas azules.

En otra ocasión Zurita no se hubiera atrevido a detener a don Cipriano, que pasaba fingiendo no verle, pero en aquel momento Aquiles tuvo el valor suficiente para estorbar el paso a la pareja rimbombante y saludar al filósofo con cierto aire triste y cargado de amarga ironía. Temblábale la voz al decir:

—Salud, mi querido maestro; ¡cuántos siglos que no nos vemos!

La filósofa, que le comía las sopas en la cabeza a Zurita, le miró con desprecio y sin ocultar el disgusto. Don Cipriano se puso muy colorado, pero disimuló y procuró estar cortés con su antigua víctima de trascendentalismo. En pocas palabras enteró a Zurita de su nuevo estado y próspera fortuna.

Se había casado, su mujer era hija de un gran maragato de la calle de Segovia, tenían un hijo, a quien había bautizado porque *había que vivir en el mundo;* él ya no era krausista, ni los había desde que Salmerón estaba en París. El mismo don Nicolás, según cartas que don Cipriano decía tener, iba a hacerse médico positivista [21].

—Amigo mío —añadió el ex filósofo poniendo una mano sobre el hombro de Zurita—, estábamos equivocados; la investigación de la Esencia del Ser en nosotros mismos es un imposible, un absurdo, cosa inútil; el armonismo es pura *inanidad* (¡dale con la palabreja!, pensaba Zurita), no hay más que hechos. Aquello se acabó; fue bueno para su tiempo; ahora la experimentación... los hechos... Por lo demás, buena corrida la de esta tarde; los toros, como del Duque; el *Gallo,* superior con el trapo, desgraciado con el acero... Rafael, de azul y oro, como el ama, algo tumbón pero inteligente. Y ya sabe usted, si de algo puedo servirle... Duque de Alba, 7, principal derecha...

La hija del maragato saludó a Zurita con una cabezada, sin soltar, es decir, sin sonreír ni hablar; y aquel matri-

---

21 *El mismo don Nicolás ... médico positivista:* es claro que las supuestas cartas de don Cipriano no se ajustan a la realidad biográfica de Salmerón. Lo que sí es cierto es que a partir de 1875, cuando es desposeído de su cátedra y se refugia en París, Salmerón se separa progresivamente del pensamiento krausista, llegando a declararse partidario de una especie de monismo científico.

monio de mensajerías desapareció por la calle de Alcalá arriba, perdiéndose entre el polvo de un derribo...

«¡Estamos frescos! —se quedó pensando Zurita—. De manera que hasta ese Catón se ha pasado al moro; no hay más que hechos..., don Cipriano es un hecho... y se ha casado con una acémila rica... y hasta tiene hijos... y diamantes en la pechera... Y yo ni soy doctor... ni puedo acaso aspirar a una cátedra de Instituto, porque no estoy al tanto de los conocimientos modernos. Sé pensar y procurar vivir con arreglo a lo que me dicta mi conciencia; pero esto ¿qué tiene que ver con los hechos? En unas oposiciones de Psicología, Lógica y Ética, por ejemplo, ¿me van a preguntar si soy hombre de bien? No, por cierto.»

Y suspirando añadía:

«Me parece que he equivocado el camino.»

En un acceso de ira, ciego por el desencanto, que también deslumbra con sus luces traidoras, quiso arrojarse al crimen... y corrió a casa de doña Engracia, dispuesto a pedirle su amor de rodillas, a declarar y confesar que se había portado como un beduino, porque no sabía entonces que todo eran hechos, y nada más que hechos...

Llegó a la casa de aquella señora. El corazón se le subió a la garganta cuando se vio frente a la portería, que en tanto tiempo no había vuelto a pisar...

—El señor Tal, ¿vive aquí todavía?

—Sí, señor; segundo de la izquierda...

Zurita subió. En el primer piso se detuvo, vaciló... y siguió subiendo.

Ya estaba frente a la puerta, el botón dorado del timbre brillaba en su cuadro de encima...

¿Por qué no? No existía lo Absoluto, o por lo menos, no se sabía nada de ello; no había más que hechos; pues para hecho, Engracia, que era tan hermosa...

—Llamo —se dijo en voz alta para animarse.

Y no llamó.

—¿Quién me lo impide? —preguntó a la sombra de la escalera.

Y una voz que le sonó dentro de la cabeza respondió:

—Te lo impide... *el imperativo categórico*[22]... Haz lo que debes, suceda lo que quiera.

Aquiles sacudió la cabeza en señal de duda.

—No me convenzo —dijo; pero dio media vuelta y a paso lento bajó las escaleras.

En el portal le preguntó la portera...

—¿Han salido? Pues yo creía que la señora estaba...

—Sí —contestó Zurita—, pero está ocupada... está... con el *imperativo categórico*... con un alemán... con el diablo, ¡señora...! ¿A usted qué le importa?

Y salió a la calle medio loco, según se saca del contexto.

V

Aquiles Zurita frisaba con los cuarenta años cuando, según el estilo de un periódico de provincia que se dignó dar la noticia, *vio, al fin, coronados sus esfuerzos con el merecido galardón* de una cátedra de Psicología, Lógica y Ética, en el Instituto de Lugarúcos, pueblo de pesca, donde un americano pródigo había fundado aquel centro de enseñanza para los hijos de los marineros que quisieran ser pilotos.

---

22 *el imperativo categórico:* como es sabido, desde siempre los mandamientos éticos se formulan en un lenguaje imperativo: «no matarás», «honrarás padre y madre», etc. Según escribía Kant, «la concepción de un principio objetivo, en tanto que se impone necesariamente a una voluntad, se llama un *mandamiento,* y la fórmula de este mandamiento se llama un *imperativo*». Entre las clasificaciones que hizo Kant de los imperativos, distinguió los llamados *hipotéticos* o *condicionales* —en los cuales los mandamientos de la razón están condicionados por los fines que se pretenden alcanzar —y los *categóricos* o *absolutos,* en los que los mandamientos de la razón no están condicionados por ningún fin, de modo que la acción se realiza por sí misma y es un bien en sí misma. Ejemplo de los primeros, el imperativo: «Debes considerar todas las cosas atentamente con el fin de evitar juicios falsos.» Ejemplo de los *categóricos:* «sé justo».

Cinco oposiciones había hecho Aquiles antes de *obtener, al fin, el merecido galardón.* Dos veces había aspirado a regentar una clase de Retórica, y tres a una de Psicología. En el primer combate le derrotó un orador florido; en el segundo, un intrigante; en el tercero, el ministro, que no quiso darle la cátedra a pesar de ir Aquiles en el lugar principal de la terna, *por considerarle peligroso para la enseñanza*[23]. El ministro se fundaba en que Zurita había llamado a Dios Ser Supremo en el programa, y así, con letra mayúscula *.

Cuando, lleno de canas y arrugas, casi ciego, llegó a firmar la nómina, Aquiles aborrecía ya el oficio mecánico de sabio de Real orden. Aquella ciencia que él había amado tanto sin pensar en el interés, les servía a otros para ganar un mendrugo falsificándola, recortándola y dislocándola, a gusto del que repartía la sopa universitaria.

«Unos cuantos lugares comunes, que se repetían cien y cien veces en los ejercicios, algunas perogrulladas profesadas con pedantería, unos pocos principios impuestos por la ley, predicados con falso entusiasmo, para acreditar *buenas ideas*... esto, y nada más, era la ciencia de las oposiciones.»

—¡Dios mío, qué asco da todo esto! —pensaba Zurita, el eterno estudiante, que había nacido para amarlo y admirarlo todo, y que se veía catedrático de cosas que ya no amaba, ni admiraba, ni creía.

«¡Todo extremo, todo insensatez! En los Ateneos, mozalbetes que reniegan de lo que no han estudiado, audaces lampiños que se burlan de la conciencia, de la libertad humana; que manifiestan un rencor personalísimo a Su Divina Majestad, como si fuesen quisquillas de familia... y ante el Gobierno, esos mismos jóvenes, ya creciditos, u otros parecidos, quemando incienso ante la

---

23 El incidente tiene un obvio fondo autobiográfico. Ver en la introducción la parte titulada «Cátedras: las ternas y el turno pacífico».

* Histórico. *[N. del A.]*

ciencia trasnochada del programa oficial..., ¡qué asco, señor, qué asco!

Ni aquello es ciencia todavía, ni esto es ciencia ya, y aquí y allá, ¡con qué valentía se predica todo! Es que los opositores y los ateneístas no son completamente honrados; no lo son... porque aseguran lo que no saben, sostienen lo que no sienten.»

Estos monólogos, y otros muchos por el estilo, los recitaba el catedrático de Lugarucos enfrente de las olas, en la playa solitaria, melancólica, de arena cenicienta.

Zurita era una de las personas más insignificantes del pueblo; nadie hablaba de él para bien ni para mal. Su cátedra en el Instituto era de las que se consideraban como secundarias. El fundador se había empeñado en que se enseñase Psicología, Lógica y Ética, y se enseñaba, pero, ¿para qué? Allí lo principal eran las matemáticas y la Náutica, la Geografía y la Física después, la Economía mercantil acaso; pero la Psicología, ¿para qué les servía a los muchachos? El director le había advertido a Zurita desde el primer día que en su cátedra no había que apurar mucho a los alumnos que necesitaban el tiempo para estudios técnicos, de más importancia que la filosofía.

Aquiles había bajado la cabeza mientras despedazaba con los dientes un palillo. Estaba conforme, de toda conformidad; los pilotos de Lugarucos no necesitaban para nada absolutamente saber que el alma se dividía en tres facultades, sobre todo considerando que después resultaba que no había tal cosa, ni menos saber que la inteligencia tiene once funciones, cuando no las tiene tal.

—¡Ya me guardaré yo —le decía Aquiles al mar— de enervar el espíritu de esos chicos robustos, morenos, tostados por el sol, ágiles, alegres, valientes, crédulos, ansiosos de aventuras y tierra nueva! Que aprendan a manejar los barcos, y a desafiar las tormentas, y a seguir las corrientes del agua, a conocer las lenguas y las costumbres de los países lejanos; que aprendan a vivir al aire libre, por el ancho mundo... y en cuanto a Psicología, Lógica y Ética basta una salve. ¡Mal haya el afán de saber Psicología y otras invenciones diabólicas que así me tiene a mí de medrado física y socialmente!

Zurita, por cumplir con la ley, explicaba en cátedra el libro de texto, que ni pinchaba ni cortaba; lo explicaba de prisa, y si los chicos no entendían, mejor; si él se embrollaba y hacía oscuro, mejor; de aquello más valía no entender nada. En cuanto hacía buen tiempo y los alumnos querían salir a dar un paseo por mar, ¡ancha Castilla!, se quedaba Zurita solo, recordando sus aventuras filosóficas como si fueran otros tantos remordimientos, y comiéndose las uñas, vicio feo que había adquirido en sus horas de meditación solitaria. Era lo que le quedaba del krausismo de don Cipriano, el morderse las uñas.

En una ocasión exponía Zurita en clase la teoría de las armonías preestablecidas, cuando estalló un cohete en el puerto.

—¡Las *Gemelas!* —gritó en coro la clase.

—¿Qué es eso?

—Que entran las *Gemelas,* el bergantín de los Zaldúas...

Y todos estaban ya en pie, echando mano al sombrero.

—¡Un bergantín en Lugarucos!

La cosa era mucho más importante que la filosofía de Leibnitz. Además era un *hecho*...

—¡Vayan ustedes con Dios! —dijo Zurita sonriéndose y encogiendo los hombros. Y quedó solo en el aula.

Y cosas así, muchos días.

La Psicología, la Lógica y la Ética en Lugarucos no tenían importancia de ningún género, y a los futuros héroes del cabotaje les tenía sin cuidado que la volición fuese esto y la razón lo otro y el sentimiento lo de más allá.

Además, ¿qué filosofía había de enseñar a estos robustos hijos de marineros, destinados también a la vida del mar?

—No lo sé —decía a las olas Zurita—. ¿La filosofía moderna, la que pasa por menos fantástica? De ningún modo. Una filosofía que prescinde de lo Absoluto... mala para marinos. ¡Que no se sabe nada de lo Absoluto...!, pues ¿y el mar? ¿Dónde habrá cosa más parecida a ese Infinito de que no quieren que se hable?

Quitarles la fe a los que habían de luchar con la tormenta le parecía una crueldad odiosa.

Muchas veces, cuando desde lo alto del muelle veía entrar las lanchas pescadoras que habían sufrido el abordaje de las olas allá fuera, Zurita observaba la cara tostada, seria, tranquila, dulce y triste de los marinos viejos. Veíalos serenos, callados, tardos para la ira, y se le antojaban sacerdotes de un culto; se le figuraba que allá arriba, tras aquel horizonte en que les había visto horas antes desaparecer, habían sido visitados por la Divinidad; que sabían algo, que no querían o no podían decir, de la presencia de lo Absoluto. En el cansancio de aquellos rostros, producido por el afán del remo y la red, la imaginación de Aquiles leía la fatiga de la visión extática...

Por lo demás, él no creía ya ni dejaba de creer.

No sabía a qué carta quedarse. Sólo sabía que, por más que quería ser malo, libertino, hipócrita, vengativo, egoísta, no podía conseguirlo.

¿Quién se lo impedía?

Ya no era el imperativo categórico, en quien no creía tampoco mucho tiempo hacía; era... eran diablos coronados; el caso estaba en que no podía menos de ser bueno.

Sin embargo..., ¡tantas veces iba el cántaro a la fuente...!

El cántaro venía a ser su castidad, y la fuente doña Tula, su patrona (¡otra patrona!), hipócrita como Engracia, amiga de su buena fama, pero más amiga del amor. Otra vez se le quería seducir, otra vez su timidez, su horror al libertinaje y al escándalo eran incentivo para una pasión vergonzante. Doña Tula tenía treinta años, había leído novelas de Belot[24] y profesaba la teoría de

---

24 *Belot,* Adolfo (1829-1890): novelista y dramaturgo francés Sus narraciones de corte naturalista fueron conocidas en la época por lo que entonces se calificaba de «crudeza» e «indecoro».

que la mujer debe conocer el bien y el mal para elegir libremente el bien; si no ¿qué mérito tiene el ser buena?

Ella elegía libremente el mal, pero no quería que se supiera. Su afán de ocultar el pecado era vanidad escolástica. No quería dar la razón a los *reaccionarios,* que no se fían de la mujer instruida y literata. Ella no podía dominar sus fogosas pasiones, pero esto no era más que un caso excepcional, que convenía tener oculto; la regla quedaba en pie: la mujer debe saber de todo para escoger libremente lo bueno.

Doña Tula escogió a Zurita, porque le enamoró su conocimiento de los clásicos y el miedo que tenía a que sus debilidades se supieran.

Gertrudis tenía unos dedos primorosos para la cocina; era, sobre todo, inteligente en pescado frito, y aun la caldereta la comprendía con un instinto que sólo se revela en una verdadera vocación.

Con los mariscos hacía primores. Si se trataba de dejarlos como Dios les crió, con todos sus encantos naturales, sabiendo a los misterios del Océano, doña Tula conservaba el aroma de la frescura, el encanto salobre con gracia y coquetería, sin menoscabo de los fueros de la limpieza; pero si le era lícito entregarse a los bordados culinarios del idealismo gastronómico, hacía de unas almejas, de unas ostras, de unos percebes o de unos calamares platos exquisitos, que parecían orgías enteras en un bocado, incentivos y voluptuosos de la pasión más lírica y ardiente... ¿Qué más? El mismo Zurita, entusiasmado cierto día con unos cangrejos que le sirvió doña Gertrudis sonriente, llegó a decir que aquel plato era más tentador que toda la literatura erótica de Ovidio, Tíbulo y Marcial...

¡Cómo había comido, y cómo comía ahora el buen Aquiles!

En esta parte, diga él lo que quiera, le había venido Dios a ver. Sin conocerlo el mismo catedrático de Ética, que a pesar de los desengaños filosóficos se cuidaba poco de la materia grosera, había ido engordando paulatinamente, y aunque seguía siendo pálido y su musculatura la de un adolescente, las pantorrillas se le habían rellenado, y tenía carne en las mejillas y debajo de la barba. Todo se lo debía a Tula, a la patrona sentimental y despreocupada que ideaba planes satánicos respecto de Aquiles.

Era éste el primer huésped a quien había engordado ex profeso la patrona trascendental de Lugarucos.

Tula (Gertrudis Campoarana en el siglo) era toda una señora. Viuda de un americanete rico, se había aburrido mucho bajo las tocas de la viudez; su afición a Jorge Sand primero, a Belot después, y siempre al hombre, le había hecho insoportable la soledad de su estado. La compañía de las mujeres la enojaba, y no habiendo modo de procurarse honestamente en Lugarucos el trato continuo del *sexo antagónico,* como ella decía, discurrió (y discurrió con el diablo) fingir que su fortuna había tenido grandes pérdidas y poner casa de pupilos decentes para ayuda de sus rentas.

De este modo consiguió Tula rodearse de hombres, cuidar *ropa masculina,* oler a tabaco, sentir el macho en su casa, suprema necesidad de su existencia.

En cuanto a dejarse enamorar por los pupilos, Tula comprendió que era muy peligroso, porque todos eran demasiado atrevidos, todos querían gozar el dulce privilegio; había celos, rivalidades, y la casa se volvía un infierno. Fue, pues, una Penélope cuyo Ulises no había de volver [25]. Le gritaba la tentación, pero huía de la caída. Coqueteaba con todos los huéspedes, pero no daba su corazón a torcer a ninguno.

---

25 *Fue, pues, una Penélope ... volver:* Penélope era la esposa de Ulises. Esperando siempre el regreso de su marido, convencida de que no había muerto y de que regresaría algún día, rechazó a todos los pretendientes utilizando varios recursos para no faltar a la fidelidad conyugal. Finalmente, aconsejada por Minerva, dijo que se casaría con aquel que tirase con el arco de Ulises e hiciera pasar la flecha por una serie de anillos. Ulises llegó en el preciso momento en que se desarrollaba esta prueba.

Además, el oficio de patrona le fue agradando por sí mismo; a pesar de que era rica, el negocio la sedujo y amó el arte por el arte, es decir, aguó el vino, echó sebo al caldo, galvanizó chuletas y apuró la letra a la carne mechada, como todas las patronas epitelúricas. Era una gran cocinera, pero esotéricamente, es decir, para sus amigos particulares; al vulgo de los pupilos los trataba como las demás patronas que en el mundo han sido.

Mas llegó a Lugarucos Aquiles Zurita, y aquello fue otra cosa. Tula se enamoró del pupilo nuevo por los motivos que van apuntados, y concibió el plan satánico de seducción a que antes se aludía. Poco a poco fue despidiendo a los demás huéspedes, y llegó un día en que Zurita se encontró solo a la mesa. Entonces doña Tula, tímida como una gacela, vestida como una duquesa, le propuso que comieran juntos, porque observaba que estando solo despachaba los platos muy de prisa, y esto era muy malo para el estómago. Aquiles aceptó distraído.

Comieron juntos. Cada comida era un festín. Pocos platos, para que Zurita no se alarmase, pero suculentos y sazonados con pólvora de amor. Tula se convirtió en una Lucrecia Borgia de aperitivos eróticos.

Pero el triste filósofo comía manjares excelentes sin notarlo.

Por las noches daba muchas vueltas en la cama, y también notaba después de cenar un vigor espiritual extraordinario, que le impelía a proyectar grandes hazañas, tal como restaurar él solo, por sí y ante sí el decaído krausismo, o fundar una religión. Lo más peligroso era un sentimentalismo voluptuoso que se apoderaba de él a la hora de la siesta, y al oscurecer, al recorrer los bosques de castaños, las alamedas sembradas de ruiseñores o las playas quejumbrosas.

Doña Tula dejaba hacer, dejaba pasar. Creía en la Química.

No se insinuaba demasiado, porque temía la fuga del psicólogo. Se esmeraba en la cocina y se esmeraba en el tocador. Mucha amabilidad, muchas miradas fijas, pero pacíficas, suaves; muchos perfumes en la ropa, mucha mostaza y muchos y muy buenos mariscos... Esta era su política, *su ars amandi* [26].

Lo cual demuestra que Gertrudis tenía mucho más talento que doña Concha y doña Engracia.

Doña Concha quería seducir a un huésped a quien daba chuletas de caballo fósil... ¡Imposible!

Doña Engracia quemaba con los ojos al macilento humanista, pero no le convidaba a comer.

Así él pudo resistir con tanto valor las tentaciones de aquellas dos incautas mujeres.

Ahora la batalla era formidable. Cuando Aquiles comprendió que Tula quería lo que habían querido las otras, ya estaba él bastante rollizo y sentía una virilidad de que antes ni aún noticia tenía. La filosofía materialista comenzó a parecerle menos antipática, y en la duda de si había o no algo más que hechos, se consagró al epicureísmo, en latín por supuesto, no en la práctica.

Leyó mucho al amigo de Mecenas, y se enterneció con aquel melancólico consuelo del placer efímero, que es la unción de la poesía horaciana.

Ovidio también se le apareció otra vez con sus triunfos de amor, con sus noches en vela ante la puerta cruel de su amada, con sus celos de los maridos, con aquellos cantos rápidos, ardientes, en que los favores de una noche se pagaron con la inmortalidad de la poesía... Y pensando en Ovidio fue cuando se le ocurrió advertir el gran peligro en que su virtud estaba cerca de doña Gertrudis Campoarana.

Aquella Circe le quería seducir sobre seguro, esclavizándole por la gula. Sí, Tula era muy literata y debía de saber aquello de Nasón [27]

Et Venus in vinis ignis in igne fuit [28].

---

[26] *su ars amandi:* «su arte de amar». *Ars Amandi* es el título de la famosa obra de Ovidio.

[27] *Nasón:* Publio Ovidio Nasón, nombre completo del autor del *Arte de amar*.

[28] *Et Venus in vinis ignis in igne fuit:* «Y Venus con los vinos fue como una llama en el fuego.»

Aquellos cangrejos, aquellas ostras, aquellas langostas, aquellos calamares, aquellos langostinos en aquellas salsas, aquel sauterne, no eran más que la traducción libre del verso de Ovidio:

Et Venus in vinis ignis in igne fuit.

«¡Huyamos, huyamos también ahora! —pensó Aquiles suspirando—. No se diga —le dijo al mar, su confidente— que mi virtud venció cuando tuvo hambre y metafísica, y que sucumbe cuando tiene hartazgo y positivismo. Yo no sé si hay o no hay metafísica, yo no sé cuál es el criterio de la moralidad...; pero sería un cobarde sucumbiendo ahora.»

Y aunque algún neófito naturalista pueda acusar al pobre Aquiles de idealismo e inverosimilitud, lo histórico es que Zurita huyó, huyó otra vez: huyó de Tula como había huido de Concha y de Engracia.

Y eso que ahora negaba en redondo el *imperativo categórico.*

La carne, aquel marisco hecho carne, le gritaba dentro: ¡amor, mi derecho!

Pero la Psicología, la Lógica y la Ética, que ya no estimaba siquiera, le gritaban: ¡abstención, virtud, pureza...!

Y el eterno José mudó de posada.

VI

Aquiles salió de las redes de Tula con una pasión invencible: la pasión por el pescado, y especialmente por los mariscos.

Aunque algo se había enamorado de la patrona, al cabo de algunos meses consiguió olvidarla. Pero el regalo de su mesa para toda la vida se le había pegado al alma. ¡Como había comido allí no volvería a comer en la vida! Esta desconsoladora convicción le acompañó hasta el sepulcro.

Y con el mismo fervor con que en mejores tiempos se había consagrado a la contemplación del Ser en sí dentro del *yo* antes del límite, etc., se consagró a buscar en mercados y plazas el mejor pescado.

Él, que había sido un hombre insignificante mientras no fue más que catedrático de Psicología, Lógica y Ética, comenzó a llamar la atención de Lugarucos por su pericia en materia de culinaria ictiológica[29].

Meditó mucho y acabó por adivinar qué peces debían entrar y cuáles no en una caldereta clásica, y qué ingredientes debían sazonarla.

Pronto fueron célebres en todo el partido judicial las calderetas del catedrático de Psicología.

Cuando en la playa o en el mercado se discutía si un besugo, un bonito o una merluza estaban frescos o no, se nombraba árbitro al señor Zurita si pasaba por allí.

Y él, sonriente, con aquel gesto humilde que conservaba a pesar de su gloria y de sus buenas carnes, después de mirar y oler la pieza decía:

—¡Fresco!, o ¡apesta!

Y a nadie se le ocurría apelar.

Cuando los señores catedráticos tenían merienda, que era a menudo, Aquiles era votado por unanimidad presidente de la comisión organizadora... y presidía el banquete y era el primero en ponerse alegre.

Sí, había acabado por tomar una borrachera en cada festín. *¡Ergo bibamus!,* decía, recordando que era hijo de un dómine.

Y en el seno de la confianza, decía en tales momentos de expansión al que le quería oír:

—¡Hui de la sirena, pero no puedo olvidar los primores de su cocina! ¡Podré volver a amar como entonces, pero no volveré a comer de aquella manera!

Y caía en profunda melancolía.

Todos sus compañeros sabían ya de memoria los temas constantes de las borracheras de Aquiles: Tula, el marisco, la Filosofía..., todo mezclado.

---

[29] *ictiológica:* relativo a los peces.

Mientras estaba en su sano juicio nunca hablaba ya de filosofía, ni tal vez pensaba en ella. En cátedra explicaba como una máquina la Psicología oficial, la de texto, pero nada más; le parecía hasta mala educación mentar las cuestiones metafísicas.

Pero en *alegrándose* era otra cosa. Pedía la palabra, se ponía sobre la mesa hollando los manteles, y suplicaba con lágrimas en los ojos a todos aquellos borrachos que salvasen la ciencia, que procurasen la santa armonía, porque él, en el fondo de su alma, siempre había suspirado por la armonía del análisis y de la síntesis, de Tula y la virtud, de la fe y la razón, del krausismo y los médicos del Ateneo...

—¡Señores, señores: salvemos la raza humana que se pierde por el orgullo! —exclamaba, llorando todo el vino que había bebido, puestas las manos en cruz—. Se os ha dicho *¡nihil mirari!*, no maravillarse de nada; pues yo os digo, en verdad: admiradlo todo, creedlo todo, todo es verdad, todo es uno y lo mismo... ¡Ah, queridos hermanos, en estos instantes de lucidez, de inspiración por el amor, yo veo la verdad una, yo veo dentro de mí la esencia de todo ser; yo me veo cómo siendo uno con el todo, sin dejar de ser éste...

—¡Este borracho, este grandísimo borracho! —interrumpía el catedrático de Agricultura, gran positivista y no menos ebrio. Y cogiendo por las piernas al de Psicología le paseaba en triunfo alrededor de la mesa, mientras Aquiles seguía gritando:

—¡Todo está en todo y el *quid* es amarlo todo por serlo, no por conocerlo...! Yo amo a Tula en lo absoluto, y la amo por *serla* no por conocerla...

El de Agricultura daba con la carga en tierra, y Aquiles interrumpía sus reminiscencias de filósofo idealista para dormir debajo de la mesa la borrachera de los justos.

Y entonces, como si se tratase de un juicio de los muertos en Egipto, empezaban ante el *cuerpo* de Aquiles los comentarios y censuras de los amigos:

—¡Qué pesado se pone cuando le da por su filosofía!

—Bien; pero únicamente habla de eso cuando se emborracha.

—¡No faltaba más!

—Y lo cierto es que no se puede prescindir de él.

—¡Imposible! Es el *Brillat-Savarin* [30] del mar.

—¡Qué manos!

—¡Qué olfato!

—¡Qué tacto!

—¡Qué instinto culinario!

—Debía escribir un libro de cocina marítima.

—Teme el qué dirán. Al fin es catedrático de Filosofía.

VII

Ya hace años que murió Zurita, y en Lugarucos cada vez que se trata de comer pescado, nunca falta quien diga:

—¿Se acuerdan ustedes de las calderetas de aquel catedrático de Psicología y Lógica?

—¡Ah, Zurita!

—¡El gran Zurita!

Y a todos se les hace la boca agua.

Oviedo, 1884.

---

30 *Brillat-Savarin* (1755-1826): escritor francés, autor de *La fisiología del gusto,* famoso tratado de culinaria.

Colección Letras Hispánicas

TÍTULOS PUBLICADOS

El hombre y su poesía, MIGUEL HERNÁNDEZ.
Edición de Juan Cano Ballesta.

Cuatro obras, ALFONSO RODRÍGUEZ CASTELAO.
Edición de Jesús Alonso Montero.

La Celestina, FERNANDO DE ROJAS.
Edición de Bruno Mario Damiani (2.ª ed.).

Verso y prosa, BLAS DE OTERO.
Edición del autor. (2.ª ed.)

El estudiante de Salamanca, JOSÉ DE ESPRONCEDA.
Edición de Benito Varela Jácome (2.ª ed.)

Raquel, VICENTE GARCÍA DE LA HUERTA.
Edición de Joseph G. Fucilla.

Descubrimiento de Madrid, RAMÓN GÓMEZ DE LA SERNA.
Edición de Tomás Borrás.

Cárcel de amor, DIEGO DE SAN PEDRO.
Edición de Enrique Moreno Báez.

Campos de Castilla, ANTONIO MACHADO.
Edición de José Luis Cano. (2.ª ed.)

El condenado por desconfiado, TIRSO DE MOLINA.
Edición de Ciriaco Morón y Rolena Adorno.

El sombrero de tres picos, PEDRO ANTONIO DE ALARCÓN.
Edición de Arcadio López-Casanova. (2.ª ed.)

El pelo de la dehesa, MANUEL BRETÓN DE LOS HERREROS.
Edición de José Montero Padilla.

Los intereses creados, JACINTO BENAVENTE.
Edición de Fernando Lázaro Carreter (2.ª ed.)

Lírica española de hoy.
Edición de José Luis Cano. (2.ª ed.)

Cantares gallegos, ROSALÍA DE CASTRO.
Edición de Ricardo Carballo Calero. (2.ª ed.)

El gran teatro del mundo. El gran mercado del mundo, PEDRO CALDERÓN DE LA BARCA.
Edición de Eugenio Frutos.

Prosa y poesía, ALFONSO REYES.
Edición de James Willis Robb.

Itinerario poético, GABRIEL CELAYA.
Edición del autor (2.ª ed.)

Antolojía poética, JUAN RAMÓN JIMÉNEZ.
Edición de Vicente Gaos. (2.ª ed.)

Poemas de los pueblos de España, MIGUEL DE UNAMUNO.
Edición de Manuel García Blanco (2.ª ed.)

El sí de las niñas, LEANDRO F. DE MORATÍN.
Edición de José Montero Padilla (2.ª ed.)

El rufián dichoso, MIGUEL DE CERVANTES.
Edición de Edward Nagy.

Clemencia, FERNÁN CABALLERO.
Edición de Julio Rodríguez Luis.

La Tribuna, EMILIA PARDO BAZÁN.
Edición de Benito Varela Jácome.

José, ARMANDO PALACIO VALDÉS.
Edición de Jorge Campos.

Teatro sobre teatro, JOSÉ RUIBAL.
Edición del autor.

La Comendadora y otros cuentos, PEDRO ANTONIO DE ALARCÓN.
Edición de Laura de los Ríos.

Pequeñeces, P. LUIS COLOMA.
Edición de Rubén Benítez.

Rimas, GUSTAVO ADOLFO BÉCQUER.
Edición de José Luis Cano.

Genio y figura, JUAN VALERA.
Edición de Cyrus DeCoster.

Antología del grupo poético de 1927.
Edición de Vicente Gaos actualizada por Carlos Sahagún.

Obras incompletas, GLORIA FUERTES.
Edición de la autora (2.ª ed.)

De tal palo, tal astilla, JOSÉ MARÍA DE PEREDA.
Edición de Joaquín Casalduero.

Don Álvaro o la fuerza del sino, DUQUE DE RIVAS.
Edición de Alberto Sánchez.

Poema de mio Cid.
Edición de Colin Smith.

Summa poética, NICOLÁS GUILLÉN.
Edición de Luis Íñigo Madrigal.